中国改革研究报告 2019

Annual Report on China Reform 2019

新型开放大国

共建开放型世界经济的中国选择

迟福林◎主编

匡贤明　郭　达　陈　薇◎副主编

A New Type of Large Open Economy

China's Choice in Jointly Building an Open World Economy

中国工人出版社

图书在版编目（CIP）数据

新型开放大国：共建开放型世界经济的中国选择 / 迟福林主编. —北京：中国工人出版社, 2019.9
ISBN 978-7-5008-7235-1

Ⅰ.①新… Ⅱ.①迟… Ⅲ.①中国经济—经济发展—研究 Ⅳ.①F124

中国版本图书馆CIP数据核字（2019）第170246号

新型开放大国：共建开放型世界经济的中国选择

出 版 人	王娇萍
责任编辑	左 鹏 刘 药
责任印制	黄 丽
出版发行	中国工人出版社
地　　址	北京市东城区鼓楼外大街45号 邮编：100120
网　　址	http://www.wp-china.com
电　　话	（010）62005043（总编室） （010）62005039（印制管理中心）
发行热线	（010）62005049 （010）62005042（传真）
经　　销	各地书店
印　　刷	北京市密东印刷有限公司
开　　本	710毫米×1000毫米 1/16
印　　张	22.25
字　　数	320千字
版　　次	2019年10月第1版 2019年10月第1次印刷
定　　价	68.00元

目 录

A New Type of Large Open Economy
China's Choice in Jointly Building an Open World Economy

前 言

总 论 新型开放大国的选择

经过40年的改革开放，我国从打开国门到全方位开放，从制造业领域为主的开放到服务贸易领域为重点的开放，从货物和服务为重点的开放到制度性、结构性开放，从经济全球化的参与者到经济全球化的推动者，走出了一条令世界瞩目的新型开放大国之路。作为新型开放大国，中国以深化自身改革开放为重要基础，进一步将本国的发展与世界各国的发展相融合。一个更加开放的中国，将同世界形成更加良性的互动，带来更加进步繁荣的中国和世界。

一、对外开放的基本国策 · 003
二、主动融入世界的开放观 · 007
三、开放是最大的改革 · 010

第一章 新型开放大国之路

改革开放不仅深刻改变中国，而且深刻影响世界。改革开放40年来，我国顺应经济全球化的历史潮流，不断扩大开放、加快融入世界经济，实现了从封闭、半封闭到全方位开放的历史性转折。我国40年的改革开放之路，既是一条不断发展壮大之路，也是新型开放大国的成长之路。面对单边主义、贸易保护主义的挑战，作为新型开放大国，中国坚持以构建人类命运共同体为价值追求，以维护经济全球化为重要使命，以推进"一带一路"为重要载体，以建设高水平开放型经济体系为重要目标，以深化自身改革开放为重要基础，必将对推动世界经济增长及完善全球治理体系产生重要影响。

第一节　从“一次开放”到“二次开放”·017

一、从封闭、半封闭到打开国门·017
二、从设立经济特区到全方位开放·018
三、从以制造业为主到以服务业为重点的开放·021
四、从加入世贸组织到推动共建“一带一路”·026
五、进入“二次开放”新阶段·030

第二节　改革开放深刻改变中国、影响世界·031

一、改革开放深刻改变中国·031
二、改革开放深刻影响世界·041

第三节　共建开放型世界经济·051

一、成为建设开放型世界经济的重要推动者·052
二、参与共建开放型世界经济·053
三、以高水平开放推动建设开放型世界经济·054

第四节　新型开放大国的中国·057

一、作为新型开放大国的中国·057
二、新型开放大国的突出特点·057
三、新型开放大国的重要主张·059

第二章　新型开放大国的全球观

经过40年的改革开放，中国与世界的关系发生历史性变化。当前，世界正处于大发展大变革大调整时期。作为新型开放大国的中国，面对世界百年未有之大变局，坚持以构建人类命运共同体为时代目标，倡导构建合作共赢的新型国际关系；确立开放、包容、平衡、普惠的理念；坚定维护以规则为基础的多边贸易体制；坚定维护以《联合国宪章》宗旨和原则为核心的国际秩序和国际体系；坚持以相互尊重、平等互利为基本原则，妥善处理好中美的竞争与合作，立足长期，重塑合作共赢的新型大国关系；坚持文明包容、文明互鉴，等等。由此，形成新型开放大国的全球观。

第一节　构建人类命运共同体 · 063

一、经济全球化和新科技革命使各国命运紧密相连 · 064
二、发展仍是解决全球诸多问题的前提 · 067
三、以共同发展推动普惠平衡 · 070
四、以文明互鉴超越“文明冲突” · 071

第二节　推进开放包容普惠平衡共赢的经济全球化 · 073

一、经济全球化仍是一个大趋势 · 073
二、自由贸易仍是经济全球化的主线 · 076
三、在推进自由贸易进程中解决利益失衡问题 · 078
四、反对单边主义、贸易保护主义 · 079

第三节　坚定维护以规则为基础的多边贸易体制 · 081

一、自由贸易进程中多边的重要性大于双边 · 082
二、维护以世贸组织为核心的多边贸易体制 · 084
三、在强化多边基础上解决双边问题 · 086

第四节　改革和完善国际治理机制 · 089

一、多极化趋势下更需要发挥联合国的核心作用 · 089
二、维护以国际法为基础的国际秩序 · 091
三、完善 G20 全球经济治理机制 · 092

第三章　立足长期重塑新型大国关系

从历史看，中美两个大国只有超越短期利益、立足长期战略，才能为解决短期问题找到出路；才能在妥善解决中美经贸摩擦的同时，重塑中美互利共赢的双边关系。未来10年，是中美关系最关键的时期。中美作为全球最大的两个经济体，以平等磋商谈判解决经贸摩擦十分重要，更重要的在于中美两个大国要以“全球视野、长期视角、战略思维”重塑新型大国关系。

第一节　基于长远利益的中美经贸关系 · 097

一、中美经贸摩擦牵动全局 · 097
二、未来10年是中美关系的关键时期 · 101
三、以长期视角和战略思维化解经贸摩擦 · 107

第二节　立足双方长期利益重启中美投资谈判 · 111

一、中美经贸的互补性大于竞争性 · 112
二、在双边开放中妥善处理中美经贸摩擦 · 114
三、以平等协商为原则尽快重启中美投资协定谈判 · 116

第三节　在维护多边中重塑中美双边关系 · 118

一、“美国优先”不符合经济全球化大趋势 · 118
二、维护多边贸易体制应成为大国的战略选择 · 122
三、在维护多边贸易体制中拓宽解决中美经贸摩擦的空间 · 124
四、加快推动国际机构改革 · 125

第四章　以双边、多边自由贸易引领经济全球化

自由贸易是全球经济持续增长的重要动力。面对单边主义、贸易保护主义的严峻挑战，面对全球经贸规则加速重构的新形势，坚定推进双边多边自由贸易进程，加快实现中欧、中日韩及亚太区域贸易投资自由化便利化安排的实质性突破，不仅是捍卫多边贸易体制与经济全球化大局的大国责任，也将进一步提升我国参与全球经济治理的影响力和制度性话语权。

第一节　推进双边、多边自由贸易进程 · 131

一、推进双边、多边自由贸易进程的迫切性、重要性凸显 · 131

二、采取灵活方式加快实现自贸网络的重要突破 · 134

三、重在参与全球服务贸易与数字贸易规则制定 · 137

第二节　深化中欧经贸合作的重大选项 · 139

一、深化中欧经贸合作的新空间 · 139

二、服务贸易发展为深化中欧经贸合作提供新机遇 · 142

三、加快中欧投资协定谈判进程 · 146

四、2030：以服务贸易为重点形成中欧一体化大市场 · 147

第三节　加快推进中日韩经贸合作进程 · 151

一、构建中日韩经贸合作新框架迫切性凸显 · 151

二、尽快实现中日韩自贸区建设的突破 · 155

三、以“中日韩+”模式拓展三国合作新空间 · 159

第四节　推进亚太区域经济一体化新进程 · 162

一、推进亚太经济一体化具有全局影响 · 162

二、以区域全面经济伙伴关系协定为基础推进亚太经济一体化进程 · 166

三、推进亚太自贸区建设进程 · 167

第五章　“一带一路”：推进经济全球化的新主角

在经济全球化面临严峻挑战的背景下，共建“一带一路”倡议已成为发达国家与发展中国家共同参与的，反对单边主义与贸易保护主义，推动新型经济全球化的重要载体。“一带一路”倡议以基础设施互联互通为依托，以实现产能合作与服务贸易融合发展为重点，以建立多层次、多种形式的自由贸易网络为目标，加快构建全球互联互通的伙伴关系。由此，为推动经济全球化进程，共建开放型世界经济做出重要贡献。

第一节　“一带一路”重要角色：推进经济全球化的重要载体 · 175

一、以开放包容为原则 · 175
二、以聚焦经济发展为导向 · 178
三、以互利共赢为目标 · 181

第二节　“一带一路”重要趋势：统筹产能合作与服务贸易发展 · 185

一、“一带一路”实现产能合作与服务贸易融合发展是大势所趋 · 186
二、开展灵活多样的产业项下自由贸易 · 189
三、探索多种形式的“一带一路”经济合作圈 · 191
四、以产能合作和服务贸易为重点开展第三方市场合作 · 194

第三节　“一带一路”重要目标：构建双边多边自贸网络 · 198

一、构建全球互联互通的伙伴关系 · 198
二、推进“一带一路”多边自贸区建设 · 200
三、加快与“一带一路”重要贸易伙伴的双边自贸进程 · 205

第四节　“一带一路”重大任务：形成区域开放新格局 · 208

一、“一带一路”建设与区域开放相融合 · 208

二、务实推进“一带一路”与区域开放发展战略相融合·213
三、以打造国际陆海贸易新通道实现“一带”与“一路”相衔接·217
四、推进经济走廊建设，实现内外开放发展联动·221

第六章 加快形成以服务贸易为重点的开放新格局

服务贸易是全球自由贸易的重点，也是全球经贸规则重构的焦点、难点。加快推进服务业市场开放进程，实现以服务贸易为重点的高水平开放，是我国推动形成全方位开放新格局的重大举措，有利于推进双边多边自由贸易进程与建立“一带一路”自由贸易网络。

第一节 服务贸易的发展趋势·229

一、服务贸易成为全球自由贸易的重点、焦点·229
二、加快形成以服务贸易为重点的对外开放新格局·233
三、以服务贸易促进产业转型升级·236

第二节 赢得数字服务贸易发展的主动·238

一、数字革命与服务贸易发展形成历史交汇·238
二、形成数字服务贸易国际新优势·241
三、提升数字服务贸易领域便利化水平·244

第三节 打造服务贸易创新发展新高地·246

一、以服务贸易为重点推进自贸试验区高水平发展·246
二、推进粤港澳服务贸易一体化进程·249
三、以服务贸易为主导加快探索建设海南自由贸易港进程·252

第四节 加快推进服务业市场开放进程·255

一、服务业市场开放与服务贸易高度融合·255

二、加快教育、电信、医疗、金融等服务业开放进程 · 258
三、打破服务业领域市场垄断与行政垄断 · 264
四、服务业市场开放需要行政管理体制改革的突破 · 266

第七章　扩大开放倒逼深化改革

为适应经济全球化大趋势和我国全方位开放新要求，全面深化改革要推进相关政策转型与深层次体制机制变革，以在国内国际规则对接融合中建立高水平的开放型经济体系，进一步提升我国经济国际竞争力。这就需要按照竞争中性原则，加快形成公开市场、公平竞争的市场环境，以充分发挥市场在资源配置中的决定性作用。

第一节　充分发挥市场在资源配置中的决定性作用 · 271

一、确立竞争中性原则 · 271
二、公开市场、公平竞争 · 275
三、以混合所有制为重点深化国有企业改革 · 278

第二节　强化竞争政策的基础性地位 · 281

一、差异化的经济政策难以适应高质量发展要求 · 281
二、加快推进产业政策转型 · 283
三、强化对各类经济政策的公平竞争审查 · 285
四、把反垄断作为强化竞争政策基础性地位的重大举措 · 287

第三节　加快形成国际化、法治化、便利化的营商环境 · 289

一、完善“准入前国民待遇+负面清单”管理制度 · 290
二、实现企业财产权保护与知识产权保护相一致 · 293
三、以减税降费为重点降低制度性交易成本 · 295
四、推进政府采购公开化、市场化进程 · 298

第八章　推动扩大开放与经济转型升级直接融合

从趋势看，我国产业结构、消费结构、城乡结构不断优化，经济转型升级蕴藏着巨大的增长潜力，关键是推动扩大开放与经济转型升级直接融合。要以扩大开放加快经济转型升级，加快实现创新突破，不断释放经济活力和增长潜力。未来5年，我国保持6%左右的经济增长仍有条件、有可能。由此，将对全球经济增长产生重要影响。

第一节　经济转型升级蕴藏巨大增长潜力 · 305

一、我国进入经济转型升级的历史关键时期 · 305
二、经济转型升级空间巨大 · 308
三、我国经济转型升级蕴藏巨大内需潜力 · 312

第二节　以扩大开放促进经济转型升级进程 · 315

一、以扩大开放破解“有需求、缺供给”突出矛盾 · 315
二、以扩大开放提升资源配置效率 · 317
三、以扩大开放促进服务业主导的产业结构升级 · 319

第三节　以开放创新加快经济转型升级进程 · 320

一、开放创新是经济转型升级的重要推动力 · 321
二、实现开放创新的重大突破 · 325
三、在开放创新中推动制造业转型升级 · 328
四、在扩大开放中有效释放创新活力 · 331

第四节　在转型升级中推动高质量经济增长 · 333

一、内需潜力可以支撑“十四五”年均6%左右的经济增长 · 333
二、经济转型升级趋势下宏观经济的新特点与新态势 · 334
三、以经济转型升级增强应对外部挑战的韧性 · 336

前言

2019年是中华人民共和国成立70周年。新中国成立以来，尤其是改革开放40年来，我国经济持续快速增长，成为世界第二大经济体、第一大工业国、第一大货物贸易国、第一大外汇储备国，走出了一条令世界瞩目的发展之路。这条路，也是新型开放大国成长之路。

当前，世界正处于大发展大变革大调整时期。一方面，全球经济跌宕起伏，世界经济增长动能不足；另一方面，单边主义、贸易保护主义持续蔓延，不确定因素增多。面对世界百年未有之大变局，中国作为新型开放大国，如何应对复杂多变的外部形势，如何维护多边贸易体制、推进开放包容普惠平衡共赢的经济全球化，如何以开放统筹国内国际两个大局、形成自身全面深化改革的新动力，成为当下洞察和判断大变局下的中国与世界的重大课题。

每年推出一本年度改革研究报告，是中改院建设中国改革智库的重要任务之一。进入发展新阶段，中国经济已经深度融入世界，经济转型发展中的问题更需要在扩大开放的条件下解决。习近平主席在第二届"一带一路"国际合作高峰论坛开幕式上的主旨演讲中指出："一个更加开放的中国，将同世界形成更加良性的互动，带来更加进步和繁荣的中国和世界。"在当前开放牵动影响全局、开放与改革直接融合的新阶段，我院以《新型开放大国——共建开放型世界经济的中国选择》为主题推出2019年改革研究报告。

全书由总论和八章组成。总论提出面对世界百年未有之大变局新型开放大国的选择；第一章从历史到现实回看改革开放 40 年来的“新型开放大国之路”；第二章阐述中国作为新型开放大国如何看待自己与世界；第三章分析中美经贸摩擦背景下如何立足长期重塑新型大国关系；第四章提出并主张以双边多边自由贸易引领经济全球化；第五章至第八章分别提出以“一带一路”作为新型全球化的重要载体，推进以服务贸易为重点的开放转型，以扩大开放倒逼深化改革，推动扩大开放与经济转型升级直接融合。

本研究报告是我院研究团队集体创作的成果。由迟福林任主编，匡贤明、郭达、陈薇任副主编；主要编写者还有方栓喜、张飞、张娟、何冬妮等。陈所华、王宏森、王菲等参与了资料收集和编辑修改工作。中国工人出版社对本书的出版给予了大力支持，在此一并表示感谢。

谨以此书献给中华人民共和国成立 70 周年！

迟福林

2019 年 7 月 20 日

A New Type of
Large Open Economy

总 论

新型开放大国的选择

经过40年的改革开放，我国从打开国门到全方位开放，从制造业领域为主的开放到服务贸易领域为重点的开放，从货物和服务为重点的开放到制度性、结构性开放，从经济全球化的参与者到经济全球化的推动者，走出了一条令世界瞩目的新型开放大国之路。作为新型开放大国，中国以深化自身改革开放为重要基础，进一步将本国的发展与世界各国的发展相融合。一个更加开放的中国，将同世界形成更加良性的互动，带来更加进步繁荣的中国和世界。

经过40年的改革开放，我国从打开国门到全方位开放；从制造业领域为主的开放到服务贸易领域为重点的开放；从货物和服务为重点的开放到制度性、结构性开放；从经济全球化的参与者到经济全球化的推动者，走出了一条令世界瞩目的新型开放大国之路。

当今世界正处于大发展大变革大调整时期。作为新型开放大国的中国，面对百年未有之大变局：第一，坚持以构建人类命运共同体为时代目标，主张构建新型国际关系、完善全球治理，以携手应对人类面临的各种风险挑战；第二，以维护经济全球化为重要使命，主张开放、包容、普惠、平衡、共赢的经济全球化；第三，以平等互利、相互尊重为基本原则，妥善处理中美关系，主张立足长期重塑合作共赢的大国关系；第四，以推进“一带一路”为重要载体，主张通过平等协商协作实现互利共赢，构建全球互联互通的伙伴关系，等等。作为新型开放大国，中国以深化自身改革开放为重要基础，进一步将本国的发展与世界各国的发展相融合。一个更加开放的中国，将同世界形成更加良性的互动，带来更加进步繁荣的中国和世界。

一、对外开放的基本国策

当今世界正处于百年未有之大变局。作为具有世界影响力的新型开放大国，中国以何种方式影响世界，世界如何客观看待中国，成为国际国内广泛关注的重大问题。

开放和自由贸易是推动全球经济增长的主要动力，封闭与保护主义则是导致全球经济动荡甚至衰退的重要因素。20世纪30年代贸易保护主义导致的经济与政治后果仍是前车之鉴。面对单边主义、贸易保护主义挑战，面对美国挑起的经贸摩擦，中国坚持改革开放不动摇，继续推出扩大开放的重大举措，坚定维护多边贸易体制，推动贸易和投资自由化便利化不停步，“坚持走开放融通、互利共赢之路，构建开放型世界经济”①。我国主动开放、扩大开放，将赢得与世界共同发展、融合发展的未来。

1. 开放的大门越开越大。改革开放40年来，我国坚持打开国门搞建设，释放了巨大的发展潜能，改变了我国在全球经济格局中的地位。1978年，我国国内生产总值仅为3679亿元人民币，2018年突破90万亿元人民币。按现价美元折算，2018年我国经济总量达到13.61万亿美元，占全球经济总量85.79万亿美元的15.86%，与日本的4.97万亿美元、德国的4.00万亿美元、英国的2.83万亿美元距离不断拉大，与美国的20.49万亿美元差距有所缩小②。我国已经成为世界第二大经济体、第一大工业国、第一大货物贸易国、第一大外汇储备国。无论从综合国力还是从国际影响力来看，都达到了新中国成立以来经济发展的历史新高度。

各国发展离不开经济全球化，没有哪个国家能够脱离经济全球化而独自发展。脱离经济全球化的“本国优先”，往往南辕北辙，并增大世界经济发展的不确定性。面对单边主义、贸易保护主义的挑战，作为新型开放大国，中国通过更高水平开放使全球分享自身经济转型与改革发展成果。例如，2020年1月1日中国将实施《外商投资法》，明确规定外商投资企业依法平等适用国家支持企业发展的各项政策；国家保障外商投资企业依法平等参与标准制定工作，努力为投资者营造更加稳定、公平、透明、可预期的投资环境。再如，全国范围的外商投资负面清单在2018年版48条限制性措施的基础上进一步减少为40条；中国先后推出4批12个自由贸易试验区，并加快探索建设海南自由贸易港进程。

2. 开始成为世界大市场。作为新型开放大国，中国从“世界工厂”到

① 习近平．开放共创繁荣 创新引领未来——在博鳌亚洲论坛2018年年会开幕式的主旨演讲[M]．北京：人民出版社，2018.4.

② 根据世界银行数据库统计数据得出。

“世界市场”，在促进和引领全球自由贸易进程中扮演更为重要的角色。

——全球经济增长的重要贡献者。近几年来，中国对世界经济增长的贡献率持续保持在30%左右。2013年以来，中国对全球经济增长的贡献率位居世界第一，2017年为34.6%，约为美国的两倍①。按照世界银行数据，2018年全球经济净增量为4.9万亿美元，中国GDP净增量为1.46万亿美元，比美国的1.01万亿美元高出0.45万亿美元，占全球净增量比重的29.8%；印度同年增长率为全球第一，实际经济增量仅为0.074万亿美元②。

——全球自由贸易进程的重要推动者。2001—2017年，中国货物进口平均增速达13.5%，是世界平均增速的两倍；同期中国服务进口平均增速16.7%，是世界平均增速的2.7倍③。世界贸易组织发布的数据显示，2018年中国占全球出口、进口的份额分别达12.8%、10.8%④。

——世界第二大对外投资国。《2017年度中国对外直接投资统计公报》显示，2017年末，中国对外直接投资存量超过1.8万亿美元，在全球排名跃升至第二位，较上年提升了四位；2017年，中国对外直接投资1582.9亿美元，投资流量规模仅次于美国和日本，位居全球第三，并连续三年超过同期吸收外资水平⑤。

——增加全球就业的重要贡献者。目前，中国与“一带一路”沿线国家共同建设境外经贸合作区达80多个，为当地增加了24.4万个就业岗位。安永会计师事务所指出，2005—2016年中国在非洲创造的就业岗位超过13万个，是美国的3倍多。此外，据国际劳工组织发布的《中国与拉美和加勒比地区经贸关系报告》，1990—2016年中国为拉美和加勒比地区创造了180万个就业岗位⑥。

---

① 泾渭由来两清浊——给中国对世界的贡献算算账[N]. 人民日报，2018-10-10.

② 根据世界银行数据库统计数据得出。

③ 泾渭由来两清浊——给中国对世界的贡献算算账[N]. 人民日报，2018-10-10.

④ 中国经济发展为世界作出巨大贡献[N]. 人民日报，2019-05-30.

⑤ 商务部，国家统计局，国家外汇管理局. 2017年度中国对外直接投资统计公报[R]. 2018-09-28.

⑥ 泾渭由来两清浊——给中国对世界的贡献算算账[N]. 人民日报，2018-10-10.

3. 从货物贸易为主逐步向服务贸易为重点的开放转型。适应全球服务贸易快速发展的大趋势，近年来，我国出台一系列服务贸易开放举措，加快服务业市场开放。近两年，我国服务贸易对全球服务贸易增长贡献率为25%左右。由此，不仅适应国内居民日益增长的服务型消费需求，而且为推动全球经济增长做出重要贡献。

——推动全球数字革命的领先者之一。中国信息通信研究院发布的《中国数字经济发展与就业白皮书（2019年）》显示，2018年中国数字经济规模达到31.3万亿元，增长20.9%，占GDP比重为34.8%①。2017年8月，麦肯锡全球研究所发布的《中国数字经济：全球领先力量》报告显示，中国拥有世界上最多的数字技术投资者、使用者和独角兽公司，独角兽公司占全球1/3②。中国在电子商务和数字支付方面处于全球领先地位。以华为公司为例，目前其已成为全球5G技术的领跑者，在全世界有26个研发能力中心，拥有在职数学家700多人、物理学家800多人、化学家120多人③。中国企业在推动全球开放创新中扮演着重要角色。

——服务贸易增长潜力巨大。我国服务贸易平均增速高于全球，2018年服务进出口额达到5.24万亿元人民币，同比增长11.5%，已连续5年位居世界第二；我国服务贸易占外贸比重从2012年的11.1%提高到2018年的14.7%④。预计到2020年，服务贸易规模有可能增长到1万亿美元，占外贸总额比重有可能达到18%~20%。如果服务贸易潜力充分释放，到2030年，我国将成为全球最大的服务进口国，占全球服务进口总额的13.4%，约为目前的3倍⑤。我国加快服务贸易开放和服务业市场化改革，不仅将促进本国服务业高

① 2018年中国数字经济规模达到31.3万亿元[EB/OL]. 中国新闻网，2019-04-18.

② *McKinsey Global Institute. China's Digital Economy: A Leading Global Force* [R]. 2017-08.

③ 任正非答媒体提问全记录[EB/OL]. 央视网，2019-05-22.

④ 我国服务贸易进出口额连续5年位居世界第二[EB/OL]. 国务院新闻办公室网站，2019-05-22.

⑤ 迟福林. 打造“一带一路”内陆开放新高地[EB/OL]. 中国改革论坛网，2017-05-21.

质量发展，也有助于改善与欧美发达国家的经贸关系。

4. 从一般性市场开放向制度性、结构性开放深化。制度是各类行为的规范。所谓“制度性开放”，其重点是公开市场、公平竞争，对标国际规则，建立并完善以公开、规范为主要标志的开放型经济体系。结构是各种要素相互关联的方式。所谓“结构性开放”，其重点是开放领域与范围的扩大，即从一般制造业领域向以金融等为重点的服务业领域的开放。制度性、结构性开放的重要目标是建立高水平的开放型经济体系。

——中国从“世界工厂”走向“世界市场”，主动与世界经贸规则对接。

——按照公开市场、公平竞争的原则，推进国有企业改革、知识产权保护、产业政策、政府补贴、环保标准等与世界经贸规则的对接，成为我国以扩大开放倒逼深化改革的重大任务。

——适应全球服务贸易进程加快的客观趋势，以服务贸易为重点破题结构性开放，是我国提升服务业国际竞争力的迫切需求，有利于实现对外贸易基本平衡，也有利于推动全球经济增长。

二、主动融入世界的开放观

当今世界，随着经济全球化与科技革命进程加快，无论是发达国家还是发展中国家，各国的发展联系日益紧密、共同需求日益增加。适应这个大趋势，中国主张构建人类命运共同体和新型国际关系，推动建设人类共同的“未来社区”。

1. 坚持融合发展，共同发展。“一个人可以走得快，一群人才能走得远”。近些年，中国在扩大自身开放的同时，积极主动推动各国的共同发展。

——共建“一带一路”倡议，主张以共商共建共享原则为引领，以基础设施建设互联互通为依托、以产能合作和服务贸易为重点，构建全球互联互通的伙伴关系。

——经济的高质量发展高度依赖市场的不断扩大，高度依赖资源配置效率的不断提升。新型开放大国的发展，是建立在国内国际市场深度融合上的发展，成为世界经济增长的主要动力源和稳定器。

——面对气候变化等共同挑战，中国坚持经济、生态、社会效益相统一，坚持绿色发展理念。过去几年，中国加大环保执法力度，处理了一批破坏生态环境的典型案例，生态环境状况有明显改善。中国坚持将绿色作为“一带一路”的重要理念之一，推动绿色基础设施建设、绿色投资、绿色金融。

2. 坚定推动经济全球化进程。改革开放之初，中国更多是作为适应者、参与者融入经济全球化；今天，中国正在成为经济全球化的重要推动者。中国开放的大门越开越大，成为全球自由贸易进程的坚定维护者、推动者。

3. 坚定维护以规则为基础的多边贸易体制。面对单边主义、贸易保护主义的挑战，中国坚定维护以规则为基础的多边贸易体制。“以世界贸易组织为核心的多边贸易体制是国际贸易的基石，是全球贸易健康有序发展的支柱。”① 多边贸易体制为全球经济繁荣、世界贸易增长及文化交融提供了重要的制度保障。当前，一系列“本国优先”的贸易保护政策严重威胁以规则为基础的全球自由贸易体系。2019 年，全球新增不利贸易干预数量达 388 项，是 2009 年的 30 倍；2018 年，全球新增贸易限制政策占新增贸易政策的 34%，比上一年大幅提升了 10 个百分点，达到 2003 年以来的最高点②。在此背景下，坚定维护以规则为基础的多边贸易体制不仅是中国扩大开放的重要目标，也是新型开放大国的全球责任。这就需要加快构建高水平双边多边自贸区网络，完善以世贸组织为重点的世界经济治理体系。

2019 年 5 月，德国总理默克尔在哈佛大学的演讲中有这样一番话很值得深思。她说，“保护主义和贸易摩擦，正威胁着全球自由贸易以及经济繁荣的根基”，“我们千万不能称谎言为真相，也绝不能将真相视为谎言”，“我们不能将反常当作常态加以接受”，“我们比以往任何时候都更加需要多边而不是单边思考，需要全球行动而不是边缘化的行动；我们必须摒弃民族主义倾向，

① 中华人民共和国国务院新闻办公室．中国与世界贸易组织[M]．北京：人民出版社，2018.9.

② 联合国贸易和发展会议．2019 年世界投资报告[R]．2019-06-13.

向全球开放。我们必须协调行动，而非各行其是。"[①] 构建完善开放、透明、包容、非歧视的多边贸易体制，推动自由贸易制度向着更加公平合理的方向发展，是世界大多数国家的共同主张。

4. 主张平等参与、共治共享的全球经济治理。虽然现有国际经济治理体系并不完善，需要加以改革，但推倒重来、另起炉灶不仅将破坏现有的国际经济秩序，还将破坏世界的和平稳定。作为新型开放大国，中国捍卫以联合国为核心、以国际法为基础的国际秩序。在这个重要前提下，改革现有的国际经济治理体系，完善全球经济治理机制。目前，世界经济增量部分有80%来自新兴市场国家和发展中国家，但新兴市场国家和发展中国家全球治理地位的实际改善十分有限，在全球经济治理中话语权不足。这就需要以提升代表性、公平性和有效性为目标，加快推动世贸组织、国际货币基金组织、世界银行等国际经济治理机制的改革。

5. 重塑合作共赢的新型大国关系。随着世界多极化的快速推进，重要大国之间的关系正在进行重大调整。基于这个特定背景，中美关系的妥善处理需要立足长期，以多边主义为基础，避免陷入战略误区，避免零和博弈，更要避免陷入冷战与对抗。

未来10年将是中美关系的关键时期。重塑合作共赢的大国关系，需要双方以相互尊重、平等互利的原则妥善处理经贸摩擦；需要双方把握趋势，以维护世界稳定发展的大局为重，处理好双边关系；需要双方基于长远的共同利益，解决好双方竞争与合作中的矛盾与冲突。美国商会等机构发布的报告预测，受中美经贸摩擦影响，2019年及未来4年美国国内生产总值比不打贸易战的基准情景每年要少增长640亿~910亿美元，约占国内生产总值总额的0.3%~0.5%；如果美国对所有中国输美商品征收25%的关税，未来10年美国国内生产总值将累计少增长1万亿美元[②]。当前，在两国经济体量差距有所缩

① 默克尔哈佛讲演：推倒无知和狭隘的墙[EB/OL]. 上观新闻，2019-06-02.

② *Daniel H. Rosen, Lauren Gloudeman, Badri Narayanan Gopalakrishnan. Assessing the Costs of Tariffs on the US ICT Industry: Modeling US China Tariffs*, 2019-03-15.

小的情况下，出现竞争加大的态势是不可避免的。但中美更应当看到双方互补性和合作共赢的空间和潜力巨大，尽快形成合作共赢的新型大国关系。新加坡总理李显龙在第18届香格里拉对话会中指出："世界两大强国之间互相竞争是很自然的，但竞争不应演变成冲突，而应该是展开合作、共创双赢；中国的经济增长给中国本身，乃至全世界都带来巨大好处；各国也必须适应一个更具影响力的中国。"①

三、开放是最大的改革

进入发展新阶段，我国经济已经深度融入世界，经济转型发展中的问题更需要在扩大开放的条件下解决。作为新型开放大国，开放牵动影响全局、开放与改革直接融合、开放倒逼改革的时代特征十分突出。为此，要以开放统筹国内国际两个大局，形成自身全面深化改革的新动力，实现供给侧结构性的重大突破。

1. 以高水平开放加快建设高质量市场经济，充分发挥市场在资源配置中的决定性作用。改革开放40年来，我国逐步建立社会主义市场经济体制，但仍有不完善之处。例如，服务业市场开放与国有企业改革相对滞后、政府直接配置资源的范围仍然过宽、政府对经济的干预仍然较多等。推进高水平开放和建设高质量市场经济，核心是充分发挥市场在资源配置中的决定性作用。例如：对国企、民企、外企一视同仁，使市场在企业平等竞争中起决定性作用；加快服务业市场开放进程，使市场在服务业领域的竞争发展中起决定性作用，等等。

2. 强化竞争政策的基础性地位。竞争是现代市场经济的本质，竞争政策在经济政策中发挥基础作用是高水平市场经济的重要标志。当前，强化竞争政策的基础性地位，有利于充分发挥市场在资源配置中的决定性作用和更好地发挥政府作用，是处理好政府与市场关系的关键与重点。

——加强与国际经贸规则对接，关键是强化竞争政策的基础性地位，创造

---

① 李显龙：中美关系关乎世界未来走向[EB/OL]. 央视网，2019-06-01.

各类市场主体公平竞争的市场环境。

——在以数字技术为重点的新科技革命兴起的背景下，产业政策和产业补贴的正面效应逐步减小。例如，华为、腾讯、阿里巴巴、百度等公司快速发展，是市场竞争与科技革命的结果，而不是政府产业政策和产业补贴的结果。

——产业转型升级的主体不是政府而是企业。从实践来看，靠政府扶持和政府补贴发展起来的产业难以形成较强的竞争力。强化竞争政策的基础性地位，就是要保障各类市场主体之间的公平竞争，最大限度地激发企业家精神，在此基础上形成开放创新的新格局。

3. 实现经济活动由地方政府间竞争向企业主体间竞争的转变。当前，地方政府间的某些竞争仍然存在，并成为影响企业主体公平竞争的重要因素。以新能源汽车为例，由于差异化的技术标准及地方准入限制，导致全国70%的地方市场外地新能源汽车难以进入①。由此，造成重复建设、产能过剩、资源配置效率低下等突出问题。而根据此前工信部、国家发改委和科技部印发的《汽车产业中长期发展规划》，到 2020 年，我国新能源汽车生产 200 万辆，而根据目前各类车企已经公开的新能源汽车产能规划，到 2020 年产能将超过 2000 万辆。不同市场主体在竞争中仍然存在着某些事实上不平等甚至严重不平等的问题。以融资为例，民营经济占 GDP 的比重超过 60%，而其所获得的融资额仅占企业融资总额的 20%，融资成本高于国有企业 1.5～2.5 个百分点②。这就需要：

——按照竞争中性原则，改变某些不平等的政策与规定，使各类企业平等获得资源要素。

——在强化知识产权保护的同时，建立完善产权保护的相关制度，以稳定企业预期，激发企业家精神和创新活力。

——以“管资本”为主建立国有资本管理新体制，推动混合所有制改革

① 2020 年规划 2000 万辆 新能源汽车产能已过剩十倍[N]. 中国汽车报，2018-09-09.

② 中国人民大学国家发展与战略研究院. 改革开放新征程中的中国宏观经济[R]. 2018-11.

的实质性突破。

——推进地方政府简政放权，废除经济领域不合时宜的行政审批和行政管制，提升政府的公平性和公信力，创造公平竞争的市场环境。

4. 实现经济政策由产业政策为导向向竞争政策为基础的转变。产业政策对促进经济增长的作用功不可没，问题在于，随着市场经济体制基本建立，某些产业政策带来抑制创新及不公平竞争等负面效应日渐显现。例如，2019 年第一季度商服用地价格是工业的 9.1 倍①。服务业用地成本大幅高于工业用地成本，很大程度上制约了现代服务业的发展进程。再如，“去产能”过程中某些地方采取强制清除、限制开工等行政性手段，“有保有压”的选择性、差异性特征明显，在多方面加大了民企的压力，加大了民企与国企间竞争的不平等程度。从现实情况看，2014—2018 年，民间投资增速由 18.1%下降至 8.7%，不能不说与行政手段为主的产业政策直接相关。强化竞争政策的基础性作用，就是要把产业政策建立在竞争政策基础上，慎用、少用以行政手段为主的产业政策，更多采取改革的办法，更多运用市场化的手段。由此，为建立国际化、法治化、便利化的营商环境创造有利条件。

——强化竞争政策的基础性地位，重在改变差异化、选择性的产业政策。

——以竞争政策为基础加快推进产业政策转型，并用竞争政策协调产业政策及相关经济政策。

——改变以往以倾斜性的行政力量对市场资源的直接配置，大幅减少中央各部门、地方产业补贴与扶持项目。

——制定适用产业扶持政策的负面清单，将产业政策严格限定在具有重大外溢效应或关键核心技术的领域。

——在降低企业制度成本上要有新举措。当前，“降成本”的重点、难点在于降低制度性交易成本。例如，全面实施企业自主登记制度与简易注销制度，取消企业一般投资项目备案制，尽快推广企业法人承诺制等。同时，明确

① 中国土地勘测规划院城市地价动态监测组. 2019 年第一季度全国主要城市地价监测报告[EB/OL]. 中国地价信息服务平台，2019-04-17.

地方政府审批管制事项“只减不增”。

5. 实现市场监管的重点由一般市场行为监管向公平竞争审查的转变。现代市场经济条件下，市场监管是实现公平竞争的重要手段。当前，市场监管领域的改革仍处于探索阶段，监管盲区、监管缺位及监管过度等问题仍然存在，这就对公平竞争审查提出新的要求。例如，2017 年我国取消了养老护理员、家政服务员、保健按摩师等国家职业资格证书鉴定，但这些领域还缺乏监管标准，市场监管难以到位。再如，在电商平台不断做大的背景下，市场份额是不是界定新经济垄断的重要指标，如何判定垄断和不正当竞争？强化竞争政策的基础性地位，需要把市场监管转型作为重中之重。

——适应服务型经济以及服务型消费快速增长的新趋势，实现市场监管的主要对象要由商品为主向服务为主过渡。参照国际先进经验优化监管标准体系，加快形成数字经济领域的监管体系，尽快在人民群众高度关注的食品、药品、金融等服务业领域实现监管标准化、行业标准化，并与国际接轨。

——强化市场监管机构对经济政策的公平竞争审查，建立对各类政策、各级政府进行专门的公平竞争审查制度。建议由国家市场监管总局或国务院反垄断委员会牵头，系统清理现行的涉企政策中妨碍民营企业发展、违反平等竞争的规定。

——把反垄断尤其是反行政垄断作为市场监管变革的重大举措。目前，制造业领域约90%以上已经实现了市场化，但民营企业在部分服务业领域的投资占比还不足 50%，交通运输等领域甚至不足 30%。至今为止，服务业领域的行政垄断尚没有纳入反垄断的范围。建议尽快修订《反垄断法》，增加并细化反行政垄断的内容，并将竞争政策以及相应的公平竞争审查制度纳入《反垄断法》。与此同时，做实国务院反垄断委员会，将反垄断局与价格监督检查和反不正当竞争局作为其具体执法机构。

A New Type of
Large Open Economy

第一章

新型开放大国之路

改革开放不仅深刻改变中国，而且深刻影响世界。改革开放40年来，我国顺应经济全球化的历史潮流，不断扩大开放、加快融入世界经济，实现了从封闭、半封闭到全方位开放的历史性转折。我国40年的改革开放之路，既是一条不断发展壮大之路，也是新型开放大国的成长之路。面对单边主义、贸易保护主义的挑战，作为新型开放大国，中国坚持以构建人类命运共同体为价值追求，以维护经济全球化为重要使命，以推进“一带一路”为重要载体，以建设高水平开放型经济体系为重要目标，以深化自身改革开放为重要基础，必将对推动世界经济增长及完善全球治理体系产生重要影响。

改革开放40年，我国成长并发展成为新型开放大国。40年来，我国顺应经济全球化的历史潮流，坚持对外开放的基本国策，从“引进来”到“走出去”，从加入世界贸易组织到提出共建“一带一路”倡议，成功实现了从封闭、半封闭到全方位开放的伟大历史转折。作为新型开放大国，我国坚持以构建人类命运共同体为价值追求，以维护经济全球化为重要使命，以推进“一带一路”为重要载体，以建设高水平开放型经济体系为重要目标，以深化自身改革开放为基础，将对推动世界经济增长及完善全球治理产生重要影响。

第一节　从“一次开放”到“二次开放”

改革开放之初，我国打开国门，积极融入世界经济，实现了经济起飞。当前，为适应经济全球化新形势与经济转型发展的新需求，我国把坚定推进全球自由贸易进程与加快以服务业为重点的市场开放进程相结合，以开放赢得国内发展和国际竞争的主动。

一、从封闭、半封闭到打开国门

改革开放是决定当代中国命运的关键一招。1978年12月，党的十一届三中全会确立以经济建设为中心，从此拉开了改革开放的大幕。

1978年，我国经济总量排世界第十一位，人均国民收入仅为190美元，处于低收入国家行列；货物进出口总额只有 206 亿美元，外贸依存度仅为 4.7%，占世界贸易的份额微乎其微；外汇储备极其短缺，仅有 1.67 亿美元，人均外汇储备折合成人民币不足 1 元①。

邓小平同志指出："如果现在再不实行改革，我们的现代化事业和社会主义事业就会被葬送。"②"总结历史经验，中国长期处于停滞和落后状态的一个重要原因是闭关自守。经验证明，关起门来搞建设是不能成功的，中国的发展离不开世界"③。经过探索和试点，1984 年党的十二届三中全会通过的《中共中央关于经济体制改革的决定》明确提出："我们把对外开放作为长期的基本国策，作为加快社会主义现代化建设的战略措施。"

习近平总书记在庆祝改革开放 40 周年大会上的讲话中指出："1978 年 12 月 18 日，在中华民族历史上，在中国共产党历史上，在中华人民共和国历史上，都必将是载入史册的重要日子。这一天，我们党召开十一届三中全会，实现新中国成立以来党的历史上具有深远意义的伟大转折，开启了改革开放和社会主义现代化的伟大征程。"④

二、从设立经济特区到全方位开放

我国的对外开放，从封闭、半封闭开始起步，以设立经济特区破冰，从点到线，从线到面，逐步形成了全方位开放的基本格局。

1. 以设立经济特区破冰

党的十一届三中全会后，邓小平同志提出："在全国的统一方案没有拿出来以前，可以先从局部做起，从一个地区、一个行业做起，逐步推开，中央各部门要允许和鼓励它们进行这种试验"⑤。1979 年 4 月，邓小平同志进一步提出："可以划出一块地方，叫特区。陕甘宁就是特区嘛。中央没有钱，要你们

---

① 人类经济史上的奇迹[N]. 光明日报，2013-11-21.
② 邓小平 . 邓小平文选（第二卷）[M]. 北京：人民出版社，1994. 10.
③ 邓小平 . 邓小平文选（第三卷）[M]. 北京：人民出版社，1993. 10.
④ 习近平 . 在庆祝改革开放 40 周年大会上的讲话[N]. 人民日报，2018-12-19.
⑤ 邓小平 . 邓小平文选（第二卷）[M]. 北京：人民出版社，1994. 10.

自己搞，杀出条血路来”[①]。1979 年初，国务院决定设立蛇口工业区。同年 7 月，中央批准广东、福建两省对外经济活动实行特殊政策和灵活措施，并决定先在深圳、珠海两市划出部分地区试办出口特区。此后，中共中央、国务院批准在广东省的深圳、珠海、汕头三市和福建省的厦门市试办出口特区。1980 年 5 月，中共中央、国务院批转《广东、福建两省会议纪要》，并正式将出口特区定名为“经济特区”，赋予在特区内外商准入、土地使用、贸易、外汇、税收等特殊优惠政策，并实行“以吸收外资为主、市场调节为主、扩大出口为主”的特殊管理体制。1988 年 4 月 13 日，七届全国人大一次会议决定建立海南省并设立中国最大的经济特区。

2. 推动沿海沿边及内陆开放

在经济特区实现突破后，中央决定在北京、天津、上海三个城市开展扩大对外贸易自主权的试点，在外贸体制、促进出口等方面赋予其更多的自主权，对外贸业务实行以地方为主的双重领导，由各市编制外贸收购和出口收汇计划，开展工贸结合试点，扩大地方审批出境人员的权限，开始了我国开放沿海城市的初步探索。

1984 年 2 月，邓小平同志在南方视察后指出，“除现在的特区之外，可以考虑再开放几个港口城市，如大连、青岛。这些地方不叫特区，但可以实行特区的某些政策。”[②] 同年 4 月，中央决定开放大连、秦皇岛、天津、烟台、青岛、连云港、南通、上海、宁波、温州、福州、广州、湛江、北海等 14 个沿海城市。1985 年，中共中央、国务院同意并批转《长江、珠江三角洲和闽南厦漳泉三角地区座谈会纪要》，将长江三角洲、珠江三角洲和闽南厦漳泉三角地区辟为沿海经济开放区。1988 年、1992 年，国务院又陆续将辽东半岛、胶东半岛，以及广东韶关、河源、梅州等市列入沿海经济开放区。至此，沿海经济开放区囊括 41 个省辖市、218 个县（市），从南到北连接成一条线，不仅包括城镇，也包括农村，由此形成沿海沿边开放的新格局。

---

① 冷溶，汪作玲．邓小平年谱：1975—1997［M］．北京：中央文献出版社，2004. 7.

② 邓小平．邓小平文选（第三卷）［M］．北京：人民出版社，1993. 10.

1990年4月，国务院批复同意开发开放浦东。1992年，中央决定在全国范围内推进对外开放，开放6个长江沿线港口城市和长江三峡经济开放区；开放14个陆地边境城市，举办边境经济合作区；开放18个内陆省会和自治区首府。至此，我国基本形成从经济特区到沿海开放城市、沿海经济开放区、内陆地区的全方位对外开放格局。

3. 设立自由贸易试验区，并加快探索建设海南自由贸易港

（1）中国（上海）自贸试验区先行先试。2013年9月，中国（上海）自由贸易试验区正式挂牌运作。作为新形势下我国推进改革开放的重大举措，自贸试验区在加快政府职能转变、管理模式创新、促进贸易和投资便利化等方面积极探索新途径、积累新经验。2015年4月，中国（广东）自由贸易试验区、中国（天津）自由贸易试验区、中国（福建）自由贸易试验区成立。

（2）形成覆盖东中西部的区域布局。2016年9月，中共中央、国务院决定，在辽宁省、浙江省、河南省、湖北省、重庆市、四川省、陕西省新设立7个自贸试验区。2017年3月31日，国务院正式批复设立7个新的自贸试验区，我国自贸试验区建设形成“1+3+7”的发展格局。第三批自贸试验区大多位于中西部，且为“一带一路”的重要节点，围绕各自定位和特点，各有侧重地进行试点。例如，辽宁重点深化国资国企改革；浙江建设国际海事服务基地、国际油品储运基地；河南打造国际交通物流通道；重庆重点推进“一带一路”和长江经济带联动发展；陕西创新现代农业交流合作机制；四川推动内陆与沿海沿边沿江协同开发战略；湖北重点推动创新驱动发展，促进中部地区与长江经济带战略对接和有关产业升级①。

（3）加快探索建设海南自由贸易港进程。党的十九大报告中明确指出，“赋予自由贸易试验区更大改革自主权，探索建设自由贸易港”。2018年4月13日，在庆祝海南建省办经济特区30周年的大会上，习近平总书记郑重宣布，“党中央决定支持海南全岛建设自由贸易试验区，支持海南逐步探索、稳

① 自贸试验区新增7个成员，释放什么信号[EB/OL]. 新华网，2017-03-31.

步推进中国特色自由贸易港建设，分步骤、分阶段建立自由贸易港政策和制度体系”①。从全球来看，自由贸易港是当今世界最高水平的开放形态。在当前单边主义、贸易保护主义抬头，经济全球化面对严峻挑战的大背景下，加快探索建设海南自由贸易港进程是彰显我国扩大对外开放决心、积极推动经济全球化的重大举措。

专栏1.1

习近平主席多次在重要国际场合提及加快探索建设海南自由贸易港进程

2018 年 11 月 5 日，习近平主席在首届中国国际进口博览会开幕式演讲中提出：“中国将抓紧研究提出海南分步骤、分阶段建设自由贸易港政策和制度体系，加快探索建设中国特色自由贸易港进程。这是中国扩大对外开放的重大举措，将带动形成更高层次改革开放新格局。”②

2019 年 4 月 26 日，习近平主席在第二届“一带一路”国际合作高峰论坛开幕式上提出：“我们将新布局一批自由贸易试验区，加快探索建设自由贸易港。”③

2019 年 6 月 28 日，习近平主席在 G20 日本大阪峰会上提出：“加快探索建设海南自由贸易港进程。”④

三、从以制造业为主到以服务业为重点的开放

在产业开放上，我国从推动制造业开放逐步扩大到服务业开放；加入世界贸易组织后，又适时推进了金融体制改革，走出了一条渐进式的开放之路。

---

① 习近平．在庆祝海南建省办经济特区 30 周年大会上的讲话[N]．人民日报，2009-04-14.

② 习近平．共建创新包容的开放型世界经济——在首届中国国际进口博博览会开幕式上的主旨演讲[M]．北京：人民出版社，2018. 11.

③ 习近平．齐心开创共建“一带一路”美好未来——在第二届“一带一路”国际合作高峰论坛开幕式上的主旨演讲[M]．北京：人民出版社，2019. 5.

④ 习近平．携手共进，合力打造高质量世界经济[N]．人民日报，2019-06-29.

1. 制造业开放从启动到不断深化

新中国成立之初，我国的制造业体系基本是模仿苏联建立的，制造业的技术、人才、设备、制度等主要从苏联引进，自主创新还处在萌芽阶段。改革开放之初，我国产业开放从制造业起步，1979 年 7 月，《中外合资经营企业法》出台。20 世纪 80 年代相继颁布《涉外经济合同法》和《中外合作经营企业法》等，一批外国企业开始进入中国。

1984 年 10 月，党的十二届三中全会通过了《中共中央关于经济体制改革的决定》，我国改革开始由农村走向城市和整个经济领域，并加快推进工业开放与相关体制改革进程。1988—1997 年，我国制造业快速发展，随着民营企业的快速发展，市场开始由供不应求向供大于求转变。在这 10 年期间，我国制造业增加值从 1988 年的 5205.21 亿元人民币增加到 1997 年的 26205.51 亿元人民币，增加了约 5 倍①。

1998—2007 年，我国制造业市场导向的自主创新逐步形成，在计算机、手机、汽车等领域出现了大批知名自主品牌。与此同时，出口导向型产业在东南沿海地区集聚，绍兴的纺织、义乌的小商品、东莞的电子产品、晋江的体育用品等，中国制造业在服装、电子机器、家电等领域形成了全球最大的生产规模②。这段时期，我国进出口贸易蓬勃发展，制造业迅速融入世界经济，以外贸为导向的中国制造业发展模式开始形成。2006 年，我国开始成为世界第一大工业品出口国。继英国、日本之后，成为又一个“世界工厂”。

截至目前，2017 年版《外商投资产业指导目录》在制造业 179 个中类和 609 个小类中，对外资完全开放的已有 167 个中类和 585 个小类，分别占 93.3%和 96.1%③。党的十九大报告指出：“加快建设制造强国，加快发展先进制造业，推动互联网、大数据、人工智能和实体经济深度融合。”④ 我国正

① 隆国强．构建开放型经济新体制——中国对外开放 40 年[M]．广州：广东经济出版社，2017.9.

② 中国制造往事[J]．财经国家周刊，2018（17）.

③ 中国制造业开放层次不断提高[N]．人民日报海外版，2018-05-17.

④ 中国共产党第十九次全国代表大会文件汇编[M]．北京：人民出版社，2017.10.

由制造业大国向制造业强国转变。

2. 服务业逐步成为开放的重点和焦点

改革开放初期，我国对外开放领域以制造业为主，服务业领域开放涉及不多。随着开放进程的不断推进，服务业对外开放越来越受到关注①。党的十四大正式确定“中国经济体制改革目标是建立社会主义市场经济体制”，党的十五大提出“有步骤地推进服务业的对外开放”。由此，服务要素的国际流动开始活跃起来，境外资本纷纷进入我国服务业市场。

2003 年，我国启动了国有商业银行股份制改革，推动了金融领域的对外开放。2003 年 12 月，国务院批准设立中央汇金投资有限责任公司，由其运用国家外汇储备向试点银行注资，作为国有资本出资人代表，行使国有重点金融机构控股股东职责。2004—2005 年，中国银行、中国建设银行、中国工商银行整体改制为股份有限公司；2005 年，中国建设银行在香港成功上市，并于 2007 年在上海证券交易所上市；中国银行分别于 2006 年 6 月和 7 月在香港 H 股市场和境内 A 股市场成功上市；中国工商银行于 2006 年以 A+H 股的方式在内地和香港同时成功上市；交通银行分别于 2005 年和 2007 年在 H 股和 A 股市场成功上市；2010 年，中国农业银行完成了股改上市。

截至 2007 年，我国入世时对服务贸易领域开放承诺已全部履行完毕②。扩大开放的领域不仅包括金融、保险、贸易、零售商业、房地产等外资已进入较多的行业，还包括通信、会展、旅游、国际货运代理、专业商务服务（会计、审计、资产评估）等以往开放程度较低的行业③。

2013 年，党的十八届三中全会提出，“构建开放型经济新体制”，“推进金融、教育、文化、医疗等服务业领域有序开放，放开育幼养老、建筑设计、会

① 夏杰长，姚战琪．中国服务业开放 40 年——渐进历程、开放度评估和经验总结[J]．财经问题研究，2018（04）．

② 白皮书：中国切实履行加入世贸组织承诺[EB/OL]．新华网．2018-06-28．

③ 夏杰长，姚战琪．中国服务业开放 40 年——渐进历程、开放度评估和经验总结[J]．财经问题研究，2018（04）．

计审计、商贸物流、电子商务等服务业领域外资准入限制①”。2018 年 4 月以来，习近平主席先后在博鳌亚洲论坛 2018 年年会开幕式、首届中国国际进口博览会开幕式、第二届“一带一路”国际合作高峰论坛开幕式等重要国际场合上提出：中国将持续推进服务业开放。2019 年 6 月，习近平主席在 G20 大阪峰会上提出：“我们即将发布 2019 年版外资准入负面清单，进一步扩大农业、采矿业、制造业、服务业开放。”② 2019 年 6 月 30 日，《外商投资准入限制管理清单（负面清单）2019 年版》正式发布，进一步减少服务业领域限制措施。

3. 从正面清单到“准入前国民待遇+负面清单”

改革开放之初，我国开放的重点在于放宽市场准入和吸引外资，由此外资超国民待遇现象比较普遍。随着对外开放进程加快和与其他国家投资协定谈判的推进，我国开始探索实施“准入前国民待遇+负面清单”管理制度，大幅推进市场开放进程，提高投资自由化便利化水平。

自 2013 年以来，我国率先在自贸试验区试行“准入前国民待遇+负面清单”的管理制度。自贸试验区外商投资负面清单经过了多轮修改，限制措施由 2013 版的 190 项大幅削减到 2019 版的 37 项。

表 1.1：历版自贸区负面清单行业的分布情况（单位：项）

类别	2013 年	2014 年	2015 年	2017 年	2018 年	2019 年
农林牧渔业	7	6	6	5	4	3
采矿业	16	14	8	6	3	1
制造业	63	46	17	11	5	3
电力、热力、燃气及水生产和供应业	5	2	5	3	2	2
建筑业	4	4	0	0	0	0
批发零售	13	9	4	4	1	1

① 中共中央关于全面深化改革若干重大问题的决定[M]. 北京：人民出版社，2013. 11.

② 习近平 . 携手共进，合力打造高质量世界经济[N]. 人民日报，2019-06-29.

续表

类别	2013 年	2014 年	2015 年	2017 年	2018 年	2019 年
交通运输、仓储、邮政业	21	15	19	11	7	6
信息传输、软件和信息技术服务业	8	8	4	4	2	2
金融业	5	4	14	13	3	3
房地产业	4	3	0	0	0	0
租赁和商务服务业	13	9	9	5	3	3
科学研究和技术服务业	12	4	4	4	3	3
水利、环境和公共设施管理业	3	3	2	2	1	0
教育	3	3	2	2	2	2
卫生和社会工作	1	1	1	1	1	1
文化、体育和娱乐业	12	8	24	21	8	7
所有行业	0	0	3	3	0	0
总　计	190	139	122	95	45	37

数据来源：中国（上海）自由贸易试验区外商投资准入特别管理措施（负面清单）(2013 年)[EB/OL]. 上海市人民政府网，2013-09-30；中国（上海）自由贸易试验区外商投资准入特别管理措施（负面清单）(2014 年修订)[EB/OL]. 上海市人民政府网，2014-06-30；国务院办公厅关于印发自由贸易试验区外商投资准入特别管理措施（负面清单）的通知（2015 年版）[EB/OL]. 中国政府网，2015-04-08；国务院办公厅关于印发自由贸易试验区外商投资准入特别管理措施（负面清单）的通知（2017 年版）[EB/OL]. 中国政府网，2017-06-05；国家发改委 商务部令 2018 年第 19 号，自由贸易试验区外商投资准入特别管理措施（负面清单）(2018 年版)[EB/OL]. 商务部网站，2018-06-30；国家发改委 商务部令 2019 年第 26 号，自由贸易试验区外商投资准入特别管理措施（负面清单）(2019 年版)[EB/OL]. 商务部网站，2019-06-30.

从 2016 年 10 月 1 日起，我国开始在全国范围内实行备案加负面清单的管理模式。2017 年 3 月，国家发改委和商务部发布了《外商投资产业指导目录（2016 年修订）》，提出外商投资准入负面清单、删除内外资一致的限制性措施，将限制类数量减少一半，并进一步放宽了外资股比限制。2018 年版全国外资准入负面清单在汽车、金融等领域推出 22 项开放措施，2019 年版负面清单进一步缩小到 40 项。目前，负面清单的实施取得了积极成效，激发了新一轮外商投资，一批几十亿甚至上百亿美元的重大外资项目落地。比如，特斯拉在上海建设集研发、制造、销售于一体的电动汽车超级工厂；宝马在沈阳投资新建第三工厂；首家外资控股证券公司、首家外资保险控股公司成立等。

四、从加入世贸组织到推动共建“一带一路”

改革开放以来，从下放部分外贸管理权限到全面放开，从加入世界贸易组织到共建“一带一路”倡议，从参与全球经济治理到推动完善全球经济治理的新机制，我国逐步由商品和要素流动型开放向规则等制度型开放转变，逐步实现与世界经济深度融合。

1. 外贸管理体制改革从下放经营权、管理权到全面放开

（1）基本理顺政府各部门对外贸易管理关系。1978 年 8 月，我国成立了进出口管理委员会和外国投资管理委员会；1982 年，原对外贸易部、对外经济联合部、进出口管理委员会和外国投资管理委员会合并为对外经济贸易部，基本理顺了政府各部门对外贸易的管理关系。

（2）下放外贸经营权。1978 年，国务院批准第一机械工业部成立中国机械设备出口公司，成为我国第一个工贸结合的试点企业，试点经营出口和必要的进口，传统的外贸体制开始松动。1979 年 7 月 15 日，中共中央、国务院决定在深圳、珠海、汕头、厦门试办经济特区，广东、福建两省获得较多外贸自主权。随后，为了促进商品经济的发展，将商品的经营权下放，实行政企分开，打破外贸企业由国家经营的局面，并在外贸企业中推行出口代理制，一些全国性的、地区性的工贸结合进出口公司和联营公司相继成立。少数大型企业，如武钢、首钢等开始直接经营外贸业务，有些省、市成立了具有国际投资信托业务性质的公司。

1984 年 9 月，国务院批转外经贸部《关于外贸体制改革意见的报告》并发出通知，允许国务院的其他部委成立各自领域的进出口公司，允许广东、福建、北京、天津、上海、辽宁等省市分别成立外贸总公司，开展贸易活动。

（3）探索外贸承包经营责任制。1988 年初，国务院决定全面推行对外贸易承包经营责任制，总体方向是“自负盈亏、放开经营、工贸结合、推行代理制”，由此极大激发了外贸企业的活力，并推动我国进出口贸易快速发展。

1988—1990 年，我国出口持续高涨，年均增长达到 13.7%[①]。

1990 年 12 月 9 日，国务院出台了《关于进一步改革和完善对外贸易体制改革若干问题的决定》，进一步完善外贸承包责任制，打破了“大锅饭”体制，取消出口补贴，实现自主经营、自负盈亏，市场调节作用加强，对外贸易迅速发展。1993 年，实行配额许可证管理的出口商品品种减少到 138 种，比 1992 年减少了 52%，极大地提升了外贸企业的积极性。1991—1993 年，我国每年的进出口增幅都在 300 亿美元左右，到 1993 年进出口总额接近 2000 亿美元[②]。

（4）以汇率体制改革为重点带动外贸体制改革。改革开放之初，我国在较长一段时间内实行外汇调剂市场汇率与官方汇率并存的汇率“双轨制”。双重汇率不符合市场经济和国际贸易的要求，导致国家外汇流失。因此，1994 年，我国启动了汇率体制改革，其主要内容是将官方汇率和外汇调剂中心的双重汇率并轨，实行以市场供求为基础的、单一的、有管理的浮动人民币汇率制度。同时，这一阶段的外贸体制改革还包括了以下六个方面的内容：一是取消进出口贸易的指令性计划；二是各部委所属外贸企业与原主管部委脱钩，并按照现代企业制度进行改造；三是从 1994 年开始逐步过渡到由中央财政统一退税的出口退税制度；四是设立出口商品发展基金和风险基金，成立进出口银行，对出口贸易提供信贷支持和风险担保，逐步降低关税，清理非法定减免关税；五是加强外贸立法，先后发布实施《中华人民共和国对外贸易法》（1994 年）、《中华人民共和国反倾销和反补贴条例》（1997 年）；六是进一步减少对进出口的数量限制，对部分供给富余的进出口商品实行配额和许可证管理，对配额许可证商品实行配额有偿招标、拍卖或规则化分配。

2. 加入世界贸易组织，全面融入世界经济

2001 年 12 月 11 日，经过长达 15 年艰难而曲折的谈判，中国正式成为世

---

① 张迪．制造中国奇迹的强劲力量——纪念外贸体制改革 30 周年［J］．求实，2008-11-08.

② 隆国强．构建开放型经济新体制——中国对外开放 40 年［M］．广州：广东经济出版社，2017.9.

界贸易组织（WTO）成员①。在这一过程中，我国对外开放加快转型，从有限开放、政策性开放，转变为全方位开放、双向开放。从双边磋商机制拓展到构建双边多边机制。加入世贸组织后，我国坚持社会主义市场经济改革方向，按照“统一、透明、规范、公平”的原则，对包括涉外经济在内的经济体制机制进行了一轮全面改革。例如，大规模开展法律法规清理修订工作，中央政府清理法律法规和部门规章2300多件，地方政府清理地方性政策法规19万件，覆盖贸易、投资和知识产权保护等各个方面，使涉外经济法律法规与加入世贸组织承诺相一致，大大激发了经济增长活力。

3. 加快实施自由贸易区战略，建立面向全球的高标准自由贸易区网络

加快实施自由贸易区战略，是我国新一轮对外开放的重要内容。习近平总书记指出：“中国共产党的十七大把自由贸易区建设上升为国家战略，中国共产党的十八大提出要加快实施自由贸易区战略。中国共产党的十八届三中全会提出要以周边为基础加快实施自由贸易区战略，形成面向全球的高标准自由贸易区网络。”②

近年来，我国加快实施自由贸易区战略，建立面向全球的高标准自由贸易网络。2010年1月1日，中国—东盟自由贸易区正式建立，成为拥有19亿人口、发展中国家间最大的自由贸易区。此外，中国—智利自贸区和中国—巴基斯坦自贸区、中国—冰岛自贸区、中国—瑞士自贸区、中国—韩国自贸区等相继建立。

2015年11月，中央深改组审议通过的《国务院关于加快实施自由贸易区战略的若干意见》提出，“中长期，形成包括邻近国家和地区、涵盖‘一带一路’沿线国家以及辐射五大洲重要国家的全球自由贸易区网络，使我国大部分对外贸易、双向投资实现自由化和便利化”。2017年，党的十九大报告提出：“中国支持多边贸易体制，促进自由贸易区建设，推动建设开放型世界经

① 1986年中国开始恢复关贸总协定（GATT）缔约方的谈判，1995年世界贸易组织（WTO）取代关贸总协定，中国的“复关”谈判转为“入世”谈判。

② 加快实施自由贸易区战略 加快构建开放型经济新体制[N]. 人民日报，2014-12-07.

济。”当前，我国经济发展进入新常态，内外环境复杂多变，加快实施自由贸易区战略不仅是我国适应经济全球化新趋势的客观要求，也是主动扩大开放、全面深化改革，构建开放型经济新体制的重大任务。

4. 共建“一带一路”倡议

2013 年 9 月 7 日，习近平主席在哈萨克斯坦纳扎尔巴耶夫大学发表演讲，提出了共同建设“丝绸之路经济带”。同年 10 月，习近平主席出访东盟，提出共同建设“21 世纪海上丝绸之路”。“丝绸之路经济带”和“21 世纪海上丝绸之路”共同构成了“一带一路”倡议。2015 年 3 月 28 日，我国发布《推动共建丝绸之路经济带和 21 世纪海上丝绸之路的愿景与行动》。

共建“一带一路”倡议及其核心理念已先后被写入联合国、二十国集团、亚太经合组织以及其他区域组织等有关文件中；截至 2019 年 3 月底，中国政府已与 125 个国家和 29 个国际组织签署 173 份合作文件。共建“一带一路”国家已由亚欧延伸至非洲、拉美、南太等区域。世界银行研究组分析了共建“一带一路”倡议对 71 个潜在参与国的贸易影响，结果表明共建“一带一路”倡议将使参与国之间的贸易往来增加 4.1%①。“一带一路”倡议已成为反对贸易保护主义，构建新型经济全球化的新主角。

5. 从参与全球经济治理到完善全球经济治理新机制

改革开放之初，我国更多的是全球经济治理参与者、跟随者。党的十八大以来，我国提出了“构建人类命运共同体”的倡议，寻求各国利益最大公约数。一方面，我国在全球经济治理中的话语权进一步提升。目前，我国在世界银行投票权升至第三位（从 4.45%上升至 5.7%），仅次于美国和日本（分别为 15.87%和 6.83%）；在国际货币基金组织的投票权份额从 3.8%提高至超过 6%，排名由第六跃至第三。另一方面，我国积极参与全球事务，为完善全球经济治理积极贡献中国智慧。2016 年 11 月 20 日，我国发起设立亚洲基础设施投资银行。在国际多边开发体系中发挥越来越重要的作用，得到国际社会广泛信任和认可。截至 2018 年底，亚洲基础设施投资银行已从最初 57 个创始成

---

① 一带一路 数读“五通”[N]. 人民日报海外版，2019-04-25.

员，发展到遍布各大洲的93个成员，最近这一数字已增至100个；累计批准贷款75亿美元，撬动其他投资近400亿美元，已批准的35个项目覆盖印度尼西亚、巴基斯坦、塔吉克斯坦、阿塞拜疆、阿曼、土耳其、埃及等13个国家①。2014年11月，中国政府宣布出资400亿元美元成立丝路基金。2017年5月，中国政府宣布向丝路基金增资1000亿人民币。截至2018年底，丝路基金协议投资金额约110亿美元，实际出资金额约77亿美元②。

五、进入“二次开放”新阶段

党的十八大以来，我国推动全方位开放，打造开放型经济体系，开放的深度、广度等都有明显提升。与改革开放之初相比，新阶段开放的起点、目标、重点、路径、形式等都发生了重大变化，我国从“一次开放”进入“二次开放”新阶段。

表1.2：从“一次开放”到“二次开放”

	“一次开放”	“二次开放”
起点	低收入水平 工业化初期（国内） 制造业全球化（国际）	中等偏上收入水平 工业化中后期（国内） 服务业全球化（国际）
外部环境	全球化的制度安排比较稳定	全球化的制度安排不稳定，面临变数
内部禀赋	劳动力无限供给，资本短缺	劳动力供给下降，资本剩余
开放重点	货物贸易 制造业市场开放	服务贸易 服务业市场开放
开放途径	融入既有的国际市场	通过“一带一路”主动开辟新市场
资本流向	“引进来”为主，净流入	“引进来”和“走出去”并重，净流出

① 一带一路 数读“五通”[N]. 人民日报海外版，2019-04-25.

② 推进“一带一路”建设工作领导小组办公室. 共建“一带一路”倡议：进展、贡献与展望[R]. 2019-04-22.

续表

	“一次开放”	“二次开放”
开放路径	加入世贸组织	全面实施自由贸易战略
开放体制	构建外向型经济体制：围绕出口导向战略形成一系列鼓励和扶持出口型工业发展的体制机制	构建开放型经济新体制：以自由贸易为导向构建对外开放的体制机制
国际角色	国际规则的接受者、参与者、跟随者	国际规则的推动者、促进者、引领者

资料来源：迟福林．二次开放——全球化十字路口的中国选择[M]．北京：中国工人出版社，2017.3.

第二节　改革开放深刻改变中国、影响世界

改革开放40年来，我国通过建立并不断完善社会主义市场经济体制，极大地激发了市场活力与经济活力。改革开放这场中国的第二次革命，不仅深刻改变了中国，也深刻影响了世界。

一、改革开放深刻改变中国

改革开放40年，是我国国民经济大踏步前进、经济总量连上新台阶的40年；是成功从低收入国家迈入中等偏上收入国家行列的40年；也是综合国力和国际影响力显著提升的40年①。

1. 进入工业化后期

改革开放40年，我国经济发展阶段性实现了跃升，总体上进入工业化后期。

① 国家统计局．波澜壮阔四十载 民族复兴展新篇——改革开放40年经济社会发展成就系列报告之一[EB/OL]．国家统计局网站，2018-08-27.

表1.3：中国不同时期在工业化不同阶段的标志值

基本指标	工业化初期（1978年）	工业化中期（2007年）	工业化后期（2018年）
人均GDP（2010年不变价美元）	308（低于3308美元）	3489（符合3308~6615美元的标准）	7740（符合6615~12398美元）
产业结构	27.7：47.7：24.7（符合第一产业占比>20%，且第一产业占比低于工业占比的标准）	10.3：46.9：42.9（符合第一产业占比<20%，且第二产业占比超过第三产业占比的标准）	7.2：40.7：52.2（符合第一产业占比<10%，且第三产业占比超过第二产业占比的标准）
城镇化率	17.9%（符合低于30%的标准）	45.9%（符合30%~50%的标准）	59.58%（符合50%~70%的标准）
第一产业就业占比	70.5%（符合超过50%的标准）	40.8%（符合30%~50%的标准）	26.1%（符合低于30%的标准）

数据来源：黄群慧．中国的工业化进程：阶段、特征与前景[J]．经济与管理，2013(07)；人均GDP（2010年不变价美元）根据世界银行数据库得出；其他数据根据《2019中国统计摘要》得出。

2. 人均GDP达到中高收入国家水平

（1）2010年不变价美元衡量的人均GDP达到7740美元。根据世界银行数据，1978—2018年，按2010年不变价美元，我国人均GDP由305.04美元增长至7740美元，符合工业化后期人均GDP 6615~12398美元（2010年不变价）的标准。如果用现价美元衡量，我国人均GDP则从1978年的156.40美元提升到2018年的9770美元。

表1.4：1978—2018年中国GDP及人均GDP

	2010年不变价美元		现价美元	
年份	GDP（万亿美元）	人均GDP（美元）	GDP（万亿美元）	人均GDP（美元）
1978	0.29	305.04	0.15	156.40
1979	0.32	323.90	0.18	183.98
1980	0.34	345.08	0.19	194.80

续表

年份	2010年不变价美元		现价美元	
	GDP（万亿美元）	人均GDP（美元）	GDP（万亿美元）	人均GDP（美元）
1981	0.36	357.97	0.20	197.07
1982	0.39	383.88	0.21	203.33
1983	0.43	419.88	0.23	225.43
1984	0.50	477.20	0.26	250.71
1985	0.56	533.71	0.31	294.46
1986	0.62	572.47	0.30	281.93
1987	0.69	628.89	0.27	251.81
1988	0.76	688.67	0.31	283.54
1989	0.80	706.81	0.35	310.88
1990	0.83	723.97	0.36	317.88
1991	0.90	781.07	0.38	333.14
1992	1.03	881.85	0.43	366.46
1993	1.18	992.74	0.44	377.39
1994	1.33	1109.83	0.56	473.49
1995	1.48	1218.42	0.73	609.66
1996	1.62	1325.52	0.86	709.41
1997	1.77	1433.38	0.96	781.74
1998	1.91	1531.66	1.03	828.58
1999	2.06	1635.67	1.09	873.29
2000	2.23	1761.16	1.21	959.37
2001	2.42	1894.82	1.34	1053.11
2002	2.64	2054.54	1.47	1148.51
2003	2.90	2247.18	1.66	1288.64
2004	3.20	2459.91	1.96	1508.67
2005	3.56	2724.14	2.29	1753.42
2006	4.02	3054.47	2.75	2099.23
2007	4.59	3471.18	3.55	2693.97
2008	5.03	3787.01	4.59	3468.30

续表

年份	2010 年不变价美元		现价美元	
	GDP（万亿美元）	人均 GDP（美元）	GDP（万亿美元）	人均 GDP（美元）
2009	5. 50	4122. 87	5. 10	3832. 24
2010	6. 09	4539. 58	6. 09	4550. 45
2011	6. 67	4949. 38	7. 55	5618. 13
2012	7. 19	5312. 00	8. 53	6316. 92
2013	7. 75	5696. 57	9. 57	7050. 65
2014	8. 32	6080. 67	10. 44	7651. 37
2015	8. 89	6468. 40	11. 02	8033. 39
2016	9. 49	6863. 76	11. 14	8078. 79
2017	10. 13	7288. 69	12. 14	8759. 04
2018	10. 80	7740. 23	13. 61	9770. 85

数据来源：世界银行数据库。

（2）我国城乡居民收入不断增长。1978—2018 年，全国城镇居民人均可支配收入由 343 元人民币增长到 39250. 5 元人民币；农民人均可支配收入由 133. 6 元人民币增长到 14617. 0 元人民币。2017 年，城乡居民恩格尔系数为 29. 3%，首次低于 30%，2018 年进一步降至 28. 4%，比上一年下降 0. 9 个百分点。

（3）消费成为拉动经济增长的第一动力。2018 年，我国最终消费支出对 GDP 的贡献率为 76. 2%，比 2013 年高出 11. 8 个百分点。从 2014 年起，消费对经济增长的贡献率已连续 5 年超过投资，成为拉动经济增长的第一动力。

表 1. 5：1978—2018 年我国最终消费率与消费贡献率（单位：%）

年份	最终消费率	资本形成率	消费贡献率	投资贡献率
1978	61. 44	38. 87	38. 3	67
1979	63. 22	37. 27	83. 5	19. 6
1980	64. 85	35. 48	77. 3	20. 9
1981	66. 11	33. 54	89. 4	-1. 7
1982	65. 89	32. 43	56. 1	23. 5

续表

年份	最终消费率	资本形成率	消费贡献率	投资贡献率
1983	66.78	32.38	74.4	33.5
1984	65.13	34.85	68.7	41.8
1985	64.46	39.54	71.1	79.8
1986	64.23	38.21	50.1	15.9
1987	62.13	37.78	41.2	26.3
1988	61.46	39.53	43.3	55.8
1989	63.56	37.51	81.2	-2.4
1990	62.94	34.38	91.7	-74.6
1991	61.54	35.67	60.6	37.8
1992	59.36	39.63	56.1	53
1993	57.93	43.96	57.4	55.7
1994	57.91	40.79	34.8	34.3
1995	58.82	39.56	46.2	46.6
1996	59.76	38.22	61.7	34.5
1997	59.37	36.20	42.3	15.1
1998	60.20	35.56	64.6	28.8
1999	62.34	34.86	88.1	21.7
2000	63.30	34.33	78.1	22.4
2001	61.61	36.30	49	64
2002	60.57	36.90	55.6	39.8
2003	57.49	40.37	35.4	70
2004	54.74	42.66	42.6	61.6
2005	53.62	40.98	54.4	33.1
2006	51.86	40.61	42	42.9
2007	50.14	41.24	45.3	44.1
2008	49.22	43.21	44.2	53.2
2009	49.37	46.33	56.1	86.5
2010	48.45	47.88	44.9	66.3

续表

年份	最终消费率	资本形成率	消费贡献率	投资贡献率
2011	49.59	48.01	61.9	46.2
2012	50.11	47.18	54.9	43.4
2013	50.31	47.25	47	55.3
2014	50.73	46.77	48.8	46.9
2015	51.82	44.75	59.7	41.6
2016	53.63	44.14	66.5	43.1
2017	53.62	44.64	57.6	33.8
2018	54.31	44.85	76.2	32.4

数据来源：国家统计局数据库。

3. 产业结构不断优化

（1）服务业占比不断提升。1978—2018年，我国第一产业占比由27.7%下降至7.2%，符合工业化后期第一产业占比低于10%的标准；我国第三产业占比由24.6%上升至52.2%，提高了27.6个百分点，高于第二产业11.5个百分点，符合工业化后期第三产业占比超过第二产业占比的标准。

表1.6：1978—2018年我国产业结构（单位：%）

年份	第一产业	第二产业	第三产业
1978	27.7	47.7	24.6
1979	30.7	47	22.3
1980	29.6	48.1	22.3
1981	31.3	46	22.7
1982	32.8	44.6	22.6
1983	32.6	44.2	23.2
1984	31.5	42.9	25.5
1985	27.9	42.7	29.4
1986	26.6	43.5	29.8
1987	26.3	43.3	30.4
1988	25.2	43.5	31.2
1989	24.6	42.5	32.9

续表

年份	第一产业	第二产业	第三产业
1990	26.6	41.0	32.4
1991	24.0	41.5	34.5
1992	21.3	43.1	35.6
1993	19.3	46.2	34.5
1994	19.5	46.2	34.4
1995	19.6	46.8	33.7
1996	19.3	47.1	33.6
1997	17.9	47.1	35.0
1998	17.2	45.8	37
1999	16.1	45.4	38.6
2000	14.7	45.5	39.8
2001	14.0	44.8	41.2
2002	13.3	44.5	42.2
2003	12.3	45.6	42.0
2004	12.9	45.9	41.2
2005	11.6	47	41.3
2006	10.6	47.6	41.8
2007	10.2	46.9	42.9
2008	10.2	47	42.9
2009	9.6	46	44.4
2010	9.3	46.5	44.2
2011	9.2	46.5	44.3
2012	9.1	45.4	45.5
2013	8.9	44.2	46.9
2014	8.7	43.3	48.0
2015	8.4	41.1	50.5
2016	8.1	40.1	51.8
2017	7.6	40.5	51.9
2018	7.2	40.7	52.2

数据来源：国家统计局数据库。

（2）服务业成为吸纳就业的重点领域。1978—2018 年，我国第一产业就业占比由 70. 53%下降至 26. 11%，下降了 44. 42 个百分点，符合工业化后期第一产业就业占比低于 30%的标准；第三产业就业占比由 12. 18%上升至 46. 32%，提高了 34. 14 个百分点，已成为第一大就业领域。

表 1. 7：1978—2018 年我国就业结构（单位：%）

年份	第一产业就业占比	第二产业就业占比	第三产业就业占比
1978	70. 53	17. 30	12. 18
1979	69. 80	17. 58	12. 62
1980	68. 75	18. 19	13. 06
1981	68. 10	18. 30	13. 60
1982	68. 13	18. 43	13. 45
1983	67. 08	18. 69	14. 23
1984	64. 05	19. 90	16. 06
1985	62. 42	20. 82	16. 76
1986	60. 95	21. 87	17. 18
1987	59. 99	22. 22	17. 80
1988	59. 35	22. 37	18. 28
1989	60. 05	21. 65	18. 31
1990	60. 10	21. 40	18. 50
1991	59. 70	21. 40	18. 90
1992	58. 50	21. 70	19. 80
1993	56. 40	22. 40	21. 20
1994	54. 30	22. 70	23. 00
1995	52. 20	23. 00	24. 80
1996	50. 50	23. 50	26. 00
1997	49. 90	23. 70	26. 40
1998	49. 80	23. 50	26. 70
1999	50. 10	23. 00	26. 90
2000	50. 00	22. 50	27. 50
2001	50. 00	22. 30	27. 70

续表

年份	第一产业就业占比	第二产业就业占比	第三产业就业占比
2002	50.00	21.40	28.60
2003	49.10	21.60	29.30
2004	46.90	22.50	30.60
2005	44.80	23.80	31.40
2006	42.60	25.20	32.20
2007	40.80	26.80	32.40
2008	39.60	27.20	33.20
2009	38.10	27.80	34.10
2010	36.70	28.70	34.60
2011	34.80	29.50	35.70
2012	33.60	30.30	36.10
2013	31.40	30.10	38.50
2014	29.50	29.90	40.60
2015	28.30	29.30	42.40
2016	27.70	28.80	43.50
2017	26.98	28.11	44.91
2018	26.11	27.57	46.32

数据来源：国家统计局数据库。

4. 城镇化进程加快推进

改革开放以来，我国城镇化进程明显加快，城镇化水平不断提高。1978年末，我国常住人口城镇化率仅为17.92%。2018年末，我国常住人口城镇化率为59.58%，比1978年末提高了41.66个百分点。

党的十八大以来，随着户籍制度改革和居住证制度推进实施，农民工市民化程度不断提高。2018年末，我国户籍人口城镇化率达到43.37%，比2012年末提高8.0个百分点①。

① 国家统计局．沧桑巨变七十载 民族复兴铸辉煌——新中国成立70周年经济社会发展成就系列报告之一[EB/OL]．国家统计局网站，2019-07-01.

表 1.8：1978—2018 年我国常住人口城镇化率（单位:%）

年份	常住人口城镇化率
1978	17.92
1979	18.96
1980	19.39
1981	20.16
1982	21.13
1983	21.62
1984	23.01
1985	23.71
1986	24.52
1987	25.32
1988	25.81
1989	26.21
1990	26.41
1991	26.94
1992	27.46
1993	27.99
1994	28.51
1995	29.04
1996	30.48
1997	31.91
1998	33.35
1999	34.78
2000	36.22
2001	37.66
2002	39.09
2003	40.53
2004	41.76
2005	42.99
2006	44.34

续表

年份	常住人口城镇化率
2007	45. 89
2008	46. 99
2009	48. 34
2010	49. 95
2011	51. 27
2012	52. 57
2013	53. 73
2014	54. 77
2015	56. 10
2016	57. 35
2017	58. 52
2018	59. 58

数据来源：国家统计局数据库。

二、改革开放深刻影响世界

1978 年，我国经济总量居世界第十一位；2000 年超过意大利，居世界第六位；2007 年超过德国，居世界第三位；2010 年超过日本，并连续 8 年保持世界第二大经济体。

1. GDP 总量占全球比重不断加大

根据世界银行数据，用现价美元计算，1978—2018 年我国 GDP 总量从 0. 15 万亿美元快速增长到 13. 61 万亿美元。1978 年，我国 GDP 占全球 GDP 的比重仅为 1. 74%，同期美国 GDP 占全球比重为 27. 41%。随着我国改革开放的不断推进与经济的快速增长，到 2018 年，美国 GDP 占全球比重下降到 23. 89%，我国则提升到 15. 86%①。

① 根据世界银行数据库统计数据得出。

表 1.9：1978—2018 年中美 GDP 总量及在全球的比重

	GDP 规模（万亿，现价美元）			GDP 占全球比重（%）	
年份	世界	中国	美国	中国占比	美国占比
1978	8.58	0.15	2.35	1.74	27.41
1979	9.96	0.18	2.63	1.79	26.37
1980	11.22	0.19	2.86	1.70	25.47
1981	11.62	0.20	3.21	1.69	27.60
1982	11.51	0.21	3.34	1.78	29.05
1983	11.74	0.23	3.63	1.96	30.95
1984	12.18	0.26	4.04	2.13	33.14
1985	12.80	0.31	4.34	2.42	33.91
1986	15.12	0.30	4.58	1.99	30.28
1987	17.21	0.27	4.86	1.59	28.22
1988	19.25	0.31	5.24	1.62	27.20
1989	20.10	0.35	5.64	1.73	28.07
1990	22.60	0.36	5.96	1.60	26.38
1991	23.94	0.38	6.16	1.60	25.72
1992	25.43	0.43	6.52	1.68	25.64
1993	25.84	0.44	6.86	1.72	26.54
1994	27.75	0.56	7.29	2.03	26.26
1995	30.87	0.73	7.64	2.38	24.75
1996	31.55	0.86	8.07	2.74	25.59
1997	31.44	0.96	8.58	3.06	27.29
1998	31.37	1.03	9.06	3.28	28.89
1999	32.53	1.09	9.63	3.36	29.61
2000	33.58	1.21	10.25	3.61	30.53
2001	33.38	1.34	10.58	4.01	31.70
2002	34.67	1.47	10.94	4.24	31.54
2003	38.90	1.66	11.46	4.27	29.46
2004	43.81	1.96	12.21	4.46	27.88
2005	47.46	2.29	13.04	4.82	27.47

续表

	GDP 规模（万亿，现价美元）			GDP 占全球比重（%）	
年份	世界	中国	美国	中国占比	美国占比
2006	51.44	2.75	13.81	5.35	26.85
2007	57.97	3.55	14.45	6.12	24.93
2008	63.62	4.59	14.71	7.22	23.13
2009	60.34	5.10	14.45	8.45	23.95
2010	66.04	6.09	14.99	9.22	22.70
2011	73.36	7.55	15.54	10.29	21.19
2012	75.05	8.53	16.20	11.37	21.58
2013	77.19	9.57	16.78	12.40	21.74
2014	79.30	10.44	17.52	13.16	22.10
2015	75.00	11.02	18.22	14.69	24.29
2016	76.10	11.14	18.71	14.64	24.58
2017	80.89	12.14	19.49	15.01	24.09
2018	85.79	13.61	20.49	15.86	23.89

数据来源：世界银行数据库。

2. 成为全球贸易投资大国

（1）成为全球第一大货物贸易国。1978—2018 年，我国货物贸易额由 206.4 亿美元增长到 4.6 万亿美元，年均增长超过 14%，占全球货物贸易的比重由 0.8%提高到 11.8%。根据世界贸易组织统计数据，2013 年我国开始超越美国成为货物贸易第一大国。

表 1.10：1978—2018 年中国货物贸易规模（单位：亿美元）

年份	进出口总额	出口总额	进口总额	进出口差额
1978	206.40	97.50	108.90	-11.40
1979	293.30	136.60	156.70	-20.10
1980	381.40	181.20	200.20	-19.00
1981	440.22	220.07	220.15	-0.08
1982	416.06	223.21	192.85	30.36
1983	436.16	222.26	213.90	8.36

续表

年份	进出口总额	出口总额	进口总额	进出口差额
1984	535.49	261.39	274.10	-12.70
1985	696.02	273.50	422.52	-149.02
1986	738.46	309.42	429.04	-119.70
1987	826.53	394.37	432.16	-37.70
1988	1027.84	475.16	552.68	-77.50
1989	1116.78	525.38	591.40	-66.00
1990	1154.36	620.91	533.45	87.46
1991	1356.34	718.43	637.91	80.52
1992	1655.25	849.40	805.85	43.55
1993	1957.03	917.44	1039.59	-122.15
1994	2366.21	1210.06	1156.15	53.91
1995	2808.64	1487.80	1320.84	166.96
1996	2898.81	1510.48	1388.33	122.15
1997	3251.62	1827.92	1423.70	404.22
1998	3239.49	1837.12	1402.37	434.75
1999	3606.30	1949.31	1656.99	292.32
2000	4742.97	2492.03	2250.94	241.09
2001	5096.51	2660.98	2435.53	225.45
2002	6207.66	3255.96	2951.70	304.26
2003	8509.88	4382.28	4127.60	254.68
2004	11545.54	5933.26	5612.29	320.97
2005	14219.06	7619.53	6599.53	1020.01
2006	17604.38	9689.78	7914.61	1775.17
2007	21761.75	12200.60	9561.15	2639.44
2008	25632.55	14306.93	11325.62	2981.31
2009	22075.35	12016.12	10059.23	1956.89
2010	29740.01	15777.54	13962.47	1815.07
2011	36418.64	18983.81	17434.84	1548.97
2012	38671.19	20487.14	18184.05	2303.09

续表

年份	进出口总额	出口总额	进口总额	进出口差额
2013	41589.93	22090.04	19499.89	2590.15
2014	43015.27	23422.93	19592.35	3830.58
2015	39530.33	22734.68	16795.64	5939.04
2016	36855.57	20976.31	15879.26	5097.05
2017	41071.38	22633.71	18437.93	4195.78
2018	46230.38	24874.01	21356.37	3517.63

数据来源：国家统计局数据库。

（2）成为吸引外资最多的发展中国家。1983—2018年，我国实际使用外资由22.61亿美元增长到1349.66亿美元，累计实际使用外资22278.7亿美元。我国既是吸引外资最多的发展中国家，也是继美国之后全球第二大外资流入国。未来15年，预计我国将吸引2万亿美元境外直接投资，对外投资总额将达到2万亿美元①。

表1.11：1983—2018年中国实际使用外资规模（单位：亿美元）

年份	实际使用外资
1983	22.61
1984	28.66
1985	47.6
1986	76.28
1987	84.52
1988	102.26
1989	100.6
1990	102.89
1991	115.54
1992	192.03
1993	389.6
1994	432.13

① 中国开放的大门越开越大——党的十八大以来对外开放成果述评[N]. 光明日报，2018-10-23.

续表

年份	实际使用外资
1995	481.33
1996	548.05
1997	644.08
1998	585.57
1999	526.59
2000	593.56
2001	496.72
2002	550.11
2003	561.4
2004	640.72
2005	638.05
2006	698.76
2007	783.39
2008	952.53
2009	918.04
2010	1088.21
2011	1176.98
2012	1132.94
2013	1187.21
2014	1197.05
2015	1262.67
2016	1260.01
2017	1310.35
2018	1349.66

数据来源：国家统计局数据库。

（3）成为全球对外投资大国。2017年，我国对外直接投资净额达1582.88亿美元，成为全球第三大对外投资国和发展中国家中最大的对外投资国。

表 1. 12：2007—2017 年中国对外直接投资净额及年底对外投资存量（单位：亿美元）

年份	中国对世界直接投资净额	中国对亚洲直接投资净额	中国对世界直接投资存量	中国对亚洲直接投资存量
2007	265. 06	165. 93	-	-
2008	559. 07	435. 48	1839. 71	1313. 17
2009	565. 29	404. 08	2457. 55	1855. 47
2010	688. 11	448. 90	3172. 11	2281. 46
2011	746. 54	454. 94	4247. 81	3034. 35
2012	878. 04	647. 85	5319. 41	3644. 07
2013	1078. 44	756. 04	6604. 78	4474. 08
2014	1231. 20	849. 88	8826. 42	6009. 66
2015	1456. 67	1083. 71	10978. 65	7689. 01
2016	1961. 49	1302. 68	13573. 90	9094. 45
2017	1582. 88	1100. 40	18090. 37	11393. 24

数据来源：国家统计局数据库。

3. 既是世界工厂，也是全球市场

（1）成为世界工厂。目前，我国已经建立起全球最全的工业体系。现代工业体系可以分为 39 个工业大类、191 个中类、525 个小类，我国已成为全世界唯一拥有全部工业门类的国家。对于一个拥有近 14 亿人的大国来说，这意味着我国抵御外部风险的能力明显增强。

表 1. 13：中国主要工业产品产量在全球排名

项目	1978 年	1980 年	1990 年	2000 年	2005 年	2010 年	2016 年	2017 年
粗　钢	5	5	4	1	1	1	1	1
煤	3	3	1	1	1	1	1	1
原　油	8	6	5	5	5	4	5	5
发电量	7	6	3	2	2	2	1	1
水　泥	4	4	1	1	1	1	1	1
化　肥	3	3	3	1	1	1	1	1
棉　布	1	1	1	2	2	1	1	1

数据来源：国家统计局 . 2018 国际统计年鉴[M]. 北京：中国统计出版社，2018. 12.

（2）成为全球大市场。中国已成为世界最重要的消费市场之一。2010 年，中国居民消费仅占全球居民消费比重的 5.7%，2016 年上升到 10%。2013—2016 年，中国对世界消费增长的年均贡献率位居世界第一。按照不变美元价格计算，中国最终消费对世界消费增长的年均贡献率为 23.4%，同期美国、欧元区和日本的年均贡献率分别为 23%、7.9% 和 2.1%；2018 年，中国社会消费品零售总额达 38.1 万亿元人民币；中国居民一年境外购物消费大约 2000 亿美元，并连续多年保持世界第一大出境旅游客源国地位。2017 年，中国居民出境旅游 1.3 亿人次，国际旅游消费支出达 1152.9 亿美元。

表 1.14：全球及主要国家居民消费支出

国家或地区	居民最终消费支出（2010 年不变价美元，亿美元）			人均居民最终消费支出（2010 年不变价美元）		
	2010 年	2015 年	2018 年	2010 年	2015 年	2018 年
世　界	378384	430599	455906 *	5466	5866	6070 *
高收入国家	270658	291898	304939 *	23376	24502	25318 *
中等收入国家	105198	135944	153964	2028	2474	2711
中　国	21573	34673	40112 *	1613	2529	2893 *
印　度	9170	12801	16114	743	977	1191
日　本	32918	33875	34218 *	25703	26644	26989 *
南　非	2215	2529	2646	4325	4566	4580
美　国	101858	114098	120193 *	32929	35573	36966 *
巴　西	13302	14777	14669	6797	7227	7003
俄罗斯	7851	8783	9108	5496	5999	6203

数据来源：世界银行数据库。
注：标 * 为 2017 年数据。

4. 对全球经济增长的贡献不断提升

（1）在全球经济增长中发挥重要作用。我国在成为全球市场的同时，在全球经济增长中的贡献逐步加大。1979—2018 年，我国 GDP 年均增长 9.4%，远高于同期世界经济 2.9%左右的年均增速，对世界经济增长的年均贡献率为 18%左右，仅次于美国，居世界第二位①。

自 2006 年以来，我国对世界经济增长的贡献率稳居世界第一位②。据世界银行测算，2013—2017 年，我国对世界经济增长的平均贡献率超过 30%，超过美国、欧元区和日本贡献率的总和。2018 年，我国国内生产总值比上年增长 6.6%，经济增速位居世界前五大经济体之首，对世界经济增长贡献率在 30%左右。

表 1.15：1980—2018 年主要国家和地区经济增长率（单位:%）

年份	世界	中国	欧元区	美国	日本	巴西	印度	俄罗斯	南非
1980	2.1	7.8	-	-0.3	3.2	9.2	5.3	-	6.6
1981	1.9	5.1	-	2.5	4.2	-4.4	6.0	-	5.4
1982	0.6	9	-	-1.8	3.3	0.6	3.5	-	-0.4
1983	2.8	10.8	-	4.6	3.5	-3.4	7.3	-	-1.9
1984	4.6	15.2	-	7.2	4.5	5.3	3.8	-	5.1
1985	3.6	13.4	-	4.2	5.2	7.9	5.3	-	-1.2
1986	3.7	8.9	-	3.5	3.3	7.5	4.8	-	0.0
1987	4.0	11.7	-	3.5	4.7	3.6	4.0	-	2.1
1988	4.6	11.2	-	4.2	6.8	0.3	9.6	-	4.2
1989	3.8	4.2	-	3.7	4.9	3.2	6.0	-	2.4
1990	3.5	3.9	-	1.9	4.9	-4.2	5.5	-	-0.3
1991	2.6	9.3	-	-0.1	3.4	1.0	1.1	-	-1.0
1992	2.3	14.2	1.4	3.5	0.9	0.6	5.5	-	-2.1
1993	2.1	13.9	-0.8	2.8	-0.5	4.9	4.8	-8.7	1.3
1994	3.3	13.0	2.5	4.0	1.0	5.8	6.7	-12.7	3.2
1995	3.4	11.0	2.9	2.7	2.7	4.2	7.6	-4.1	3.1
1996	3.9	9.9	1.6	3.8	3.1	0.2	7.6	-3.6	4.3
1997	4.0	9.2	2.6	4.5	1.1	3.4	4.1	1.4	2.6

① 国家统计局．沧桑巨变七十载 民族复兴铸辉煌——新中国成立 70 周年经济社会发展成就系列报告之一[EB/OL]．国家统计局网站，2019-07-01.

② 国家统计局．沧桑巨变七十载 民族复兴铸辉煌——新中国成立 70 周年经济社会发展成就系列报告之一[EB/OL]．国家统计局网站，2019-07-01.

续表

年份	世界	中国	欧元区	美国	日本	巴西	印度	俄罗斯	南非
1998	2.6	7.8	2.9	4.5	−1.1	0.4	6.2	−5.3	0.5
1999	3.6	7.7	3.0	4.8	−0.3	0.5	8.5	6.4	2.4
2000	4.8	8.5	3.8	4.1	2.8	4.4	4.0	10.1	4.2
2001	2.5	8.3	2.1	1.0	0.4	1.4	4.9	5.1	2.7
2002	3.0	9.1	1.0	1.7	0.1	3.1	3.9	4.7	3.7
2003	4.3	10.0	0.7	2.9	1.5	1.1	7.9	7.4	3.0
2004	5.4	10.1	2.3	3.8	2.2	5.8	7.9	7.2	4.6
2005	4.9	11.4	1.7	3.5	1.7	3.2	9.3	6.4	5.3
2006	5.5	12.7	3.2	2.9	1.4	4.0	9.3	8.2	5.6
2007	5.6	14.2	3.1	1.9	1.7	6.1	9.8	8.5	5.4
2008	3.0	9.7	0.5	−0.1	−1.1	5.1	3.9	5.3	3.2
2009	−0.1	9.4	−4.5	−2.5	−5.4	−0.1	8.5	−7.8	−1.5
2010	5.4	10.6	2.1	2.6	4.2	7.6	10.3	4.5	3.0
2011	4.3	9.6	1.6	1.6	−0.1	4.0	6.6	5.1	3.2
2012	3.5	7.9	−0.9	2.3	1.5	1.9	5.5	3.7	2.2
2013	3.5	7.8	−0.2	1.8	2.0	3.0	6.4	1.8	2.5
2014	3.6	7.3	1.4	2.5	0.4	0.5	7.4	0.7	1.9
2015	3.4	6.9	2.1	2.9	1.2	−3.6	8.0	−2.5	1.2
2016	3.4	6.7	2.0	1.6	0.6	−3.3	8.2	0.3	0.4
2017	3.8	6.8	2.4	1.9	1.9	1.1	8.2	1.7	1.4
2018	3.6	6.6	1.8	0.8	0.8	1.1	7.1	2.3	0.8

数据来源：国家统计局 . 2019 中国统计摘要[M]. 北京：中国统计出版社，2019.5.

（2）在拉动全球就业中发挥了重要作用。国际劳工组织报告显示，全球每年平均失业人口以 220 万的趋势增加，而 2012—2017 年我国却在为世界新增就业机会①。据世界银行测算，中国对外投资和进出口平均每年直接拉动各国约 1500 万个就业岗位。美中贸易全国委员会 2017 年发布的报告指出，中美经贸关系支持了约 260 万个美国就业岗位。安永会计师事务所指出，2005—

① 新时代中国让世界瞩目[N]. 人民日报海外版，2017-12-19.

2016 年，中国在非洲创造的就业岗位超过 13 万个。在共建“一带一路”进程中，中国为“一带一路”沿线国家和地区增加了 24.4 万个就业岗位。据国际劳工组织发布的《中国与拉美和加勒比地区经贸关系报告》，1990—2016 年，中国为拉美和加勒比地区创造了 180 万个就业岗位①。

（3）我国改革开放成就得到国际社会的充分肯定。国际社会高度评价我国改革开放 40 年的进展。比如，法国前总理拉法兰认为，“改革开放 40 年对中国、对世界也同等重要”②。伦敦国王学院中国研究院院长凯利·布朗认为，“实际上自 1978 年以来，中国克服了各种挑战，始终没有改变其改革开放的原则路线”。“改革开放的关键就是回答那个朴素的问题：如何让中国人民过上更好的日子”。全球知名企业家之一瑞·达利欧提出，“中国在长期与世隔绝之后的开放带来了加速追赶（尤其是沿海地区）……开放是中国过去 40 年中看到高增长率背后的最大的力量”。③

第三节　共建开放型世界经济

当前，我国发展的内外环境发生了深刻变化。保护主义、单边主义持续蔓延，贸易和投资争端加剧，全球产业格局和金融稳定受到冲击，世界经济运行风险和不确定性显著上升，国际投资者信心明显不足④。面对世界经济的风险挑战，加快推进高水平开放，共建开放型世界经济，成为我国扩大开放的重大任务。

---

① 中国的改革开放怎样影响了世界[EB/OL]. 中国经济网，2019-01-13.

② 40 名外国人看改革开放 40 年[EB/OL]. 新浪网，2018-11-28.

③ 瑞·达利欧. 中国 40 年改革回顾[R]，重阳投资. 2019-01.

④ 习近平. 携手共进，合力打造高质量世界经济——在二十国集团领导人峰会上关于世界经济形势和贸易问题的发言[N]. 人民日报，2019-06-29.

一、成为建设开放型世界经济的重要推动者

改革开放以来，我国不断融入世界经济，作为拥有近14亿人口的经济体，在推动形成开放型世界经济中发挥越来越重要的作用。

1. 积极参与并推动经济全球化

改革开放40年来，我国对外贸易迅速发展，为国际市场和国际贸易的繁荣做出了重要贡献。按照世界银行营商环境报告，2018年在190个经济体中，我国排名比上年上升32位①。目前，我国有2万多家企业在全球188个国家和地区投资设立了3.7万多家企业②。2018年全球跨境投资大幅下滑，而我国利用外资同比增长3%，制造业利用外资增长了20%，占比达到30%③。

2. 在全球经济治理中发挥重要作用

随着经济实力的不断增强，我国逐步积极主动地参与到全球经济发展和经济治理事务中，成为全球治理的重要参与者、贡献者。近十多年来，我国全力落实联合国千年发展目标，在消除贫困与饥饿、普及初等教育、促进性别平等、保障妇幼健康、疾病防控、环境保护等诸多方面取得了巨大进展④。2015年9月，联合国通过的《2030年可持续发展议程》之后，我国率先发布了《中国落实2030年可持续发展议程国别方案》。与此同时，我国已批准加入了30多项与生态环境有关的多边公约和议定书，为推动诸多世界性环保协定的达成发挥了重要作用。我国积极推进全球气候治理进程，特别是在推动《巴黎气候变化协定》的达成和生效方面付出了艰苦卓绝的努力。此外，我国倡议构建人类命运共同体，积极参与国际经贸规则制定，为完善全球治理体系贡献中国智慧。

---

① 把握机遇期再上新台阶——2018年中国宏观经济数据解读[N]. 光明日报，2019-01-22.

② 中国的改革开放怎样影响了世界[EB/OL]. 中国经济网，2019-01-13.

③ 统计局：2018年中国营商环境世界排名较上年上升32位[EB/OL]. 中国网，2019-01-21.

④ 中国的改革开放怎样影响了世界[EB/OL]. 中国经济网，2019-01-13.

3. 积极融入国际社会

改革开放以来，我国积极融入国际社会，在国际事务中发挥愈加重要的作用。1980 年 4 月和 5 月，我国先后恢复了在国际货币基金组织和世界银行的合法席位；2001 年加入世界贸易组织，以更加积极的姿态参与国际经济合作；2003 年以来，我国与 24 个国家和地区达成了 16 个自贸协定，促进了我国与世界各国的互利共赢。党的十八大以来，我国积极推动共建“一带一路”倡议，得到 160 多个国家（地区）和国际组织的积极响应①。

二、参与共建开放型世界经济

面对单边主义、贸易保护主义抬头，我国积极推进经济全球化进程，倡导多边主义，主张完善全球治理。

专栏1.3

可持续发展是破解当前全球性问题的“金钥匙”

和平与发展仍然是当今时代主题，人类的命运从没有像今天这样紧密相连，各国的利益从没有像今天这样深度融合，国际社会面临的新课题、新挑战也与日俱增。人类再次站在了历史的十字路口。可持续发展是破解当前全球性问题的“金钥匙”。中国愿同各方携手努力，秉持可持续发展理念，体现人类命运共同体担当，倡导多边主义，完善全球治理，共同促进地球村持久和平安宁，共同创造更加繁荣美好的世界。

资料来源：习近平出席第二十三届圣彼得堡国际经济论坛全会并致辞[N]. 人民日报，2019-06-08.

1. 成为拉动世界经济增长的重要引擎

（1）世界经济增长低迷态势仍将延续。国际货币基金组织在 2019 年 4 月发布的全球经济展望中，将 2019 年全球经济增长率的预测下调至 3.3%，与 1 月的 3.5%相比减少了 0.2 个百分点；对 2020 年全球经济增长率的预测仍维持

① 国家统计局 . 沧桑巨变七十载 民族复兴铸辉煌——新中国成立 70 周年经济社会发展成就系列报告之一[EB/OL]. 国家统计局网站，2019-07-01.

在3.6%；将新兴市场国家和发展中国家今明两年GDP增长率的预测减少0.1个百分点——分别为4.4%和4.8%；将发达国家2019年GDP增长率下调0.2个百分点至1.8%，2020年为1.7%。其中，美国GDP增长率2019年下降0.2个百分点至2.3%，2020年增加0.1个百分点至1.9%①。

（2）中国经济增长将有效拉动全球经济增长。我国近14亿人日益增长的美好生活需要和内需潜力的不断释放，将为全球经济增长带来重要机遇。例如，我国产业结构、城乡结构、消费结构仍有巨大的转型升级空间，服务业占比、城镇化率和服务型消费占比，在未来5~10年仍然有10%~20%的提升空间，这将为全球经济增长带来重大利好。

2. 积极推动改革和完善全球经济治理体系

现行的全球经济治理体系亟待完善，一方面，当前国际经济格局正发生深刻变化，但全球经济治理未能做出适应性调整。另一方面，“部分国家内顾倾向加重，参与国际发展合作意愿减退，其政策调整的外溢效应仍在发酵”②。

在2016年二十国集团（G20）杭州峰会上，我国向世界阐述了以平等为基础、以开放为导向、以合作为动力、以共享为目标的全球经济治理基本理念和原则，并用务实行动推动G20从危机应对机制向全球经济治理的长效合作机制转型③。下一步，需要推进G20机制化，使之成为全球经济治理的重要平台。

三、以高水平开放推动建设开放型世界经济

开放带来进步，封闭必然落后。习近平总书记在庆祝改革开放40周年大会上指出：“我们统筹国内国际两个大局，坚持对外开放的基本国策，实

① 国际货币基金组织将2019年全球GDP增长率预测下调至3.3%[EB/OL]. 商务部网站，2019-04-13.

② 习近平. 深化互利合作 促进共同发展——在新兴市场国家与发展中国家对话会上的发言[N]. 人民日报，2017-09-06.

③ 破解“三大赤字”，世界关注中国方案[N]. 人民日报，2018-01-05.

行积极主动的开放政策，形成全方位、多层次、宽领域的全面开放新格局，为我国创造了良好国际环境、开拓了广阔发展空间。”① 当前背景下，加快实现新阶段全面深化改革开放的重要突破，以高水平开放参与共建开放型世界经济。

1. 推动以服务贸易为重点的开放转型

（1）推进“一带一路”产能合作与服务贸易融合发展。“一带一路”以基础设施为依托，以产能合作和服务贸易为重点，以构建自由贸易区网络为目标。从“一带一路”的实践来看，以金融业为重点的服务业企业“走出去”滞后于实体企业“走出去”步伐，也滞后于产能合作的实际需求。

（2）探索实行服务业项下的自由贸易。服务业项下的自由贸易政策如果能尽快在一些地区落地，对服务贸易创新发展的影响和带动效应将相当可观。从不同区域的特定优势出发，重点与“一带一路”沿线国家和地区开展以教育、健康、医疗、旅游、文化、金融、免税购物、会展等服务业项下的自由贸易试点。

（3）以服务贸易为重点加快构建双边多边自贸区网络。在当前单边主义、贸易保护主义挑战下，要以推进双边多边自由贸易为重点，构建以服务贸易为重点的自贸区网络。未来，以服务贸易为重点加快推进中韩自贸区升级版、中日韩自贸区、亚太自贸区、中欧投资协定谈判，在有序推进服务业对外开放、促进服务贸易自由化便利化上取得重要突破。

（4）建立与主动扩大进口相适应的制度与政策体系。在进一步降低关税总水平的同时，大幅降低或取消药品、常见病所使用的医疗器械进口增值税及重要日用消费品进口环节增值税；尽快实现以癌症治疗为主的医疗器械进口零关税；引进日欧美的药品质量安全标准，扩大医疗技术等服务进口，倒逼国内医药企业提高质量，以适应和满足全社会日益增长的服务型消费需求②。

---

① 习近平．在庆祝改革开放 40 周年大会上的讲话[N]．人民日报，2018-12-19.

② 迟福林．以全面深化改革开放赢得未来[N]．经济日报，2018-11-01.

2. 打造对外开放新高地

（1）高标准高质量建设自由贸易试验区。习近平主席在 G20 大阪峰会上宣布，中国将新设 6 个自由贸易试验区，并且增设上海自由贸易试验区新片区。在我国对外开放新格局中，自由贸易试验区具有重要作用。截至 2018 年底，我国前三批自贸试验区累计新设立企业 61 万家，其中外资企业 3.4 万家，对企业的吸引力大大增强，以不到全国万分之二的面积，吸引了 12%的外资、创造了 12%的进出口，在全国范围内复制推广了 171 项改革试点经验①。

（2）加快推进粤港澳服务贸易一体化。粤港澳大湾区在我国推进规则对接中具有重要作用。在过去的 40 年间，港澳抓住了内地经济快速发展的重大机遇，充分发挥粤港澳“三地”各自的比较优势，加快推动以制造业为重点的产业合作，不仅推动广东成为内地第一大制造业省与第一大货物出口省，也实现了港澳金融、文化娱乐、航运商务等现代服务业快速发展。

2019 年 2 月 18 日，中共中央、国务院印发《粤港澳大湾区发展规划纲要》，标志着粤港澳大湾区建设进入新阶段。下一步，需要重点加快推进粤港澳服务贸易一体化进程。例如，以广东全面对港澳开放为重点，尽快实现粤港澳产业的深度合作；以标准、管理体制机制为重点，实现贸易与投资体制机制的全面对接；以推进广东商事制度改革为重点，实现粤港澳市场体系的全面融合。

（3）加快探索建设海南自由贸易港进程。自由贸易港是当今世界最高水平的开放形态。海南拥有的独特优势，使之在我国改革开放大局中具有特殊地位和重要作用。“加快探索建设海南自由贸易港进程”，这是党中央着眼于国际国内发展大局，深入研究、统筹考虑、科学谋划做出的重大决策，是新时代中央赋予海南的重大战略使命，是彰显我国扩大对外开放、积极推动经济全球化决心的重大举措。

---

① 商务部国际贸易经济合作研究院．中国自由贸易试验区发展报告（2019）［R］．2019-06-21.

第四节　新型开放大国的中国

中国的发展离不开世界，世界的繁荣也需要中国。作为新型开放大国的中国，其全球主张与开放发展进程将深刻影响自身与世界。

一、作为新型开放大国的中国

改革开放40年，我国打开国门搞建设，释放了巨大的发展潜能。无论从综合国力看，还是从国际影响力看，都达到了新中国成立以来的历史新高度。

回顾40年的改革开放之路，既是中国不断发展壮大之路，也是中国从封闭、半封闭走向新型开放大国之路，是新型开放大国的成长之路。第一，经济实力不断增强。2018年，用现价美元计算，我国GDP总量和人均GDP分别达到13.61万亿美元和9770.85美元。第二，全球影响不断提升。2018年，我国货物贸易占全球的11.75%，服务贸易占全球的14.7%；2018年，我国吸引的外商投资约为全球发展中国家吸引的外资总量的20%。第三，内涵不断丰富。新型开放大国不仅是经济发展水平的提升，而且在全球化理念、维护自由贸易进程、推动全球经济治理变革与完善等方面，都提出了相应的主张。

新型开放大国的发展是一个不断成长的过程。随着我国经济社会的不断发展，新型开放大国的全球影响还将不断提升，其内涵还将不断丰富。

二、新型开放大国的突出特点

从成长之路和应对全球问题的主张与倡导看，作为新型开放大国的中国，有着自身的突出特点。

1. 以和平发展方式成长为一个全球大国

新中国成立以来，尤其是改革开放以来，中国的发展成就是在致力于维护世界和平与发展中取得的，是在以更大的开放拥抱发展机遇，以更好的合作谋求互利共赢中取得的，是在平等协商、求同存异、管控分歧、扩大共识中取得的。英国汉学家马丁·雅克指出："中国发展和崛起的过程平和得令人惊讶，这与之前美国、英国、法国、德国和日本的崛起之路截然不同……中国有一套自己的思维方式，而这源于非常不同的历史文化。"①

2. 主张共同发展、共同责任

我国提出"构建人类命运共同体"的倡议，主张共同责任、共同权利、共同发展，而不是以划分势力范围、以绝对实力优势来处理国际事务，既反对长臂管辖，也反对把单边凌驾多边之上；针对经济领域的矛盾与问题，主张通过加强经济合作、推动自由贸易来解决，主张在推进经济全球化进程中应对经济全球化的挑战。

3. 主张相互尊重、互利共赢的大国关系

在全球经济格局中，大国之间不可避免地会有这样那样的矛盾与冲突。作为新型开放大国，坚持从长期视角、战略思维理性处理大国关系，主张通过平等交流协商来解决分歧，实现互利共赢。尤其是对牵动影响全球的中美经贸关系，始终以理性的态度对待纷争，始终以开放的态度沟通交流。

4. 主张文明包容、文明互鉴

新型开放大国，是在吸收、借鉴不同文明的精华中不断发展成长的。不同文明之间相互借鉴、共同发展，而不是将自身的文明观、价值观强加于他国。

表 1.16：新型开放大国的突出特点

	突出特点
价值理念	构建人类命运共同体、"大家的事由大家商量着办"
发展主张	以"一带一路"为重要载体，推动高水平开放，共建开放型世界经济
文明主张	文明包容、文明互鉴
治理主张	积极参与现行治理体系的改革与完善，形成共商共建共享的全球治理新格局

① 汉学家马丁·雅克：中国有耐心，这是其最大优势之一[EB/OL]. 中国日报网，2019-06-27.

三、新型开放大国的重要主张

当今世界正处于大发展、大变革、大调整时期。面对世界百年未有之大变局，作为新型开放大国，中国以深化自身改革开放为重要基础，进一步将本国的发展与世界各国的发展相融合。一个更加开放的中国，将同世界形成更加良性的互动，带来更加进步和繁荣的中国和世界。

1. 把发展作为解决问题的基本前提

一方面，全球经济跌宕起伏、增长动能不足，全球发展仍不均衡。另一方面，单边主义、贸易保护主义持续蔓延，不确定因素增多。例如，一些国家经济发展的潜力未得到充分释放，全球范围内的发展不平衡问题更加突出，等等。面对全球经济复苏乏力，作为新型开放大国的中国，主张各国通过加强合作的途径来释放各自的比较优势，寻找符合自身实际情况的发展道路，以经济增长奠定解决问题的重要基础，实现各国互利共赢。

2. 以维护全球自由贸易体系为核心

人类历史表明，只有自由贸易、经济全球化才能推进全球市场不断扩大，促进全球分工的不断深化，实现全球经济的不断增长。当前，经济全球化面临一系列挑战，新型开放大国坚定维护自由贸易体系，旗帜鲜明地反对贸易保护主义。

从现实进展看，我国在维护自由贸易的进程中不会强买强卖，而是依托自身大市场，本着共商共建共享推进全球自由贸易进程，从而实现互利共赢。以共建“一带一路”倡议为例，“一带一路”坚持共商共建共享，坚持相互尊重、互利共赢，绝不是有些人所称的当代马歇尔计划。“一带一路”也并非所谓中国的“殖民计划”，中国从来没有殖民他国的历史。我国将坚定地做好自己的事情，并继续通过共建“一带一路”，为构建人类命运共同体做出努力①。

① 习近平出席第二十三届圣彼得堡国际经济论坛全会并致辞[N]. 人民日报，2019-06-08.

3. 以共建“一带一路”为重要载体

我国倡导共建“一带一路”，在已有合作机制和倡议的基础上推动沿线国家和地区实现发展战略对接、优势互补，主张优化和完善自由贸易的制度安排。共建“一带一路”倡议不仅是基础设施互联互通，而且是推动全球经济可持续发展和完善全球经济治理、推进经济全球化的重要途径，为缓解全球日益增长的国际公共产品供给不足贡献了中国主张。实践证明，共建“一带一路”倡议有助于相关国家和地区可持续发展目标的实现，为沿线国家和地区提供了工业化和转型发展的机遇。这不仅激发了沿线国家和地区的内生发展动力，还丰富了国际经济合作理念和多边主义内涵，为促进世界经济增长、推动构建人类命运共同体开拓了重要途径。

4. 把完善全球经济治理作为重要责任

当前，全球面临的不稳定性、不确定性日益突出，治理赤字、信任赤字、和平赤字、发展赤字四大挑战严峻。在全球经济治理方面，世界贸易组织、国际货币基金组织、世界银行等现行全球治理机制、治理结构亟须完善。应对当前经济全球化面临的挑战和矛盾，不是另起炉灶、推倒重来，而是改革完善现行治理体系和治理机制。我国倡导以平等为基础、以开放为导向、以合作为动力、以共享为目标的全球经济治理基本理念和原则；主张有效发挥 G20 在全球经济治理中的更大作用。

A New Type of
Large Open Economy

第二章

新型开放大国的全球观

经过40年的改革开放，中国与世界的关系发生历史性变化。当前，世界正处于大发展大变革大调整时期。作为新型开放大国的中国，面对世界百年未有之大变局，坚持以构建人类命运共同体为时代目标，倡导构建合作共赢的新型国际关系；确立开放、包容、平衡、普惠的理念；坚定维护以规则为基础的多边贸易体制；坚定维护以《联合国宪章》宗旨和原则为核心的国际秩序和国际体系；坚持以相互尊重、平等互利为基本原则，妥善处理好中美的竞争与合作，立足长期，重塑合作共赢的新型大国关系；坚持文明包容、文明互鉴，等等。由此，形成新型开放大国的全球观。

经过40年的改革开放，中国与世界关系发生历史性变化。面对世界百年未有之大变局，中国形成并提出构建人类命运共同体等一系列主张，充分体现了新型开放大国的全球责任和大国担当。

第一节 构建人类命运共同体

当今世界正处于大发展、大变革、大调整之中，世界多极化进程快速推进，主要大国之间的关系出现重大调整，世界面临前所未有的新挑战。在这个背景下，作为新型开放大国的中国，提出坚持以构建人类命运共同体等一系列主张。

专栏2.1

提出构建人类命运共同体

党的十八大以来，中国国家主席习近平提出了构建人类命运共同体的重要倡议。

2013年3月，习近平主席在莫斯科国际关系学院的演讲中，第一次在外交场合向世界提出“命运共同体”的理念①。

2013年3月，习近平主席在访问坦桑尼亚时谈道：“这段历史告诉我们，中非从来都是命运共同体，共同的历史遭遇、共同的发展任务、共同的战略利益把我们紧紧联系

① 习近平．顺应时代前进潮流 促进世界和平发展——习近平在莫斯科国际关系学院的演讲[N]．人民日报海外版，2013-03-23.

在一起。"①

2015年3月，习近平主席在博鳌亚洲论坛2015年年会主旨演讲中提出了"通过迈向亚洲命运共同体，推动建设人类命运共同体"的倡议，提出迈向命运共同体的"四个坚持"：坚持各国相互尊重、平等相待，坚持合作共赢、共同发展，坚持实现共同、综合、合作、可持续的安全，坚持不同文明兼容并蓄、交流互鉴②。

2015年9月，习近平主席在纽约联合国总部发表重要讲话指出："当今世界，各国相互依存、休戚与共。我们要继承和弘扬联合国宪章的宗旨和原则，构建以合作共赢为核心的新型国际关系，打造人类命运共同体。"③

2017年10月18日，习近平总书记在党的十九大报告中提出，坚持和平发展道路，推动构建人类命运共同体。同时倡导构建人类命运共同体，促进全球治理体系变革④。

2018年3月11日，第十三届全国人民代表大会第一次会议通过的宪法修正案，将宪法序言中"发展同各国的外交关系和经济、文化的交流"修改为"发展同各国的外交关系和经济、文化交流，推动构建人类命运共同体"。⑤

2018年12月18日，习近平总书记在庆祝改革开放40周年大会上的讲话中指出："我们积极推动建设开放型世界经济、构建人类命运共同体，促进全球治理体系变革，旗帜鲜明反对霸权主义和强权政治，为世界和平与发展不断贡献中国智慧、中国方案、中国力量。"⑥

一、经济全球化和新科技革命使各国命运紧密相连

以自由贸易为主线的经济全球化和以数字革命为主要特征的新科技革命是

① 习近平. 永远做可靠朋友和真诚伙伴——在坦桑尼亚尼雷尔国际会议中心的演讲[N]. 人民日报, 2013-03-26.

② 习近平. 迈向命运共同体 开创亚洲新未来——在博鳌亚洲论坛2015年年会上的主旨演讲[N]. 人民日报, 2015-03-29.

③ 习近平出席第七十届联合国大会一般性辩论并发表重要讲话——强调继承和弘扬联合国宪章宗旨和原则 构建以合作共赢为核心的新型国际关系 打造人类命运共同体[N]. 人民日报, 2015-09-29.

④ 中国共产党第十九次全国代表大会文件汇编[M]. 北京：人民出版社, 2017. 10.

⑤ 中华人民共和国宪法修正案[EB/OL]. 新华网, 2018-03-11.

⑥ 习近平. 在庆祝改革开放40周年大会上的讲话[N]. 人民日报, 2018-12-19.

引领当今世界发展的两大引擎，使各国的发展紧密相连，利益相互融合。

1. 经济全球化和新科技革命方兴未艾

（1）经济全球化提升人类福祉。经济全球化尽管面临诸多严峻挑战，但仍然是全球发展的重要驱动力：它推动国际分工体系的兴起，推动人类生产生活突破地域和国别等界限。今天，经济全球化的重要特征是形成了各国共同参与的供应链、产业链、价值链，为推动世界经济繁荣和提升人类共同福祉做出不可否认的巨大贡献。例如，按现价美元计算，1960—2018 年全球 GDP 总量从不足 1.4 万亿美元提升至近 85.8 万亿美元，人均 GDP 从 451.1 美元提升至 11296.8 美元①。

（2）新科技革命正在快速改变生产生活方式。当今世界正快速进入 5G 时代。在 5G 通讯的引领下，大数据、人工智能、云计算、移动互联网、物联网、区块链等新业态将呈现爆发式增长，由此带动产业升级取得突破性进展。预计 2020—2025 年，我国 5G 发展将直接带动经济总产出 10.6 万亿元人民币，直接创造经济增加值 3.3 万亿元人民币②。

（3）经济全球化与新科技革命的融合成为时代潮流。新科技革命超越了国别、地域界限，推动了全球新经济的发展。即使发达国家的高科技产品如苹果手机的创新，也需要在全球供应链中进行新的组合并实现价值增值。

2. 世界各国利益相连、命运与共

经济全球化与新科技革命，使世界各国的利益和命运紧密联系在一起。人类社会越来越成为一个相互依存的共同体。任何一个国家在追求本国利益时，都应当兼顾其他国家的利益，在谋求本国发展中促进各国共同发展。人类社会应当有共同的目标追求，应当由此树立共同的利益观和可持续的发展观。

（1）全球性挑战明显增多。例如：民粹主义、单边主义、贸易保护主义等是全球性问题；粮食安全、资源短缺、气候变化、环境污染、疾病流行、跨国犯罪等也是全球性挑战。

---

① 根据世界银行数据库统计数据得出。

② 中国 5G 商用已具备现实基础[N]. 北京日报，2019-01-21.

（2）没有哪个国家能够独善其身。世界经济出了问题，各国都难以独善其身。从资源问题看，当今世界的资源输出国已经融入全球产业链，本国的资源问题成了世界问题；以艾滋病、H1N1 流感等疾病为例，虽然一开始仅对部分国家、部分地区和部分人群造成直接威胁，但有可能大规模蔓延并威胁人类社会安全。

（3）单打独斗没有出路。在全球性挑战日益增多的今天，需要加快构建人类命运共同体，以开放合作应对共同挑战。习近平总书记在党的十九大报告中指出："我们生活的世界充满希望，也充满挑战。我们不能因现实复杂而放弃梦想，不能因理想遥远而放弃追求。没有哪个国家能够独自应对人类面临的各种挑战，也没有哪个国家能够退回到自我封闭的孤岛。"①

3. 构建以合作共赢为核心的新型国际关系

合作共赢是处理好国际关系的基本要求。习近平主席在首届中国国际进口博览会开幕式上的主旨演讲中指出："在经济全球化深入发展的今天，弱肉强食、赢者通吃是一条越走越窄的死胡同，包容普惠、互利共赢才是越走越宽的人间正道。"② 适应国际发展大趋势，借助新科技革命的机遇发展自己，各国都需要与世界良性互动，实现合作共赢；在世界经济政治形势日益复杂多变的条件下，只有以合作共赢为目标追求，才有条件通过相互尊重、平等协作构建新型国际关系，共同应对各种全球性挑战；由于各国相互联系、交流和依存程度空前加大，冲突与对抗的成本代价难以估量，合作共赢越来越成为普遍共识与务实选择。

① 中国共产党第十九次全国代表大会文件汇编[M]. 北京：人民出版社，2017. 10.

② 习近平．共建创新包容的开放型世界经济——在首届中国国际进口博览会开幕式上的主旨演讲[M]. 北京：人民出版社，2018. 11.

专栏2.2

习近平主席关于新型国际关系的重要论述

2013年3月，习近平主席在莫斯科国际关系学院发表演讲，提出建立“以合作共赢为核心的新型国际关系”。

在2014年11月举行的中央外事工作会议上，习近平总书记指出：“不能身体已进入21世纪，而脑袋还停留在冷战思维、零和博弈的老框框内，要跟上时代前进步伐，推动建立以合作共赢为核心的新型国际关系，坚持互利共赢的开放战略，把合作共赢理念体现到政治、经济、安全、文化等对外合作的方方面面。”

2015年9月28日，习近平主席在纽约联合国总部出席第七十届联合国大会一般性辩论并发表题为《携手构建合作共赢新伙伴 同心打造人类命运共同体》的重要讲话。他强调：“我们要继承和弘扬联合国宪章宗旨和原则，构建以合作共赢为核心的新型国际关系，打造人类命运共同体。我们要建立平等相待、互商互谅的伙伴关系，要坚持多边主义，不搞单边主义；要奉行双赢、多赢、共赢的新理念，扔掉我赢你输、赢者通吃的旧思维。要倡导以对话解争端、以协商化分歧。要在国际和区域层面建设全球伙伴关系，走出一条‘对话而不对抗，结伴而不结盟’的国与国交往新路。”

2018年6月10日，习近平主席在上海合作组织成员国元首理事会第十八次会议上发表《弘扬“上海精神” 构建命运共同体》的讲话。他指出，“上海精神”是我们共同的财富，上海合作组织是我们共同的家园。我们要继续在“上海精神”指引下，同舟共济，精诚合作，齐心协力构建上海合作组织命运共同体，推动建设新型国际关系，携手迈向持久和平、普遍安全、共同繁荣、开放包容、清洁美丽的世界。

资料来源：习近平．顺应时代前进潮流 促进世界和平发展——习近平在莫斯科国际关系学院的演讲[N]．人民日报海外版，2013-03-23；习近平：建立以合作共赢为核心的新型国际关系[N]．人民日报，2013-03-24；习近平出席第七十届联合国大会一般性辩论并发表重要讲话[N]．人民日报，2015-09-29；习近平．弘扬“上海精神”构建命运共同体——在上海合作组织成员国元首理事会第十八次会议上的讲话[N]．人民日报，2018-06-11.

二、发展仍是解决全球诸多问题的前提

当今世界面临诸多新问题新挑战，核心问题仍是发展的问题，是发展不平

衡、不充分的问题，关键是要抓住可持续发展这个“牛鼻子”。

1. 全球面临“治理赤字”、“信任赤字”、“和平赤字”、“发展赤字”

当前，人类面临共同挑战纷繁复杂，但从总体来看，全球发展正面临“治理赤字”、“信任赤字”、“和平赤字”、“发展赤字”四大挑战。面对“治理赤字”，需要倡导共商共建共享的全球治理观，构建公正合理的国际秩序；面对“信任赤字”，需要强化大国责任担当，以开放包容超越单边主义；面对“和平赤字”，需要防止用霸凌主义的办法将自身的价值观和社会制度强加于别国；面对“发展赤字”，需要确立合作共赢的发展观，在维护多边贸易体系中实现各国联动发展与可持续发展。

2. 可持续发展是解决“四大赤字”的前提

（1）加快落实2030年可持续发展议程。在2016年的G20杭州峰会上，我国主张把发展置于二十国集团议程的突出位置，共同制定落实2030年可持续发展议程行动计划；主张通过支持非洲和最不发达国家工业化、提高能源可及性、发展普惠金融、鼓励青年创业等方式，减少全球发展不平等和不平衡，使各国人民共享世界经济增长的成果。

（2）在可持续发展中打造高质量世界经济。在2019年G20大阪峰会上，习近平主席提出：“我们要提倡国际创新合作，超越疆域局限和人为藩篱，集全球之智，克共性难题，让创新成果得以广泛应用，惠及更多国家和人民。”①

专栏2.3

习近平关于“合力打造高质量世界经济”的主张和建议

2019年6月28日，习近平主席在二十国集团领导人峰会上就世界经济形势和贸易问题发表《携手共进，合力打造高质量世界经济》的演讲，主要内容如下：

1. 三点主张

——我们要尊重客观规律。经济运行有其自身规律。只有充分尊重经济规律，发挥

① 习近平．携手共进，合力打造高质量世界经济——在二十国集团领导人峰会上关于世界经济形势和贸易问题的发言[N]．人民日报，2019-06-29.

市场作用，扫除人为障碍，才能适应生产力发展要求，实现贸易畅通、百业兴旺。

——我们要把握发展大势。古往今来，人类从闭塞走向开放、从隔绝走向融合是不可阻挡的时代潮流。我们要以更大的开放拥抱发展机遇，以更好的合作谋求互利共赢，引导经济全球化朝正确方向发展。

——我们要胸怀共同未来。放眼世界，各国早已休戚相关、命运相连。我们要立足共同利益，着眼长远发展，致力于实现世界持久和平繁荣、各国人民安居乐业，避免因一时短视犯下不可挽回的历史性错误。

2. 四点建议

第一，坚持改革创新，挖掘增长动力。第二，坚持与时俱进，完善全球治理。第三，坚持迎难而上，破解发展瓶颈。第四，坚持伙伴精神，妥善处理分歧。

3. 中国的五大举措

第一，进一步开放市场。第二，主动扩大进口。第三，持续改善营商环境。第四，全面实施平等待遇。第五，大力推动经贸谈判。

资料来源：习近平．携手共进，合力打造高质量世界经济——在二十国集团领导人峰会上关于世界经济形势和贸易问题的发言[N]．人民日报，2019-06-29.

3. 中国在推动全球发展中发挥重要作用

（1）中国经济增长稳定在6%左右是对世界经济的最大支撑。牛津经济研究所研究表明，中美经贸摩擦对中国GDP的负面冲击达到1个百分点，将使2019—2020年全球GDP下降0.2%；中国经济增长率下降2个百分点，将使全球经济增长率下降约0.5%。中国加快推进经济转型升级，释放巨大的增长潜力，形成强大国内市场，未来几年有望实现6%左右的经济增长，仍将是拉动世界经济增长的重要引擎。

（2）近14亿人的内需大市场为全球新科技革命提供最重要的应用市场。由于拥有世界上最多互联网和移动互联网用户，中国在以大数据、人工智能、云计算、移动互联网、物联网、区块链等为代表的数字革命中发挥了重要作用。例如，机器人、新能源汽车、移动支付以及一些高科技产业，其最大的应用市场在中国。

（3）中国已经成为推动全球数字革命的领先力量。例如，华为公司已经成为全球5G技术的领跑者。2018年6月，安永发布的《中国扬帆启航 引领全球5G》报告显示，中国正在5G的发展竞赛中处于世界领先地位，预计到2025年，中国的5G用户数将达到5.76亿，占全球总数逾40%①。

三、以共同发展推动普惠平衡

当今世界，无论是发达国家还是发展中国家，都面临贫富分化、弱势群体利益受损等挑战。这些问题如果不能得到有效解决，将直接影响全球经济的可持续发展。

1. 收入不平等加剧已成为发达经济体的焦点问题

根据世界银行统计数据，美国收入最高的10%的群体，其收入占总收入的份额，从1979年的25.3%提高到2016年的30.6%；收入最低的10%的群体，其收入占总收入的份额，则从1979年的2.3%降低到2016年的1.7%②。从1971年到2015年，美国中产阶级占比由61%下降到了50%③。只有发达国家积极解决自身面临的贫富分化等问题，才有条件从根本上消除本国民粹主义、单边主义和贸易保护主义产生的土壤。

2. 欠发达国家的可持续发展问题严峻

当前，欠发达国家的经济发展徘徊不前。联合国贸易和发展会议的报告显示，全球47个最不发达国家中绝大多数国家经济发展停滞不前，2017年其平均增长率仅为5%，低于全球可持续发展目标中关于促进、包容和可持续的经济增长子目标所预定的7%增长目标④。此外，这些最不发达国家在获得能源方面远远落后于其他发展中国家，62%的人口仍过着没有电的生活⑤。

3. 在发展中解决收入不平等的问题

经济全球化和自由贸易并不必然导致收入不平等。关键在于，在经济全球

① 安永．中国扬帆启航 引领全球5G［R］．2018-06-13.

② 根据世界银行数据库统计数据得出。

③ 中银研究．中等收入阶层“空洞化”，美国梦何去何从［R］．2017-12-26.

④ 最不发达国家经济发展不平等加剧［N］．经济日报，2018-02-08.

⑤ 联合国报告：最不发达国家能源转型对实现可持续发展目标至关重要［EB/OL］．人民网，2017-11-23.

化和自由贸易进程中要形成普惠平衡的规则和制度安排，使各个群体共享经济全球化的红利。当前，全球基尼系数已经达到 0.7，超过了 0.6 这一公认的“危险线”①。全球范围内民粹主义兴起、单边主义与贸易保护主义抬头，重要原因之一在于贫富差距扩大以及经济全球化普惠性不足。无论是发达国家还是发展中国家，都需要在发展中解决贫富差距扩大等不平等的问题。

四、以文明互鉴超越“文明冲突”

“文明冲突”的观点认为，文化的根源将取代意识形态及经济的根源成为国际冲突的主要原因，全球政治的主要冲突将沿着文明的断裂带而展开。但人类历史表明，各类文明并无高下之分，可以平等交流互鉴、和谐相处。关键是以文明互鉴超越“文明冲突”。

1. 文明有差异，但并不必然导致冲突

（1）人类文明各有千秋。人类文明多样性是世界的基本特征。世界上有 200 多个国家和地区、2500 多个民族、多种宗教。不同历史和国情，不同民族和习俗，孕育了不同文明，使世界更加丰富多彩。世界文明演变的过程，是各民族、各国家多元文明相互交融、互相促进的发展过程。历史证明，不同文明之间的交流是人类文明发展的重要基础，古罗马文明、希腊文明、古埃及文明、阿拉伯文明、中华文明等，不同文明在交流、碰撞之间不断融合，才使得这些文明在自身的发展中不断地汲取营养，在不同的历史时期焕发出新的生命力。人类文明尽管有差异，但没有高低、优劣之分。不同文明交流互鉴，更是人类进步的源泉。

（2）“文明冲突”不符合全球发展趋势。世界经济的发展不是各国关起门来搞建设。不同国家、不同民族、不同文化之间的交流互鉴、取长补短，才能促进世界经济与文化的繁荣。尤其是在世界多极化、经济全球化的大趋势下，以“文明冲突”的逻辑为主导的世界秩序观越来越难以被国际社会承认与接纳。实践表明，企图用一种文明取代另一种文明、试图用自己的文明取代别人

---

① 重视基尼系数“危险线”：促进包容性发展[N]. 光明日报，2016-09-05.

的文明，在认识上是愚蠢的，在做法上是灾难性的。尊重文明的多样性，最重要的是要顺应时代潮流，尊重各国对于社会制度和发展道路的选择。

（3）时代发展需要文明交流、文明互鉴。2005年，联合国教科文组织大会通过的《保护和促进文化表现形式多样性公约》提出，文化多样性是人类社会的基本特征，是人类文明进步的重要动力，应当为了全人类的利益对其加以珍爱和维护。各国应在不同的文明之间展开平等对话、相互交流、兼收并蓄。

2. 超越狭隘的“文明冲突论”

“文明冲突论”（Clash of Civilizations）是美国学者塞缪尔·亨廷顿于20世纪90年代提出的。他认为，文明冲突将是未来世界和平的最大威胁，建立在文明基础上的世界秩序才是避免世界战争的最可靠的保证。2019年4月30日，美国《华盛顿观察家报》网站刊载题为《美国国务院为美中文明冲突做准备》的文章称，美国国务卿迈克·蓬佩奥的团队正基于“与一个完全不同的文明作战”的理念制定对华战略，这在美国历史上尚属首次①。

3. 以文明互鉴促进世界和谐

（1）不同文明要相互尊重、平等相待。各类文明都根植于自己的生存土壤，有着自己独特的优点和存在的价值。要摆脱以往不合时宜的征服型文明心态，破除文明等级观念，抛弃文明优越论，相互之间平等对待，摒弃傲慢和偏见，实现交流对话、和谐共生。

（2）各类文明求同存异、交流互鉴。实现各类文明和谐共生，重要的是善于发现和彰显不同文明的优点，求同存异，充分尊重各国文明多样性和发展道路多元化，让世界文明百花园群芳竞艳。

（3）各类文明和而不同、兼收并蓄。任何一种文明如果故步自封，就会走向衰落。文明的发展更需要以交流互鉴为前提，取长补短，才能保持蓬勃的生命力。

（4）推动文明的创新。文明的永续发展，既需要薪火相传、代代守护，

① 美媒：美国务院研究应对“中美文明冲突”[EB/OL]. 参考消息网，2019-05-03.

又需要顺时应势、推陈出新。任何一种文明要发展，都要善于吸收各类文明的精华，善于用创新增添文明发展动力。

第二节　推进开放包容普惠平衡共赢的经济全球化

当今世界经济面临“逆全球化”的挑战，不稳定性、不确定性加大，风险增多，经济全球化正处在一个新的十字路口。在这个特定的背景下，以新理念、新规则推动经济全球化进程，是世界经济可持续发展的内在需求。

一、经济全球化仍是一个大趋势

经济全球化并非十全十美，但它客观上推动了全球生产体系的形成和发展，带来了全球经济繁荣和民众生活的普遍改善。在产业链全球布局的今天，没有哪个国家能够脱离经济全球化而独自发展。各国应发挥各自优势和特色，推动经济全球化朝着开放包容平衡普惠共赢的方向发展，使各国人民共享世界经济增长的成果。

1. 经济全球化促进国际分工和资源优化配置

第二次世界大战以来，经济全球化的快速发展推动资本、技术、人员和信息等生产要素在世界范围加速流动，推动国际分工不断深化。第一，各国具有比较优势的产业得到长足发展，形成了有效的国际分工体系。第二，在跨国公司的主导下，实现了产业链的国际化、专业化，资源流向成本更低、回报更高的国家，实现了全球资源的优化配置。第三，借助经济全球化，新一轮科技革命和产业变革在全球范围内兴起，数字经济、人工智能等快速发展，新产业、新业态、新动能不断涌现，有力推动了世界经济繁荣发展。第四，借助经济全球化释放的生产力，全球减贫事业取得重要进展。

2. 经济全球化是世界经济增长的重要动力

（1）经济全球化推动世界经济持续增长。例如，1990—2010 年，经济全球化蓬勃发展，在此期间世界经济的年均增速达 5.51%①。而受贸易保护主义抬头的冲击，近几年世界经济增速明显放缓，2016—2018 年分别为 2.57%、3.16%、3.03%②。

（2）经济全球化提高世界全要素生产率。生产的专业化程度越高，全要素生产率则越高，这是经济增长的客观规律。世界银行《全球价值链发展报告 2017》估算，价值链贸易占全球服务贸易的 70%、货物贸易的 2/3。在经济全球化的驱动下，伴随着全球产业链、供应链、价值链的形成，专业化分工更细、更有效率，从而推动世界全要素生产率不断提高。有研究表明，1999—2007 年，全球全要素生产率年均增长 0.9%；而 2008 年国际金融危机以来，逆全球化的冲击使全球全要素生产率出现负增长。2008—2016 年，全球全要素生产率年均增长为-0.4%③。

（3）经济全球化促进创新成果向全球传播。以蒸汽机为标志的第一次工业革命，以电气时代为标志的第二次工业革命，以信息技术革命为核心的第三次工业革命，以人工智能为核心的第四次工业革命，其创新成果都通过经济全球化向全球传播，从而形成全球经济增长的重要驱动力。

3. 经济全球化面临贸易保护主义的挑战

（1）全球的贸易保护主义和贸易壁垒明显增多。世界贸易监测数据显示，2019 年全球新增不利贸易干预数量达 388 项，是 2009 年的近 30 倍。世贸组织数据显示，2017 年 10 月中旬至 2018 年 10 月中旬，共实施 137 项贸易限制措施，平均每月实施 11.4 项，比上年同期增长 27%；贸易限制措施覆盖的贸易总额为 5883 亿美元，达到历史峰值，是上一年的 7 倍，是同期贸易便利措施涉及贸易额的 2 倍④。

（2）全球贸易增速明显下降。2010 年以来，全球货物贸易增速持续下

① 任理轩．逆全球化违背时代潮流[N]．人民日报，2018-10-17.

② 根据世界银行数据库统计数据得出。

③ 陈长缨．全要素生产率减速或拖累全球经济复苏步伐[N]．上海证券报，2019-03-19.

④ 风险叠加 势头分化——2018 世界经济进中求稳[EB/OL]．新华网，2018-12-14.

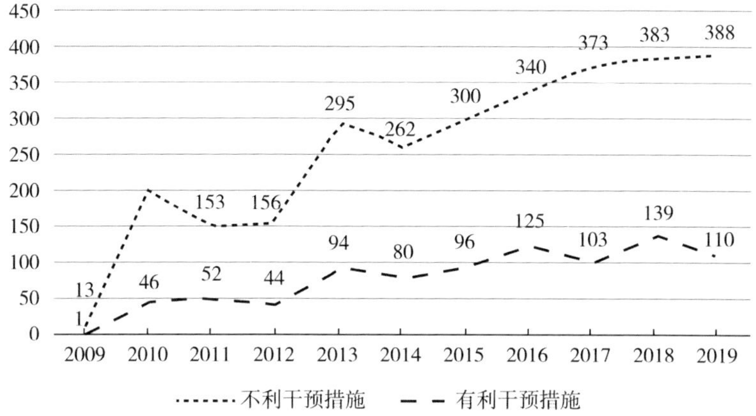

图 2.1：2009—2019 年贸易干预措施数量（单位：项）

数据来源：全球贸易预警信息网（www.globaltradealert.org）。

降，并在 2015 年达到最低点，为-12.5%。近年来，全球货物出口增速有所回升，但与 2010 年最高点 21.8%的水平仍有差距，且主要是由于大宗商品价格的回升所致。例如，2018 年全球货物贸易量仅增长 3%。

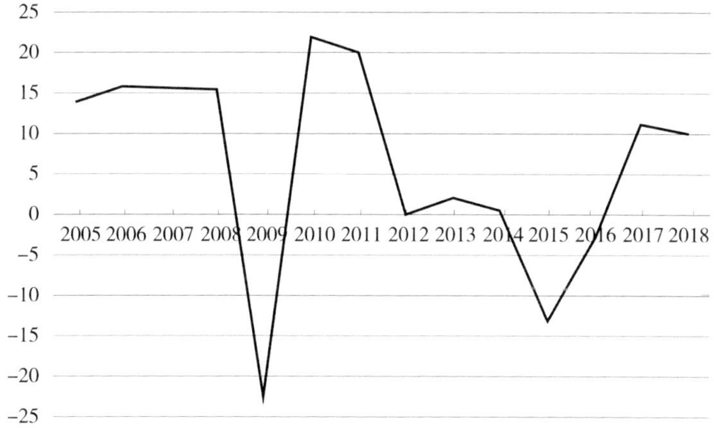

图 2.2：2005—2018 年全球商品出口增速（单位：%）

数据来源：联合国贸易和发展会议数据库。

（3）全球投资增速持续低迷。1995—2008 年，全球外商直接投资净流入年均增长 17%，远高于同期 GDP 名义增速 5.7%的水平；2008—2017 年，全球外商直接投资净流入同比下降 21%，占 GDP 的比重由 2007 年的 5.3%下降至

2017年的2.3%[①]。

(4) 贸易保护主义严重影响全球经济增长。贸易保护主义严重影响全球贸易和投资增长，给全球经济增长带来严重冲击。2018年，全球外商直接投资比上年大幅下降13%，达到2010年以来的历史最低点[②]。

4. 推进开放、包容、普惠、平衡、共赢的经济全球化

经济全球化是社会生产力发展的客观要求和科技进步的必然结果，它可以“做大蛋糕”，但不必然能够“分好蛋糕”。倡导开放、包容、普惠、平衡、共赢的全球化观并以此为基础完善相关制度安排，才能够促进全球经济复苏并破解困扰世界的发展难题。

二、自由贸易仍是经济全球化的主线

自由贸易是世界经济增长与经济全球化的重要动力。当今世界的发达国家和发展中国家的经济发展，无一例外得益于自由贸易。维护经济全球化，重点在于坚定维护全球自由贸易进程。

1. 新科技革命推动全球自由贸易发展

(1) 全球自由贸易发展很大程度源于科技革命。科技革命使人类的活动能力不断增强，这就要求跨越国界形成国际分工体系，在全球范围内配置资源，由此推动了全球自由贸易进程。

(2) 信息科技的发展有效降低了全球贸易的成本。由于信息化降低了贸易的交易成本，半个世纪以来，全球自由贸易快速发展，1960—2017年，全球商品与服务进口占GDP的比重由12.3%提升至28.5%[③]。

(3) 数字革命将进一步推动全球自由贸易进程。进入5G时代，全球贸易的成本将大大降低。数字革命的新突破将纵深推动人类社会的联系与互动，由此打破自由贸易进程中某些人为的限制和壁垒，让更多国家享受到科技革命和

① 联合国贸易和发展会议. 2019年世界投资报告[R]. 2019-06-13.
② 联合国贸易和发展会议. 2019年世界投资报告[R]. 2019-06-13.
③ 根据联合国贸易和发展会议数据库统计数据得出。

国际分工的好处。

2. 自由贸易推动全球产业链的发展

（1）自由贸易推动全球供应链、产业链、价值链的发展。自由贸易推动各国成为全球合作链条中的一环，由此形成货物贸易新的格局：全球货物贸易的70%是中间产品而不是制成品。

（2）全球产业链的形成为各国带来更大机遇。随着自由贸易的发展，国际分工格局开始由产业间分布加快向产业内分布转化。全球产业链的产品及服务的价值创造活动分布在不同国家和地区，从而为这些国家和地区嵌入全球产业链、推动产业调整和增强自主创新能力提供了机遇。

（3）各国产业创新需要把握全球产业链发展的趋势。任何一个国家，如果自我封闭，人为设置壁垒切断各国的联系，不仅违背经济规律，而且难以把握新科技革命的历史潮流，更难以保持经济可持续发展。

3. 贸易保护主义没有出路

（1）贸易保护主义是一种倒退。全球产业链形成的今天，要求各国在开放中提升自身产业的国际竞争力。在短期利益诱惑下，一些经济体把注意力放在对国内市场的保护上，由此阻碍了自由贸易进程，也导致了全球宏观政策协调“有共识、无行动”。

（2）贸易保护主义加大全球产业链与价值链断裂的风险。当前，全球经济高度融合，产业链和供应链已经具备了相互连接、多国交叉、多次跨境的特点。例如，美国对中国商品加征关税，500亿美元中73%是中间品和投资品，2000亿美元中78%是中间品和投资品。全球价值链使分散在不同国家的中间品生产更加依赖贸易政策与贸易体系。任何一个国家采取贸易保护主义与单边主义举措，都将牵一发而动全身，不仅直接影响双边经贸，而且对相关产业链与供应链的国家或地区产生冲击。例如，韩国国际贸易研究院预测，因美国相继对中国产品提高关税，韩国出口每年约减少8.7亿美元以上①。

（3）贸易保护主义可能导致新一轮全球债务危机。在贸易保护主义抬头

① 张文晖．中美贸易战，韩国很受伤[EB/OL]．国是直通车，2019-06-04.

的背景下，部分国家采取分割市场、限制竞争、技术保护主义的政策，经济内生增长动力受到影响，全球经济增长更多依赖负债。国际清算银行（BIS）数据显示，2018年所有报告国家非金融部门负债率已上升至233.7%，高于危机前23个百分点。其中欧元区、美国、新兴经济体负债率分别上升了40、21、62个百分点。①

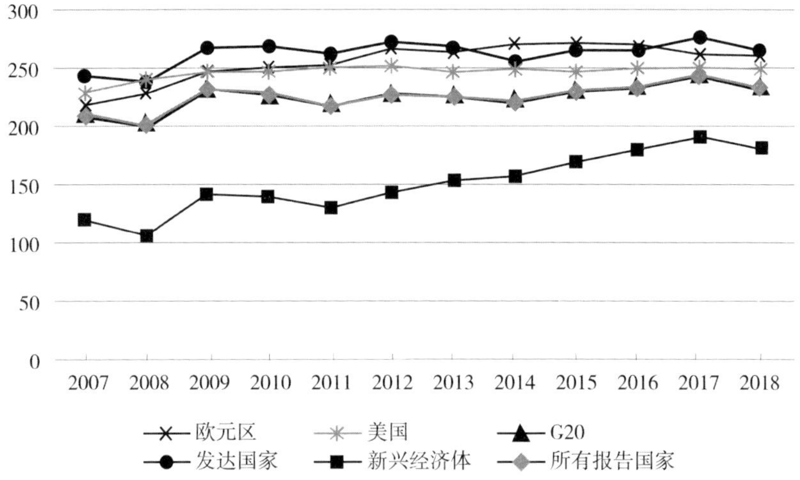

图2.3：2007—2018年主要区域非金融部门债务与GDP比值（单位：%）

数据来源：国际清算银行数据库。

三、在推进自由贸易进程中解决利益失衡问题

实践证明，贸易保护主义使世界经济“蛋糕”变小，由此使得解决利益问题的空间更小，回旋余地更小。创造利益再平衡的重要条件，要在推进以自由贸易为主线的经济全球化中做大世界经济“蛋糕”。

1. 不能把国内利益失衡的原因推到自由贸易上

近年来，贸易保护主义、单边主义、民粹主义思潮抬头，主要是将国内利益失衡的原因归结到自由贸易上。有的发达国家开始越来越多地向保护主义倾斜，在全球范围引发了一股“反全球化”、“去全球化”的逆流。从实践看，

① 根据国际清算银行数据库统计数据得出。

不少国家的利益失衡问题源于国内。以美国为例，利益失衡的重要原因之一在于金融资本没有得到有效约束，经济脱实向虚。金融资本过度逐利、金融监管严重缺失，是美国再工业化面临的突出挑战。将这些问题简单归咎于自由贸易，打着“维护国内产业利益”旗号实施贸易保护主义、单边主义政策，既不符合事实，也不利于问题的解决。

2. 以自由贸易为国内利益再平衡创造条件

尽管经济全球化和自由贸易体制存在这样那样的问题，特别是当前世界经济增长乏力，增长与分配、资本与劳动、效率与公平的矛盾凸显，但这些都不应当成为实施单边主义和贸易保护主义的理由。在经济全球化、产业供应链国际化和价值链一体化的背景下，贸易保护主义、单边主义不仅不利于自身发展，更对全球经济复苏带来阻力。共同维护全球自由贸易体制，加快形成自由、开放、公正的国际贸易环境，促进国际贸易增长和世界经济可持续性复苏，可以在互利共赢中推动实现国内利益平衡。

3. 以结构性改革解决内部利益失衡问题

（1）内部利益失衡根源在于自身的结构性矛盾。各国内部利益失衡，都有其自身政策体制安排不合理等因素。应当“刀刃向内”，以结构性改革的办法，建立符合本国基本国情的包容增长政策体制安排。

（2）结构性改革的核心是提升全要素生产率。在各国经济下行压力普遍加大的背景下，依靠扩张性的财政货币政策刺激总需求，只会缓解短期痛苦，难以解决经济内生动力不足的问题。推进自身的结构性改革，提升全要素生产率，是各国实现可持续增长的根本途径。

（3）建立促进各国结构性改革的落实机制。例如，G20 杭州峰会制定了由一套指标体系组成的量化框架，囊括了劳动生产率、就业率、基尼系数等 12 个指标，监测评估各国结构性改革的进展。以此为起点，需要进一步探索有效的执行机制，督促各国落实结构性改革共识。

四、反对单边主义、贸易保护主义

单边主义、贸易保护主义不仅无助于本国问题的解决，还给经济全球化和全球经济复苏带来巨大难题。各国遵循自由贸易的基本原则，共同维护全球多边贸易体制，是推进经济全球化的重要出路。

1. 单边主义、贸易保护主义是以邻为壑

单边主义、贸易保护主义的实质是把本国经济的矛盾转嫁给他国，没有正视和面对本国自身存在的问题，其结果不是“你输我赢”，而是“两败俱伤”。历史教训表明，如果将自身内部问题简单归咎于贸易不公平，以情绪取代理智，采取单边主义政策、贸易保护主义政策，有可能使世界经济发展陷入“囚徒困境”。当前，尤其要防止单边主义、贸易保护主义的常态化，防止以各类政治、安全等非经济因素为借口阻碍全球自由贸易进程。

2. 降低关税而不是提高关税

（1）自由贸易进程中降低关税是大势所趋。以持续降低关税为特征的贸易自由化、便利化水平不断提升，是全球自由贸易发展的重要标志。1947 年，关贸总协定正式生效时全球关税总的水平是 44%；到 20 世纪 90 年代世贸组织成立时，全球平均加权关税税率已降至 17.5%；2017 年，进一步降低至 7.7%。

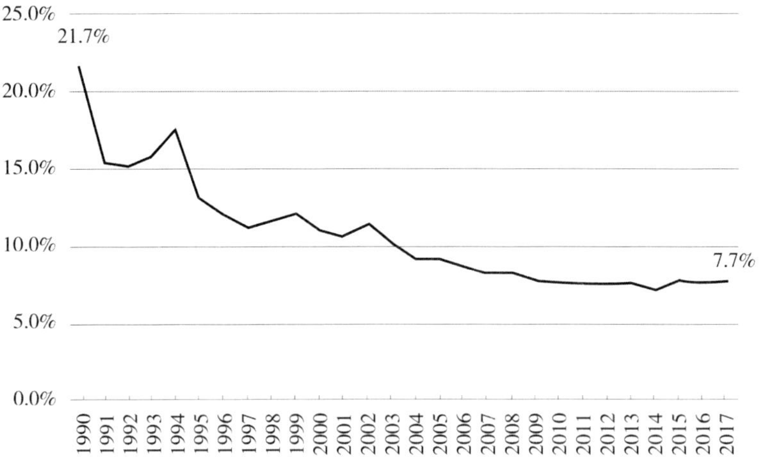

图 2.4：1990—2017 年全球商品进口平均加权关税税率

数据来源：世界银行数据库。

（2）降低关税有利于全球产业链的发展。经济全球化下的国际分工使得产品的生产超越了单一国界的限制。例如，2017 年苹果公司的产品涉及全球 705 家供应商，这些供应商汇聚了全球各行业的龙头企业，约占 2016 年度全球产品材料、制造和装配采购支出的 97%。如果设置高关税，将人为打断其全球产业链。

（3）降低关税有利于全球自由贸易和收入增加。经合组织（OECD）估计，每增加 1 美元关税，全球家庭的支出就会增加 40 美分；但每削减 1 美元关税，全球家庭支出将减少 90 美分①。

3. 逐步走向零关税是未来全球自由贸易的大趋势

21 世纪以来，世贸组织致力于推动零关税的改革方案。同时，各类自由贸易协定（FTA）逐步增多。目前，美欧日之间已经就零关税贸易开展谈判，欧日之间已经达成共识，美欧、美日零关税谈判正在推进。以欧盟和日本达成的经济伙伴关系协定为例，2018 年二者经济总量为 23. 72 万亿美元，占全球 85. 79 万亿美元的 27. 65%②，协议生效后将对推动零关税进程产生重要作用。

第三节　坚定维护以规则为基础的多边贸易体制

以世界贸易组织为核心、以规则为基础的多边贸易体制是国际自由贸易的基石，是全球贸易健康有序发展的支柱。在多边贸易谈判陷入僵局、单边挑战多边的背景下，坚定维护以规则为基础的多边贸易体制，是中国作为新型开放大国的务实选择。

---

① 经合组织秘书长古里亚：每削减 1 美元关税，全球家庭能减少 90 美分的支出[N]. 解放日报，2018-11-05.

② 根据世界银行数据库统计数据得出。

一、自由贸易进程中多边的重要性大于双边

从全球角度看，双边多边自由贸易安排都是推动经济全球化的重要形式，但多边的重要性大于双边，双边贸易谈判要以维护多边贸易体系为基本前提。

1. 维护多边贸易体制的全局性意义凸显

（1）美欧日加快构建高标准、排他性自贸区。例如，美国通过重新开展双边谈判的方式，重新签订美韩、美墨加等协定，并开展同日本等国的贸易协定谈判进程。欧盟同日本、厄瓜多尔签署经济伙伴关系协定，并与新加坡签署了贸易和投资保护协定；日本主导的全面与进步跨太平洋伙伴关系协定（CPTPP）谈判协定结束。此外，澳大利亚、新加坡等发达经济体也加速开展相关贸易投资协定谈判进程。这些谈判导致的全球经贸规则重构，有可能将许多发展中国家排除在外。

（2）双边问题的解决需要充分考虑政治安全因素。例如，欧盟与中国完成中欧投资协定谈判，创造条件建立中欧自贸区。在全球经济政治格局发生大变化的背景下，要统筹考虑政治安全因素与经济因素，但双边问题的解决不能以“政治安全因素”为借口，对推进经济全球化制造障碍，由此拖延双边自由贸易与投资进程。

（3）多边的重要性大于双边。当前，在中美关系深刻变化的大背景与世界经济格局复杂变化的大背景下，多边问题不解决，会加大解决双边问题的难度。要旗帜鲜明地捍卫和发展基于规则的多边贸易体系，坚持多边主义和自由贸易。在这个前提下，才能找到处理好各类双边经贸合作问题的有效路径。

2. 防止以双边取代多边从而阻碍全球自由贸易进程

（1）把开放、非排他的双边多边自贸区作为引领全球化新进程的重要载体。坚定维护世贸组织为核心的多边贸易体制在全球贸易自由化、便利化进程中的主渠道，把开放包容的区域自贸协定作为世贸组织多边自贸体系的有益补充。

（2）推进包容、共享的经济一体化进程。例如，通过双边、多边贸易投

资协定对世贸组织谈判中难以突破的领域进行试验，对自由贸易进程中的新议题进行先行探索，为推进包容共享的经济一体化奠定基础。

（3）加快推进大国间自由贸易进程。新一轮经济全球化，关键在大国间的自由贸易与经济合作。2018 年，全球前十大货物贸易国的货物贸易额合计占全球货物贸易总额的 52%，中国、美国、德国货物贸易额合计比重超过 30%；2017 年，全球前十大服务贸易国的服务贸易额合计超过全球服务贸易总额的 50%，美国、中国、英国、德国、法国服务贸易额合计占比接近 40%[①]。通过共建开放包容的双边多边自贸区，加强大国间的经贸合作，以此带动新一轮自由贸易进程。

3. 以多边自由贸易的突破带动双边合作进程

（1）构建包容共享的多边贸易投资制度安排。例如，以“一带一路”为重点，让更多的新兴市场国家和发展中国家有效参与国际产业分工，共享经济全球化红利。

（2）坚持完善多边贸易体制与可持续发展目标对接。完善多边贸易体制，应以促进全球经济增长为目标，以公平为导向，以可持续发展为重点，建设以规则为基础的开放、包容的全球贸易体系，并由此推动贸易自由化、便利化进程。

（3）形成以多边制衡单边主义和贸易保护主义的新格局。当前，中国、德国、法国、日本、新加坡等贸易大国均提出要维护多边贸易。2018 年 11 月，欧盟公布了世贸组织争端解决机制改革提案，并已和中国、印度等国家达成共识。总的看，维护现有多边贸易体制，并在此基础上进行制度调整，改变利益分配规则，是全球的最优选择。这就需要在维护多边贸易体制的基础上，加快达成世贸组织改革方案的共识，以此形成对单边主义与贸易保护主义的有效制约。

① 世界贸易组织．全球贸易数据与展望[R]. 2019-04-02.

二、维护以世贸组织为核心的多边贸易体制

世贸组织是当今世界处理贸易问题最重要的国际组织。维护全球自由贸易秩序和多边贸易体制，重要的是改革完善世贸组织运行机制，充分发挥世贸组织在制订和监督执行多边贸易规则、组织多边贸易谈判、解决世贸组织成员间贸易争端中的核心作用。

1. 以世贸组织为核心的多边贸易体制是经济全球化的重大成果

（1）世贸组织是具有法人地位的国际组织，在调解成员争端方面具有更高的权威性。世贸组织于 1995 年 1 月 1 日正式运作以来，在推动全球自由贸易进程中发挥了重大作用，为推动经济全球化做出了重大贡献。

（2）世贸组织倡导的基本原则是推动世界贸易自由化的重要指针。世界贸易组织的基本原则贯穿于世贸组织的各个协定和协议中，构成了多边贸易体制的基础。这些基本原则包括非歧视原则、透明度原则、自由贸易原则和公平竞争原则。其中，非歧视原则包括最惠国待遇原则和国民待遇原则。

（3）世贸组织在维护多边贸易体制中具有不可替代的作用。世贸组织涵盖了全球逾 98%的贸易额，调解着 164 个成员国之间的争端，为协商更低的贸易壁垒提供国际平台①。世贸组织在建立一个完整的、更具有活力的和永久性的多边贸易体制中扮演着其他任何组织所难以替代的重要角色。

2. 坚定维护世贸组织在多边贸易体制中的核心地位

（1）尽快解决危及世贸组织的紧迫性问题。例如，争端解决机制是世贸组织的核心支柱，在为多边贸易体制提供可靠性和可预测性方面发挥了关键作用。维护以规则为基础的多边贸易体制，需要把 WTO 争端解决机制的有效运行摆在突出位置，尽早启动上诉机构遴选程序并填补空缺。

（2）双边协议要遵守世贸组织的基本原则。在双边自贸协定谈判中，部分国家植入有利于自己的高标准规则，企图“稀释”、“架空”世贸组织。双边区域自贸谈判可以推动世贸组织改革，但不能违背世贸组织开放包容的原

---

① 中国关于世贸组织改革的建议文件[EB/OL]. 商务部网站，2019-05-14.

则，更不应把取代世贸组织作为其发展方向。还应严格对滥用国家安全例外的措施的纪律，对以国家安全为由加征进口关税等做法进行通报，并对措施开展多边审议，减少不符合世贸组织规则的单边措施的纪律，对单边主义做法加以有效的监督和约束。

3. 以改革世贸组织为重点维护多边贸易体制

近年来，世贸组织在解决贸易争端上的作用不明显，很大程度上在于其规则确有许多不足之处，需要与时俱进和改革完善。美国、欧盟、日本、加拿大等都提出了改革方案，中国也提出了世贸组织改革的“三原则、五主张”。其中，除了美国主张“推倒重来”之外，多数国家主张在不改变基本原则的前提下改革完善世贸组织。

专栏2.4

世贸组织改革之争及中国的原则立场

1. 美国的WTO改革主张

美国对WTO改革提出了“颠覆性”的方案，认为现存的WTO是“史上最糟糕的贸易协定”，意在“推倒重来”，重构国际经贸体制。其要点是：第一，不承认非歧视性原则，主张废除“最惠国待遇”；第二，不承认差异性和包容性，要求实施“对等贸易”，各国应与美国实施相同的关税水平；第三，对于WTO上诉机构的改革问题，美国不承认争端解决机制的权威性，反对授予上诉机构法官更长任期；第四，特朗普政府甚至对“发展”、“发展中国家”等基本定义提出异议，并扬言不合其意便选择“退群”，反对给予WTO秘书处更多资助；第五，主张利用该机构解决其“对中国的不满”，要求中国接受对补贴、国有企业和优惠待遇更加严格的规定。

2. 欧盟的WTO改革方案

欧盟2018年9月18日提出了《WTO现代化方案》。欧盟对WTO改革提出三项建议：一是国际贸易规则要与时俱进；二是应强化WTO的贸易监管权力；三是要求改革WTO争端解决机制。

3. 日本的WTO改革主张

日本在多边贸易体制改革问题上的立场接近欧盟，但又有所差异。一方面，日本与欧盟同样反对美国对其汽车、钢铝产品加征关税的做法，主张维护多边贸易体制的权威性和既有规则，对农产品补贴与农产品市场开放进行谈判，倡导自由贸易；另一方面，与欧盟立场有所差异的是它在2018年12月生效的CPTPP中，反对美国对知识产权的超高保护程度，在劳工保护、环境保护和国企竞争中立等问题保护谈判上也持有相对的灵活性和开放性。

4. WTO十二国和欧盟联合声明

2018年10月24—25日，WTO十二国和欧盟代表在加拿大首都渥太华举行为期两天的关于WTO改革会议，并发表联合声明，明确和坚决支持以规则为基础的多边贸易制度，强调争端解决机制是WTO的中心支柱，提出必须重振WTO的谈判职能，加强对成员方贸易政策的监督和透明度。

5. 中国关于WTO改革的“三原则、五主张”

中国在WTO改革问题上有三大原则：一是不能改变世贸组织的基本原则，也就是最惠国待遇、国民待遇、关税约束、透明度、特殊与差别待遇等，以及贸易自由化的总体方向，不能另起炉灶，推倒重来；二是应该以发展为核心，照顾发展中成员的合理诉求；三是应该在相互尊重、平等互利的基础上，循序渐进，优先解决危及世贸组织生存的问题。同时，中国政府明确提出五点主张：第一，世贸组织改革应维护多边贸易体制的主渠道地位；第二，世贸组织改革应优先处理危及世贸组织生存的关键问题；第三，世贸组织改革应解决贸易规则的公平问题并回应时代需要；第四，世贸组织改革应保证发展中成员的特殊与差别待遇；第五，世贸组织改革应尊重成员各自的发展模式。

资料来源：黄建忠. WTO改革之争——中国的原则立场与对策思路[J]. 上海对外经贸大学学报，2019（02）.

三、在强化多边基础上解决双边问题

强化自由贸易进程中的多边原则，更加突出以多边为基础推进双边自由贸易进程，由此使双边自由贸易进程有利于维护多边自由贸易基本规则，在维护全球多边贸易体制上承担各国责任。

1. 坚持推动双边多边开放进程

（1）处理好多边与双边自由贸易进程的关系。双边自由贸易谈判要着眼于维护多边自由贸易的基本原则、促进多边自由贸易进程。例如，在考虑中日和中韩自贸区的同时，要加快推进中日韩自贸区建设进程，以推动形成东北亚经济一体化的新格局。

（2）支持灵活多样、差别待遇、标准适度的市场开放。经济全球化的重要基础是自由贸易和市场开放，但市场开放不是一步到位，市场开放的标准也不能“一刀切”。发达国家、新兴经济体、发展中国家参与经济全球化和全球竞争的能力不同，应对市场风险和外部冲击的承受力也不同。

（3）强化普惠性的多边自由贸易制度安排。与发达国家相比，发展中国家需要开放式、普惠性的自由贸易制度安排，而不是高标准、排他式的自由贸易制度安排。为此，需要给予经济全球化不同参与者合理、必要的政策空间，使各国可以根据自身情况参与灵活多样、差别待遇、标准适度的自由贸易协定。

2. 推进双边多边自由贸易区建设

（1）采取更加灵活的自由贸易政策。例如，依托中国巨大内需市场的突出优势，对广大发展中国家及重要战略性国家实施产业项下自由贸易政策，并在此基础上逐步签订自贸投资协定；对一些发达国家，在坚持底线的前提下，签订高标准的自贸投资协定，并在服务贸易、电子商务等新兴领域推动更大程度的开放。

（2）提升周边和区域经济一体化水平。在继续打造中国—东盟“10+1”自贸区升级版的基础上，提升我国与东盟、印度、其他新兴经济体等贸易伙伴之间的自由贸易水平，深化自由贸易伙伴关系。同时，依托亚洲区域经济一体化的良好基础，以中、日、韩为重点，加强同亚洲各国发展战略对接，强化同亚洲各国贸易投资自由化、便利化安排，大幅削减关税及非关税壁垒，提升亚洲区域经济一体化水平。

（3）与“一带一路”战略支点国家和地区共建灵活多样的双边、多边自贸区。加快“一带一路”自贸区网络建设，与“一带一路”区域和次区域节点国家建立自由贸易伙伴关系，以自由贸易的制度安排带动“一带一路”建设，打造“陆海内外联动、东西双向开放”的全面开放新格局。

3. 进一步提升双边多边自贸区的贸易投资自由化便利化水平

（1）进一步降低关税。例如，在不具有竞争优势的领域，做出不实施新的贸易保护主义措施的承诺；在加强开放风险防范中加快与自贸伙伴的双向市场开放。

（2）显著提升贸易便利化水平。加快消除非关税壁垒，例如：将货物贸易通关时间和成本降低一半以上；加快与自贸伙伴的电子通关工程建设；实施原产地企业自主申报制，严格事后监管，加快与自贸伙伴建立原产地电子数据交换系统；显著提高与贸易相关，尤其是服务贸易的人员往来的便利化水平，减少签证程序、环节和等待时间。

（3）推进与贸易伙伴间的规则对接。加强边境内措施与制度的对接与协调，积极推动与自贸伙伴的贸易投资管理体制和制度的对接与合作，加快推行“准入前国民待遇+负面清单”模式，缩小负面清单的限制范围，推进政府监管制度的协同与合作。

（4）主动对接高水平自由贸易规则。逐步把自由贸易制度覆盖的领域从海关等“边境规则”扩展到知识产权、国有企业、政府采购等“边境内规则”，积极对接高水平自由贸易规则。

4. 强化开放、包容、共赢的区域自由贸易安排

（1）区域贸易安排排他性、歧视性增强趋势明显。发达国家倾向于同发展程度近似的国家签订高标准贸易协定，并包含某些排他性安排，使得发展中国家难以加入。推进区域贸易安排应在高标准与排他性方面寻求平衡。

（2）增强区域自由贸易安排的开放包容性。着眼于经济一体化的趋势，需要以非排他的、开放的区域自由贸易协定为重点，整合碎片化的区域合作机制；兼顾不同经济体的特殊性，对不同发展程度的国家给予一定的灵活安排。

（3）提升区域贸易安排的公平性。例如，让参与各方具有平等谈判的地位和话语权。按照有利于吸收新成员、培育新市场、释放新需求的目标，通过不另设额外审查条款等方式不断拓展区域合作空间和市场空间。

第四节　改革和完善国际治理机制

第二次世界大战后，和平与发展成为世界发展的两大主题，很大程度上得益于以联合国为核心的国际治理体系。今天，防止国际治理体系割裂，推进全球经济可持续发展，更有赖于改革和完善以联合国为核心的国际治理体系。

一、多极化趋势下更需要发挥联合国的核心作用

在世界国际化的大背景下，更需要强化和发挥联合国的核心作用。尽管联合国本身需要改革，但从防止全球治理体系碎片化的大局出发，应当坚定维护以《联合国宪章》宗旨和原则为核心的国际秩序和国际体系。

1. 联合国是最具普遍性、代表性和权威性的政府间国际组织

（1）联合国是建立公正合理国际秩序的宝贵产物。联合国继承了 370 多年前《威斯特伐利亚和约》确立的平等和主权原则，以及 150 多年前《日内瓦公约》确立的国际人道主义精神。《联合国宪章》明确的四大宗旨和七项原则，以及万隆会议倡导的和平共处五项原则，仍然是当前各国处理国际关系的基本遵循。

（2）联合国是当今世界代表性最广、规模最大、最具权威性的国际组织。联合国有 193 个成员，其宗旨是维持国际和平安全、制止侵略行为、发展国际友好关系、促成国际合作等。联合国遵循的各国主权平等，各国以和平方式解决国际争端、各国不得使用武力或武力威胁来侵犯他国的领土和主权完整等，仍是国际关系处理的根本准则。

（3）联合国在维护国际和平与安全、推动国际经济发展中发挥重要作用。联合国积极推进非殖民化运动，支持被压迫民族自决和独立，在维护世界和平与安全中扮演了积极角色。近年来，在推动国际经济可持续发展中也发挥其独

特作用。21世纪以来，在联合国主导下，国际社会制定和实施了千年发展目标和2030年可持续发展议程，推动11亿人口脱贫，19亿人口获得安全饮用水，35亿人口用上互联网等，还将在2030年实现零贫困①。

2. 世界走向多极化更需要维护联合国在全球治理中的权威性

（1）世界和平发展仍需要强化联合国的权威地位。当前，国际形势错综复杂，全球性挑战日益增多，进一步凸显了联合国的地位和作用。当前，全球发生的各种摩擦和对抗，重要原因之一在于《联合国宪章》宗旨和原则没有得到有效履行。坚持《联合国宪章》宗旨和原则，保持国际法权威性，是解决当前诸多困扰全球治理难题的根本出路。

（2）捍卫《联合国宪章》基础上的国际法准则。在全球范围内扩大共识，抵制个别国家奉行的单边主义立场、将国内法凌驾于国际法之上等做法，抵制抛开世界贸易组织框架下的争端解决机制，以及四面出击挑起国际贸易摩擦等做法。

（3）作为新型开放大国在坚定维护以联合国为核心的国际治理体系上做出表率。当前，中国已成为联合国会费和维和经费第二大出资国，是联合国五个常任理事国中派出维和人员最多的国家。中国已率先完成联合国千年发展目标与减贫目标，在维护世界和平、促进共同发展上做出了重要贡献。中国提出的构建人类命运共同体、"一带一路"等重要倡议丰富了全球治理理念，得到国际社会的广泛认同。

（4）加强和发挥联合国在国际重大决策中的作用。一些国家长期拖欠联合国会费、绕开联合国自作主张等，导致联合国权威有所下降。尽管联合国自身的确也需要改革，但在全球民粹主义、贸易保护主义盛行的今天，应加强和发挥联合国在国际重大决策中的作用。

3. 在发挥联合国核心作用的前提下完善全球治理体系

（1）共同维护《联合国宪章》宗旨和原则的权威。"维护以联合国宪章宗

① 习近平. 共同构建人类命运共同体——在联合国日内瓦总部的演讲[N]. 人民日报海外版，2017-01-20.

旨和原则为核心的国际秩序和国际体系，不仅有利于维护和巩固第二次世界大战胜利成果，也有利于构建开放型世界经济体制，有利于旗帜鲜明反对贸易和投资保护主义。”① 维护《联合国宪章》宗旨和原则的权威，是弘扬国际公平正义和共商共建共享理念、推动构建人类命运共同体的重要基石。

（2）联合国改革需要注重存量制度与增量制度之间的配合。既要巩固和完善联合国原有好的机制，又要发挥 G20 为重点的新机制的作用，避免联合国机制失效对全球治理体系和国际秩序造成不必要的冲击。

——注重变革国际法体系和全球治理体制中不公正不合理的安排，以平等为基础，更好地反映世界经济格局新现实，增加新兴市场国家和发展中国家的代表性和投票权。

——以落实联合国 2030 年可持续发展议程为重点，实现 G20 机制化并推进世贸组织改革。

——加强新兴市场国家和发展中国家在全球性和区域性组织中的参与度，推动上海合作组织、金砖国家、亚洲基础设施投资银行等合作机制建设。

——推动建设新兴领域的国际法体系和全球治理机制，把深海、极地、外空、互联网等领域打造成各方合作的新疆域，而不是相互博弈的竞技场。

——在《联合国宪章》《联合国海洋法公约》《外层空间条约》等现有国际法的基础上，完善新空间、新领域治理的法律框架。

——推动互联网空间互联互通、共享共治，完善网络空间国际治理体系，构建包容普惠的数字贸易国际规则。

——坚持共同但有区别的责任原则，落实《联合国气候变化框架公约》《京都议定书》《巴黎气候变化协定》等相关协议，完善全球气候变化治理机制。

二、维护以国际法为基础的国际秩序

以联合国为核心的国际体系、以国际法为基础的国际秩序，是建立新型国

① 习近平主持中共中央政治局第二十七次集体学习[EB/OL]. 新华网，2015-10-13.

际关系的基本准则。从全球长治久安的大局出发，捍卫以联合国为核心的国际体系、以国际法为基础的国际秩序，维护以世贸组织为核心、以规则为基础的多边贸易体制，是全球形成稳定治理预期的重要保障。

1. 国际法体系为处理国际关系提供了基本原则

国际法体系是适用于主权国家之间以及其他具有国际人格的实体之间的法律规则的总体，它是若干国家参与制定或者国际公认的、调整国家之间关系的法律。国际法体系的形成遵循各国承认的一般法律原则，国际法所倡导的各国主权平等，互相尊重主权和领土完整，互不侵犯，互不干涉内政，平等互利，和平共处，和平解决国际争端，禁止以武力相威胁和使用武力，以及民族自决原则等，得到国际社会的普遍赞同。“二战”结束以来，国际法体系作为全球治理的重要工具和载体的地位与作用进一步凸显。要共同推动国际关系法治化，推动各方在国际关系中遵守国际法和公认的国际关系基本原则，用统一适用的规则来明是非、促和平、谋发展，是完善全球治理的根本途径①。

2. 任何国家都不能凌驾于国际法之上

当前，影响全球和平发展的一个重大挑战是以《联合国宪章》宗旨和原则为基础的国际法权威性被削弱。个别国家奉行单边主义，将国内法凌驾于国际法之上，动辄诉诸经济制裁和武力干预，抛开世界贸易组织框架下的争端解决机制，片面强调“本国优先”，动摇了全球多边贸易体制根基，严重减损以规则为基础的全球治理的权威性，冲击国际法体系，对国际法的权威性造成了巨大的危害。这就需要各国共同维护以《联合国宪章》宗旨和原则为基础的国际法体系，携手变革国际法体系和全球治理体制中不公正、不合理的安排，合力推动建设新兴领域的国际法体系和全球治理机制。

三、完善 G20 全球经济治理机制

进入 21 世纪以来，G20 在全球经济治理中的地位作用逐步凸显。适应新形势，完善和推动 G20 机制化，成为形成有效全球治理机制的重大问题。

---

① 习近平对世界如是说[N]. 人民日报海外版，2015-11-23.

1. G20 在全球经济治理中有着重要作用

（1）G20 取代 G7 成为全球经济合作的主要平台。G20 吸引了更多发展中国家参与，完成了从“西方治理”向“西方和非西方共同治理”的转变，使得 G20 在解决全球重大问题上更为有效。

（2）与 G7 相比，G20 更具代表性、平等性、实效性。20 国集团成员涵盖面广，代表性强，该集团成员国的 GDP 占全球经济的 90%，贸易额占全球的 80%；G20 采用协商一致的原则运作，新兴市场国家同发达国家在相对平等的地位上就国际经济金融事务交换看法；G20 峰会通过一系列重要决定，为应对国际金融危机、促进世界经济复苏、推动国际金融货币体系改革发挥了重要作用。

（3）G20 机制化具有迫切性。例如，G20 峰会往往有“最后声明”、“各方达成共识”、“各方达成谅解”等，对成员国不具有硬性约束力，各国是否执行取决于自身。

专栏2.5

G20 及其宗旨

二十国集团（G20）是一个国际经济合作论坛，于 1999 年 9 月 25 日由八国集团（G8）的财长在德国柏林成立，于华盛顿举办了第一届 G20 峰会，属于非正式对话的一种机制，由原八国集团以及其余 12 个重要经济体组成（中国、阿根廷、澳大利亚、巴西、加拿大、法国、德国、印度、印度尼西亚、意大利、日本、韩国、墨西哥、沙特阿拉伯、南非、土耳其、英国、美国、俄罗斯以及欧盟）。

G20 的宗旨是为推动已工业化的发达国家和新兴市场国家之间就实质性问题进行开放及有建设性的讨论和研究，以寻求合作并促进国际金融稳定和经济的持续增长，按照以往惯例，国际货币基金组织与世界银行列席该组织的会议。

资料来源：中改院课题组整理。

2. 发挥 G20 在完善多边贸易体制中的重要作用

（1）G20 在促进 WTO 改革中可以发挥重要作用。由于 G20 成员在全球贸易中占绝大多数的份额，在 G20 范围内达成的共识，更容易成为全球共识。为此，G20 在世贸组织改革中发挥引领作用，对维护多边贸易体制具有重要意义。

（2）G20 要积极推动完善多边贸易体制。G20 应作为加强各国贸易协商的重要平台，更多关注全球贸易便利化和自由化，通过贸易协商更好地推动世贸组织改革。

3. 以推行“G20+正式国际机制”形成长效机制

（1）G20 仍是非正式国际机制。与联合国、国际货币基金组织、世界银行等通过法律条约的方式形成的正式国际机制不同，G20 仍是非正式国际机制，主要靠成员国的共识来规范国际关系。

（2）G20 在解决短期应急问题上更有优势。由于 G20 是非正式国际机制，具有灵活性高、行动速度快等优势，在全球应急治理问题上能发挥重要作用。以 2008 年国际金融危机为例，尽管国际货币基金组织和世界银行也做出了表态，但在实际操作上相对滞后。而 G20 华盛顿峰会、伦敦峰会则迅速达成共识，通过出台 1.1 万亿美元的全球经济复苏和刺激计划，以及 47 条国际金融领域改革行动计划，有效防止了危机的蔓延。

（3）推行“G20+正式国际机制”。从全球治理的大局看，未来 G20 可以在保持自身非正式治理框架的同时，让更多的正式国际机制参与 G20 治理，充分发挥正式国际机制在执行力方面的优势。例如，推动世界银行、国际货币基金组织、世界贸易组织、国际劳工组织、经济合作与发展组织、金融稳定理事会以及联合国等 7 个正式国际机制与 G20 相结合，尽快形成新的治理框架。

A New Type of
Large Open Economy

第三章

立足长期重塑新型大国关系

从历史看，中美两个大国只有超越短期利益、立足长期战略，才能为解决短期问题找到出路；才能在妥善解决中美经贸摩擦的同时，重塑中美互利共赢的双边关系。未来10年，是中美关系最关键的时期。中美作为全球最大的两个经济体，以平等磋商谈判解决经贸摩擦十分重要，更重要的在于中美两个大国要以“全球视野、长期视角、战略思维”重塑新型大国关系。

当前，世界多极化深入发展，主要大国关系正在经历重大调整。历史经验表明，大国关系处理得好，全球和平稳定发展就有重要保障；大国关系处理得不好，全球不确定性将明显增大。未来几年，世界经济复苏与增长面临重大考验，其中最重要的变量之一就是中美关系的不确定性。作为全球最大的两个经济体，中美以平等磋商谈判妥善解决争端分歧、实现短期缓和十分重要；更重要的在于能否以“全球视野、长期视角、战略思维”重塑新型大国关系。中美问题的妥善解决需要立足长远，以多边主义为基石，避免陷入战略误区以及零和博弈，更要避免陷入冷战和对抗。

第一节　基于长远利益的中美经贸关系

中美两国作为全球最具影响力的大国，对全球经济政治格局具有重大影响。两国关系的走向与波动不仅影响双方，更牵动全球。解决中美两个大国之间的经贸摩擦，关键要立足长期，“跳出中美看中美”。

一、中美经贸摩擦牵动全局

2018年以来美国挑起的对华经贸摩擦，直接冲击了中美双边贸易，不仅反映新型大国关系形成中的曲折，更反映了经济全球化和现行全球经济治理结构的矛盾与挑战[①]。

① 中改院课题组．释放内需的巨大增长潜力——加快完善社会主义市场经济体制的重大任务[R]. 2018-08-22.

1. 长期影响大于短期影响

（1）中美经贸关系的调整将是一个较长的过程。此次美国发起对华经贸摩擦的原因，不仅仅是贸易逆差，还伴随其他非贸易因素。随着中国作为一个新型开放大国日益走近世界舞台中央，两个大国之间的经贸关系需要随之调整。

（2）中美经贸竞争有所增强。2018 年，中国的 GDP 总量为美国的 66.4%①。随着两国经济体量逐步接近，经贸竞争增多是难以避免的客观现实。具体看，以往中国向美国出口的都是轻工业品，美国向中国出口的为某些高科技产品。近年来，中国出口产品结构持续升级，高新技术产品比重逐步提升，不可避免地在新一代信息技术产业、高档数控机床和机器人、节能与新能源汽车、新材料、生物医药等领域出现竞争增加的现象。

表 3.1：2018 年中美进出口商品结构（单位:%）

美国自中国进口主要商品构成（类）	
商品类别	占比
机电产品	49.8
家具、玩具、杂项制品	12.0
纺织品及原料	7.5
贱金属及制品	5.2
塑料、橡胶	4.3
美国对中国出口主要商品构成（类）	
商品类别	占比
运输设备	23.0
机电产品	22.5
化工产品	10.3
光学、钟表、医疗设备	8.2
矿产品	8.0

资料来源：商务部综合司，商务部国际贸易经济合作研究院．国别贸易报告《2018 年美国货物贸易及中美双边贸易概况》[R].2019-03-21.

① 根据世界银行数据库统计数据得出。

（3）要立足长期解决中美经贸摩擦。20 世纪 60 年代至 90 年代，美日之间出现了多个回合的经贸摩擦：1968 年关于纺织品；1976—1977 年关于彩色电视机；1976—1978 年关于钢铁；1979—1981 年关于小汽车；1985 年关于汇率；1987—1991 年关于半导体。随着日本产业结构升级，美日经贸摩擦的领域从轻工业、重化工业转向高新技术产业，再到金融、宏观经济领域。从中美经贸关系的现实看，短期内双方矛盾问题有不同的表现，但大国关系博弈将是影响中美合作竞争的重大问题。短期内中美经贸摩擦可能有所缓和，但是一定要立足长期，才能从根本上化解双方的经贸摩擦，并为重塑合作共赢的中美关系打下重要基础。

2. 多边影响大于双边影响

（1）中美经贸摩擦是个全球性问题。中美关系是当今世界最重要的双边关系之一。2018 年，中国 GDP 占全球的 15.86%，美国 GDP 占全球的 23.89%，两国 GDP 占全球的 39.75%①。中美都是开放大国，与全球各国都有广泛密切的经贸联系。中美经贸摩擦不仅波及全球产业链，而且牵动影响全球经济增长。

（2）中美经贸摩擦冲击全球多边贸易体制。中美经贸摩擦更深层次的影响是对以自由贸易为主线的经济全球化进程的冲击，是对“二战”后总体上行之有效的多边贸易体制的冲击。比如，美国的“232 措施”以及“301 调查”绕开了现有的全球治理机制，长臂管辖的特点突出，以双边取代多边的趋势明显。由此，这将进一步加大全球经济的不确定性。

（3）立足多边应对中美经贸摩擦。第一，在中美博弈当中，其他国家可能出现“选边站”的姿态，在此过程中多边的重要性大于双边。第二，中美双边问题的解决要立足多边。在世界格局深刻复杂变化的背景下，在多边合作中没有或达不成共识，想解决双边问题，包括中美双边的经贸问题都比较困难。第三，捍卫和发展以世贸组织为核心、以规则为基础的多边贸易体制，坚持多边主义和自由贸易，符合大多数国家的利益，能够赢得最广泛的

① 根据世界银行数据库统计数据得出。

国际支持。

（4）防止在多边经贸形势上出现重大战略误判。目前，美、欧、日之间已经就零关税开展谈判，欧日之间已经达成共识，美欧、美日零关税谈判正在加快推进。日本与欧盟签署经济伙伴关系协定（EPA），2019 年 2 月 1 日起开始生效，日本将逐步对从欧盟进口的约 94%的产品实施零关税，欧盟将逐步对从日本进口的约 99%的产品实施零关税①。此外，欧日双方还将在投资、服务贸易等领域提高自由化的程度。2018 年 7 月，欧盟委员会主席容克访美，欧美双方领导人达成“三零”共识，即共同致力于在非汽车工业品贸易领域实现“零关税、零非关税壁垒和零补贴”。2019 年 1 月，欧盟贸易委员马尔姆斯特伦在华盛顿与美国贸易代表莱特希泽举行会谈，就落实欧美双方领导人 2018 年 7 月达成的贸易共识开展最新一轮技术层面的工作磋商。2019 年 1 月 10 日，美日欧在华盛顿举行了贸易部长会议，提出将共同促进数字贸易发展，并且在数据流通规则制定上开展合作。某些国家联手把中国排斥在多边贸易体系之外的企图是不会成功的。但是，中国要对此保持高度警惕。

3. 间接影响大于直接影响

（1）中美经贸摩擦对中国的直接影响并不太大。据统计，2018 年，中国对美国的贸易顺差为 3233. 2 亿美元，按人民币计价合计为 2. 14 万亿元，仅占中国 90 万亿元 GDP 的 2. 3%②。

（2）中美经贸摩擦不简单是贸易问题。贸易是个直接因素，中国有巨大的市场需求，可以在某些产品上扩大对美国的进口。但是，要防止中美经贸摩擦向其他领域扩展，如东北亚问题、中欧问题等。

（3）在关注经济领域影响的同时，还需要关注其他非经济领域的影响。美国挑起对华经贸摩擦，有可能伴随着其他多种因素，从而形成间接影响，对此要高度警惕。比如，美国除了打“贸易牌”外，还有可能打出某些“组合

① 日欧经济合作协定将从 2 月 1 日起生效[EB/OL]. 中国经济网，2019-01-03.

② 2018 年中国对美贸易顺差 3233. 2 亿美元同比扩大 17. 2%[EB/OL]. 中国新闻网，2019-01-14.

牌”，影响国际资本流向，严重干扰中国发展的外部环境。在密切关注并有效应对中美经贸摩擦产生直接影响的同时，也要做好应对间接影响的准备。

（4）立足于化解直接问题来防止间接问题的出现。中美经贸摩擦本身是经济问题，不应给它贴上政治标签，更不应将其扩大化。无论从全球来看，还是从中美两国发展的趋势看，将经贸摩擦长期化，并由此冲击全球政治经济秩序，既不明智，也解决不了问题。解决中美经贸摩擦，关键是基于双方利益形成合作共赢的新型大国关系。

二、未来10年是中美关系的关键时期

处理好中美关系，既要着眼于短期，努力避免经贸摩擦的升级与恶化，更要着眼于中美关系变化的大趋势，从长期角度判断形势、把握趋势。总的来看，未来10年是中美关系发展最为关键的时期，中美两国的多领域竞争已经不可避免，这将对世界、对整个国际秩序产生深远影响①。

1. 未来10年是中美关系的关键时期

（1）未来10是中美经济实力相对变化的时期。改革开放以来，中国经济总量不断提高，与美国的经济总量差距逐步缩小。以现价美元衡量，1978年，中国GDP和人均GDP分别为1495.41亿美元和156.40美元，分别为美国的6.36%和1.48%；到2018年，中国GDP和人均GDP分别为13.6万亿美元和9770美元，分别为美国的66.40%和15.60%。

表3.2：1978—2018年中美GDP及人均GDP

年份	GDP（现价，亿美元）		人均GDP（现价，美元）	
	中国	美国	中国	美国
1978	1495.41	23515.99	156.40	10564.95
1980	1911.49	28573.07	194.80	12574.79
1985	3094.88	43389.79	294.46	18236.83

① 京沪著名学者环球讲坛纵论百年大变局下中美关系走向[N]. 新民晚报，2019-06-27.

续表

年份	GDP（现价，亿美元）		人均 GDP（现价，美元）	
	中国	美国	中国	美国
1990	3608. 58	59631. 44	317. 88	23888. 60
1995	7345. 48	76397. 49	609. 66	28690. 88
2000	12113. 47	102523. 45	959. 37	36334. 91
2001	13393. 96	105818. 21	1053. 11	37133. 24
2002	14705. 50	109364. 19	1148. 51	38023. 16
2003	16602. 88	114582. 44	1288. 64	39496. 49
2004	19553. 47	122137. 29	1508. 67	41712. 80
2005	22859. 66	130366. 40	1753. 42	44114. 75
2006	27521. 32	138146. 11	2099. 23	46298. 73
2007	35503. 42	144518. 59	2693. 97	47975. 97
2008	45943. 07	147128. 44	3468. 30	48382. 56
2009	51017. 02	144489. 33	3832. 24	47099. 98
2010	60871. 65	149920. 53	4550. 45	48466. 82
2011	75515. 00	155425. 81	5618. 13	49883. 11
2012	85322. 31	161970. 07	6316. 92	51603. 50
2013	95704. 06	167848. 49	7050. 65	53106. 91
2014	104385. 29	175217. 47	7651. 37	55032. 96
2015	110155. 42	182192. 98	8033. 39	56803. 47
2016	111379. 46	187071. 88	8078. 79	57904. 20
2017	121434. 91	194853. 94	8759. 04	59927. 93
2018	136081. 52	204941. 00	9770. 85	62641. 01

数据来源：世界银行数据库。

——未来 10 年，中国 GDP 总量将持续增大。有研究预测，中国经济总量持续增长，将在 2030 年前后超过美国成为世界第一大经济体。美联储预测，美国长期 GDP 增长率约为 2%；国务院发展研究中心课题组预测，中国 GDP 总量将于 2030 年超过美国成为全球第一大经济体。当然，以综合国力论，美国将继续保持全球超级大国地位①。

① 国务院发展研究中心“国际经济格局变化和中国战略选择”课题组. 未来 15 年国际经济格局面临十大变化[J]. 中国发展观察，2019（01）.

——中美经济实力将发生相对变化。有研究指出，一个人口规模与现有发达经济体人口总和相当的新兴大国进入高收入社会，将带来全球经济格局的加速调整。一方面，守成大国希望分享新兴大国的发展机遇，期待新兴大国在解决全球性议题、应对全球危机、促进世界经济复苏中承担更多国际责任；另一方面，守成大国为保持领导地位，会采取打压、遏制等措施，加剧与新兴大国之间的博弈①。未来 10 年如何在中美两国相对实力变化中相互适应，对双方来说都是重大课题。

（2）未来 10 年是全球经济格局再平衡的关键时期。

——未来 10 年全球经济增长前景并不乐观。尽管有新技术革命等利好因素，但受人口老龄化、单边主义、贸易保护主义等因素影响，全球经济增长动力有可能逐步减弱。有研究预测，未来 10 年，全球经济仍将呈现弱增长态势。综合考虑技术、城镇化、人口、环境等重大基础因素变化，2020—2035 年，全球经济增长平均速度预计为 2.6%。其中发达经济体的增长速度将可能进一步放缓到 1.7%左右，低于过去 50 多年的平均增长速度；发展中国家增长速度有所下降，预计为 4.9%左右②。

表 3.3：国际金融危机前后 10 年的全球经济增速（单位:%）

年份	世界经济增速
1997	3.70
1998	2.56
1999	3.27
2000	4.39
2001	1.94
2002	2.19
2003	2.91

① 国务院发展研究中心课题组．未来国际经济格局变化和中国战略选择[N]．经济日报，2018-12-20.

② 国务院发展研究中心课题组．未来 15 年国际经济格局变化和中国战略选择[J]．管理世界，2018（12）.

续表

年份	世界经济增速
2004	4.38
2005	3.87
2006	4.33
2007	4.22
2008	1.85
2009	-1.69
2010	4.28
2011	3.13
2012	2.51
2013	2.65
2014	2.84
2015	2.86
2016	2.57
2017	3.16
2018	3.03

数据来源：世界银行数据库。

——全球经济格局的再平衡将是长期过程。改革开放后，中国经济深度融入世界经济之中，全球经济格局发生深刻变化。2008年国际金融危机，是美国等发达国家过度金融化所引发的，反映了全球经济格局再平衡的必要性与迫切性。从10年来的实际情况看，全球经济的失衡并没有得到很好解决，仍在寻求新的平衡之中。

——中美经贸关系对世界经济的再平衡具有决定性影响。中美两国在2018年的GDP增量合计达到了2.47万亿美元，约为全球增量的50.43%[①]，是全球经济增长的重要“发动机”。中美经贸关系在很大程度上决定着世界经济再平衡进程，全球再平衡进程如何，将对中美经贸关系带来重要影响。中美经贸摩擦是在全球增长乏力和经济格局再平衡缓慢的大背景下发生的。因此，

① 根据世界银行数据库统计数据得出。

未来10年全球经济格局的再平衡，既是影响中美经贸关系的重要外部因素，又受中美经贸关系的直接影响。

（3）未来10年是中美重塑大国关系的关键时期。随着中美双方相对实力的变化，在全球经济增长乏力和全球经济治理面临挑战的背景下，中美如何看待自己在全球中的角色，如何相互适应不断变化的对方，以及多变环境下如何定位自身在全球事务中的角色，成为中美关系的重大课题。

改革开放40年来，中国融入世界经济格局，并且在这个过程中不断发展自己；美国通过自身经济实力，以及反映自己意志的全球经济治理机制影响着全球经济。未来10年，中美两国经济实力的相对变化，并不必然带来某些冲突与矛盾，关键是双方能否主动并有效地适应一个不断变化的对方。

——美国需要接受中国发展起来的事实。实践证明，美国用单边主义、贸易保护主义的手段遏制中国发展，不仅难以奏效，也难以得到国际社会的广泛认同；不仅解决不了美国国内的问题，也有损美国的国际形象。实际上，一个发展更加全面、更加开放的中国，将同世界形成更加良性的互动，带来更加进步和繁荣的世界。

——中美有可能实现竞争性共存。中美两国出现竞争并不可怕，在经济领域的公开平等竞争有利于各自的发展，也有利于全球经济的创新发展。问题在于，竞争的主要手段是平等的市场竞争，不能将竞争手段扩大到政治、安全等非经济领域。

2. 未来10年中美关系面临深层次挑战

（1）短期内要努力避免中美经贸摩擦的进一步加剧。从发展态势看，未来1~2年，即特朗普本届任期的下半程，中美经贸摩擦有可能出现三种前景。

——前景一：达成协议。中美双方就经贸磋商达成相关的协定，中方核心关切得到解决：取消全部加征关税；贸易采购数字要符合实际；改善文本平衡性①。

——前景二：摩擦不断扩大。从美国新一届政府的战略思路和政策导向

① 中美开展经贸合作是正确的选择，但合作是有原则的[N]. 人民日报，2019-05-13.

看，中美经贸摩擦有可能不断扩大。美国对华经贸摩擦升级的路径有可能是：关税战的升级—投资战—技术战—汇率战—金融战①。

——前景三：全面割裂。中美经贸关系全面“硬脱钩”，双边贸易、投资、金融联系全面割断。

（2）中美在全球治理上面临两种选择。

——一是加强在全球治理框架下的合作。中美可在全球治理框架、国际公共产品提供等方面达成诸多共识，维护共同利益。中美作为全球最大的两个经济体，对于保持全球和平稳定、维护全球自由贸易负有特殊的责任。以往，中美基本上较好地处理了彼此的关系，合作多于冲突、共识大于分歧。未来，中美双方要以史为鉴，在扩大两国共同利益的基础上形成合作共赢的基本共识。

——二是中美经济“脱钩”。在世界经贸格局中，5 年前美国是 130 个国家和地区的最大贸易伙伴，中国是 70 多个国家与地区的最大贸易伙伴②。中美经济的“脱钩”若引发全球各国“选边站”，不仅将割断中美业已形成的经济联系，也将对世界政治经济秩序产生极大的负面冲击，有可能引发全球经济的新一轮严重衰退。

这就需要中美双方从全球稳定发展的大局出发，尽快形成共识，加强治理体系的协调，尤其是加强相互间事务的交流与沟通。

（3）避免经济问题演变成社会层面的对抗。一般来说，中国对美国贸易顺差将会随着中国经济结构的调整而逐步减少，也会随着美国对中国出口结构的调整而逐步化解。在美元作为国际货币的情况下，美国出现贸易逆差并不奇怪，而且是必然的。从历史看，美国不同时期的贸易逆差来源不同，但出现贸易逆差的贸易对象都是制造业大国。对中美来说，在 20 世纪 80 年代至 90 年代初期美国一直处于顺差地位，1992 年之后中国转为对美顺差；随着中国加入世界贸易组织和制造业快速崛起，中国对美贸易顺差才有所加大。随着中国

---

① 余永定．美方升级贸易战的六种可能——在第九届“中日金融圆桌研讨会”上的发言[EB/OL]．中国金融四十人论坛，2019-06-01.

② 王勇．中美贸易摩擦升级背后：全球治理合作的选择和挑战[J]．中国报道，2018(07).

产业结构和消费结构的变革，这个顺差会逐步减少。另外，关键还在于，美国能否顺应中国市场需求结构的变化调整其对中国的出口结构，如增大对中国高科技产品出口。

3. 以“协调、合作、稳定”的基本原则为未来中美关系定向把舵

（1）中美大国关系要回到“协调、合作、稳定”的轨道上来。虽然中美两国当前经贸关系比较复杂，但着眼长远，中美仍有可能重塑新型大国关系。关键是双方要理性管控分歧，尊重对方的核心利益关切，并将“协调、合作、稳定”作为处理好中美关系的基石。

（2）中美关系要走向协调。中美同为全球大国，在处理双边事务中保持沟通、协调，不挑战“底线”，不逾越“红线”，不能以牺牲一方的发展权为代价，更不能损害一国的主权。在这个前提下，就有条件克服和解决中美发展进程中出现的矛盾与问题。中美加强协调合作，是国际社会的普遍期待，将为世界提供稳定和正面预期①。

（3）中美关系要走向合作。在中美关系上，形成合作的新认知十分关键。美国需要客观认识到，中国把做好自己的事情作为对全球最重要的贡献之一，中美双方的共同利益远大于分歧。为此，在合作中实现共赢，既符合中美的实际情况，也符合全球的共同利益。未来 10~20 年，中美之间也可以形成竞争性共存的新格局，在竞争中共存，并在竞争中更好合作发展。

（4）中美关系要走向稳定。中美大国关系的稳定对全球稳定有重要影响。2018 年以来，国际资本市场的走势在很大程度上受中美经贸磋商进展的影响。未来 10~20 年，如果中美经贸关系不能有效地稳定下来，全球经济将会受到严重的冲击。着眼长期，中美需要尽快形成稳定的经贸关系，由此稳定全球的预期。

三、以长期视角和战略思维化解经贸摩擦

作为全球性的两个大国，中美双方在处理经贸摩擦时，需要长期视角和战略思维。只有超越短期利益、立足长远共同利益，才能找到双方都能接受的务

① 共同推进以协调、合作、稳定为基调的中美关系[EB/OL]. 新华网，2019-07-01.

实举措。

1. “本国优先”是短视行为，互利共赢才是长期战略举措

（1）对华政策重大变化反映了美国部分群体的狭隘认知。有专家提出，对中美关系有四种认识。第一种认识是中国和美国有国家地位和权力之争，中美会陷入所谓的“修昔底德陷阱”。第二种认识是中国和美国的制度和规则之争不可调和、发展模式之争不可调和。事实上，各国都有制度和发展模式的自由选择权。第三种认识是中美利益之争不可调和。事实上，任何两个国家之间都可能有经济利益之争，经济利益之争可以用市场竞争与平等磋商的办法得以解决。第四种认识是美国国内政治之争，但不应当将国内的矛盾与分歧归咎于别国①。

（2）美国挑起对华经贸摩擦无助于解决其自身的结构性问题。在中美经贸摩擦的背景下，中国对美贸易顺差不降反升。2019 年前 5 个月，中国对美贸易顺差 7506.2 亿元，扩大 11.9%②。2019 年前 4 个月，美国无论是整个工业部门还是制造业部门基本处于负增长状态，分别比 2018 年末下降了 1.3%和 1.6%；而反映美国工业行业景气程度的工业整体和制造业的产能利用率则分别为 77.9%和 75.7%，分别低于 1972—2018 年平均值的 79.8%和 78.3%③。美国商会等机构发布的报告显示，如果美国对所有中国输美商品征收 25%关税，未来 10 年美国国内生产总值将累计少增长 1 万亿美元④。

（3）“美国优先”冲击世界经济。特朗普就任美国总统以来，高举“美国优先”的旗号，推出了一系列孤立主义特点明显的举措，加大了世界经济的风险。例如，由于其政策具有强大的外溢性，“美国优先”政策会影响与其他国家对外政策的稳定性，这不仅将引起全球政策的不稳定和全球经济波动，而

---

① 王缉思．如何判断美国对华政策的转变[N]．环球时报，2019-06-13.

② 今年前 5 个月我国外贸进出口增长 4.1%[EB/OL]．海关总署网站，2019-06-10.

③ 青原．认清本质洞明大势斗争到底——中美经贸摩擦需要澄清的若干问题[J]．求是，2019（12）.

④ *Daniel H. Rosen, Lauren Gloudeman, and Badri Narayanan Gopalakrishnan. Assessing the Costs of Tariffs on the US ICT Industry: Modeling US China Tariffs*, 2019-03-15.

且也将会因为其他国家的政策变化冲击美国自身经济增长。

2. 推动全球关税降低，推动自由贸易才是长期战略举措

（1）在经济全球化时代，加征关税是一柄“双刃剑”。为了缩小贸易逆差，美国从2018年4月开始对华加征关税。一年多来，加征关税并未有效减小美国对中国的贸易逆差，却使美国的消费者与出口部门利益受损。2019年第一季度，中国商品在美国市场的占比减至17.7%，为2012年同期最低，较去年以来下降2.8个百分点①。

（2）对华加征关税冲击美国自身。以就业为例，美国市场上超过85%的玩具都进口自中国。2018年，美国从中国进口了价值267亿美元（约合1836亿元人民币）的玩具。由于中国供应商具备价格和产能配套优势，企业很难转移供应链。同时，有70万人在美国玩具行业就业，加征关税将影响其中6万人的就业，占比达到1/10②。

（3）加征关税损害全球利益。从历史看，1930年美国通过了《霍莱—斯姆特法》，对2万余种进口商品征收高关税，引起欧洲国家对美国出口产品的报复措施，引发了全球范围内的报复性关税战，使全球贸易几乎陷入停滞。1913—1938年，世界工业生产量增长了83%，但是世界贸易量只增长了3%，年增长率为0.7%。1929年，全球贸易额360亿美元，1932年下降到132亿美元。美国贸易额也出现了大幅度下降，1929年美国出口总额为53.47亿美元，1932年下降到16.67亿美元；同期进口总额也从46.63亿美元下降到13.43亿美元③。

（4）加征关税背离经济全球化趋势。在产业链全球布局的背景下，再用加征关税威胁，已经很难达到预期目标，而且还可能导致自己的市场被竞争对手替代。根本出路是共同携手，推进全球关税水平的进一步下降，提高商品、要素在全球范围的流动便利性，推动全球自由贸易进程。

① 许伟．贸易摩擦升级对美影响几何[N]．中国经济时报，2019-05-27.
② 美国企业主对加征关税说不 敦促美方尽快解决[EB/OL]．央视网，2019-06-25.
③ 余丰慧．警惕美国保护主义抬头引发全球贸易战[EB/OL]．新华网，2009-09-16.

3. 极限施压是短视行为，平等协商才是长期战略举措

（1）美国对华经贸摩擦具有极限施压的突出特点。大国发展进程中，不可能没有分歧和矛盾，关键是如何管控分歧、处理矛盾。当前，美国在面对分歧时，不是采取平等协商为主的办法加以解决，而是采取极限施压的办法，要求贸易伙伴接受其减少贸易逆差的要求。此外，已经有包括华为公司在内的47家中国的企业与机构，先后被美方纳入所谓的出口管制“实体清单”①。

（2）美国的极限施压难以取得预期效果。虽然中国人均GDP仅为美国的15.60%②，但中国拥有完整的产业体系、不断增长的市场空间和巨大的国内消费市场。美国对华极限施压的策略难以取得预期效果。

（3）极限施压不仅不能解决问题，还有可能恶化形势。在面对短期分歧时，采取对抗和极限施压的方式，强迫对方接受相关条款，很难达到预期目标，反而容易导致局势进一步恶化。正是如此，美国国内已经出现反对意见，不赞同美国与中国为敌。

（4）平等协商、合作共赢才有出路。当前，经济全球化正处于新的“十字路口”。对于大国来说，发展过程中出现分歧是正常现象，关键是要从全球大局出发，用长期视角、战略思维，而不是用短期视角、对抗思维处理争端。只有这样，才能管控分歧，避免陷入对抗；才能稳定全球预期，为全球经济增长提供一个好的环境。

专栏3.1

美国国内的声音：美国与中国为敌事与愿违

2019年7月3日，《华盛顿邮报》刊登了一封致特朗普总统和美国国会的公开信。这封公开信由美国前政要及知名专家学者执笔，95名美学术界、外交界、军界及商界专家联合署名。

公开信表示，中国不是美国的敌人，对中国采取敌对的态度、行为不仅不会遏制中

① 5家中国实体被列入美所谓出口管制“实体清单” 商务部回应[EB/OL]. 中国网，2019-06-27.

② 根据世界银行数据库统计数据得出。

国的发展，反而会损害美国自身的利益。符合美国利益的最好的方式，是美国保持开放的态度，积极与其他国家或国际组织合作，加强自身能力建设。

——我们不认为北京是一个经济上的敌人，或一个存在的国家安全威胁，必须在每个领域都去对抗。

——美国将中国视为敌人并将之与全球经济脱钩的做法，将损害美国的国际角色和声誉，损害所有国家的经济利益。美国不可能在不损害自身利益的情况下明显减缓中国的崛起。如果美国迫使其盟友将中国视为经济和政治敌人，它将削弱与这些盟友的关系，最终可能会孤立自己，而不是北京。

——对北京将取代美国成为全球领袖的担忧被夸大了。美国对这些做法的最佳回应是与我们的盟友和伙伴合作，创造一个更加开放和繁荣的世界，让中国有机会参与其中。孤立中国的努力只会削弱那些希望建设一个更人道、更宽容的社会的中国人的决心。

——中国并不寻求推翻中国几十年来一直从中受益的重要经济和其他方面的秩序。事实上，中国参与国际体系对该体系的生存以及在气候变化等共同问题上采取有效行动至关重要。美国应该鼓励中国参与新的或经过修改的全球体系，在这些体系中，崛起中的大国拥有更大的发言权。对中国作用采取零和策略，只会鼓励北京方面要么脱离这个体系，要么支持一个分裂的全球秩序，这将损害西方的利益。

——最终，美国的利益最好是恢复其在不断变化的世界中有效竞争的能力，并与其他国家和国际组织合作，而不是推动一种适得其反的努力，破坏和遏制中国与世界的接触。

资料来源：美国与中国为敌事与愿违[N]. 华盛顿邮报，2019-07-03.

第二节　立足双方长期利益重启中美投资谈判

中美作为全球最重要的两个大国，其国内政策、对外政策都有很强的外溢性。由此，中美关系的未来走向令世界高度关注。从短期看，各方关注的焦点在于中美能否达成经贸磋商协议；从长期看，关注的焦点在于中美能否形成制度性的双边关系安排，为长期协调、合作、稳定的中美关系提供重要保障。无论是着眼于自身发展，还是回应全球关注，中美两国都需要立足双边长期利益，为解决短期问题找到新的出路。

一、中美经贸的互补性大于竞争性

总的来看，美国仍处于全球产业链的高端，中国产业发展总体处于全球价值链的中低端。这一格局决定了中美经贸关系中的互补性大于竞争性，中美经贸合作的互利共赢空间和潜力巨大。

1. 中美双边贸易快速发展

（1）双方互为重要贸易伙伴。中美建交 40 年来，两国抓住经济全球化的历史机遇，充分发挥双方互补优势，推动双边经贸合作从无到有、从小到大、从单一到多元的大发展。2018 年，中美双边贸易额超过 6300 亿美元，双向投资存量超过 2400 亿美元，人员往来超过 500 万人次[①]。

（2）中美双边贸易有效带动全球贸易发展。2010 年，全球货物进出口规模为 30.82 万亿美元，其中美国和中国货物贸易规模分别为 3.2 万亿美元和 2.9 万亿美元，两国货物贸易规模占全球货物贸易的 20.19%；到 2018 年，全球货物进出口规模提高到 39 万亿美元，其中美国和中国货物贸易分别为 4.2 万亿美元和 4.6 万亿美元，两国的货物贸易规模占全球货物贸易的 22.8%[②]。也就是说，中美双边贸易在全球贸易中的占比在不断提升，在全球经贸关系中的重要性在不断增强。如果考虑到中美之间的服务贸易、相互投资等因素，中美经贸关系在全球经贸中的作用更大，“中美经贸着凉，全球增长感冒”。

2. 中美产业深度融合

（1）中美工业化阶段不同。中国总体上处于工业化后期，美国已经处于后工业化时期，中国的工业化程度还与美国有很大的差距。2017 年，中国服务业占比为 51.6%，而美国已经达到 77%。在就业结构上，2017 年中国服务业就业占比为 55.9%，低于美国的 79.4%。从产业角度看，中美产业的互补性

① 中美应继续相向而行 让世界预期更加稳定[N]. 经济日报，2019-04-07.
② 国家统计局 . 2019 中国统计摘要[M]. 北京：中国统计出版社 . 2019. 5.

要大于竞争性。

表 3.4：中美产业结构与就业结构的互补性（单位：%）

年份	2000	2017	2000	2017	2000	2017
	农业增加值占比		工业增加值占比		服务业增加值占比	
世界	5.0	3.5 *	29.4	25.4 *	62.6	65.1 *
中国	14.7	7.9	45.5	40.5	39.8	51.6
美国	1.2	1.0 *	22.4	18.9 *	73.1	77.0 *
指标	第一产业就业占比		第二产业就业占比		第三产业就业占比	
中国	43.8	17.5	28.1	26.6	28.1	55.9
美国	1.8	1.7	23.3	18.9	74.8	79.4

数据来源：国家统计局 2018. 国际统计年鉴[M]. 北京：中国经济出版社，2018.12.
注：标 * 为 2016 年数据。

（2）中美产业互补性强。中国出口美国的产品以低附加值的劳动密集型产品为主，包括机械设备行业和轻工消费品行业。2018 年，美国从中国进口机电产品 2685.4 亿美元，占美国自中国进口总额的 49.8%①。美国对中国出口的主要商品为运输设备、机电产品、化工产品和光学钟表医疗设备。2018 年，上述四项产品的出口分别为 276.8 亿美元、270.4 亿美元、123.5 亿美元和 98.4 亿美元，占美国对中国出口总额的 23.0%、22.5%、10.3%和 8.2%。

（3）中美产业链深度融合。在全球经济联系紧密且高度分工的今天，中美两个大国越来越多的产品在全球产业链中深度融合。比如，美国生产的苹果手机，其设计在美国，加工在全球，组装在中国。iPhone8 供应商名单中，中国厂商有 10 家，其中 7 家在深交所上市②。

3. 中美创新市场高度融合

（1）美国是个创新大国，中国是个创新应用大市场。美国的创新和中国大市场两者结合在一起，将为全球释放出巨大的增长动力。经济学家斯蒂格利茨曾说过，有两个关键因素影响 21 世纪人类社会发展进程：一是中国的城市

① 根据商务部《国别贸易报告》统计数据整理得出。
② 2017 年全球苹果手机成本构成及产业链分析[EB/OL]. 中国产业信息网，2018-01-19.

化；二是美国的高科技发展。[①]

（2）美国的高端产业价值实现离不开中国。以芯片为例，美国是芯片设计、研发大国，中国是芯片使用大国。数据显示，2018 年全球半导体芯片采购市场规模高达 4767 亿美元，比 2017 年的 4204 亿美元增长了 13.4%[②]。中国是芯片最主要的买家，2018 年中国进口芯片达到 4175.7 亿件，金额达到 3120.58 亿美元[③]。美国把华为列入“实体清单”，受冲击最大的是美国芯片厂商。华为公司创始人任正非提到，“延缓实体清单最痛苦的是美国公司，而不是我们。美国公司不能供应器件之后，会对它们的财务报表产生影响，痛苦比我们大”[④]。特朗普宣布对华为出口禁令以来，美国多只科技股价格重挫[⑤]。根据美方估算，在华为所需要的美国关键晶片、零组件及软件服务的生态供应链被切断后，未来 5 年内，美国科技产业销售额损失将高达 560 亿美元[⑥]。

（3）人为割断中美产业链将使双方利益受损。市场的力量和需求，是中美经贸互补的根基所在。要用市场规则去解决市场运行中出现的问题，企图以行政的力量来切断企业间正常的经贸往来，不仅会损害中国发展，更会损害到美国自身的发展。

二、在双边开放中妥善处理中美经贸摩擦

着眼于自身发展与全球经济增长，中美需要用双边开放来推进产业链、价值链进一步融合，扩大长期共同利益，实现贸易平衡。

1. 在双边开放中逐步实现中美贸易平衡

解决中美双边贸易失衡问题的关键在于放开美国对中国的出口限制，而不是减少中国对美国的出口。事实上，美国对华高科技产品出口限制是造成美国

---

① 李铁．城镇化改革实际是一场全面深刻社会变革[J]．财经，2014-05-19.

② 高德纳公司．2018 年全球半导体芯片采购市场调查报告[R]．2019-2-15.

③ 李银祥．以中国智慧开创特色鲜明的国家安全之路[N]．光明日报，2019-04-13.

④ 任正非接受加拿大《环球邮报》采访时的纪要[EB/OL]．华为心声社区，2019-06-29.

⑤ 美单边升级贸易战为美国内经济前景蒙上阴影[EB/OL]．中国网，2019-06-06.

⑥ 辛识平．“强权的黑手”不能一手遮天[EB/OL]．新华网，2019-05-29.

对华贸易逆差的重要原因之一。美国多年来限制高科技产品对华出口，制定了《出口管制法案》以及相关的针对关键技术和产品的出口管制体系框架。在美国商务部2007年公布对华出口管制清单中，禁止对华出口航空器及航空发动机、惯性导航系统、激光器、光学纤维等20类高科技产品。2018年美国对华高技术产品出口额仅为391亿美元，不到中国对美高科技产品出口总额的1/4，占美高技术产品出口总额的比重仅为10.6%①。卡内基国际和平基金会报告显示，如果美国将对华出口管制程度降至对巴西的水平，对华贸易逆差可缩减24%；如果降至对法国的水平，对华贸易逆差可缩减34%②。若中美能够通过谈判扩大从美国进口高科技产品，不仅可以使美国高科技产品在中国开辟新的市场，还可以有效扩大美国对中国的出口。

2. 取消加征关税并逐步走向零关税

（1）双方全部取消加征关税。如果双方均能全部取消加征关税，既符合双方的共同利益，又能够减轻世界经济面临的压力。从现实情况看，两国企业都有这一强烈的需求。2019年6月，美国贸易代表办公室就美方对3000亿美元中国输美商品加征关税的建议举行公众听证会。在长达7个工作日的听证会上，300多家企业和行业代表，90%以上反对对中国商品加征关税，希望尽快解决贸易摩擦③。

（2）在取消加征关税的基础上，逐步降低双边关税水平。在传统货物领域，中国的关税水平在不断下调。中国加入世贸组织时承诺的约束关税是10%，到2010年已经降到了9.8%，实现了对世界贸易组织所有成员的关税承诺。如果考虑贸易结构的因素，中国实际的贸易加权平均税率只有4.4%，不仅低于其他金砖国家，而且非常接近发达国家。例如，美国贸易加权实际进口

---

① 曾培炎.关于美称对华贸易“吃亏论”的客观分析——“中美经贸关系：现状和前景”研讨会上的讲话[EB/OL].中国国际经济交流中心网站，2019-07-10.

② 美国对华启动贸易调查弊大于利[N].经济日报，2017-08-14.

③ 加征中国商品关税听证会结束美企业主慌张又无奈[EB/OL].中国经济网，2019-06-28.

关税是 2.4%、欧盟是 3%、澳大利亚是 4%①。因此，可以考虑在取消加征关税的同时，中美双方逐步降低进口关税，并逐步走向零关税。

3. 以结构性改革解决自身结构性矛盾

（1）以结构性改革破解国内的结构性矛盾。当前，中国正在加快推进制度性、结构性开放，并以扩大开放倒逼深化改革。从美国层面看，重要的是以结构性改革切实解决本国内部的结构性矛盾，而不是将国内矛盾转嫁于他国。

（2）解决低储蓄、高消费等结构性矛盾。美国是消费型社会，居民消费支出占 GDP 比重近 70%，总储蓄率不到 20%，低储蓄与高消费的失衡就需要依靠对外贸易来弥补。20 世纪 60 年代，美国总储蓄率为 23%左右，此后总体呈下降态势，近年来为 18%左右，下降了近 5 个百分点。同期，美国货物贸易年均顺差占 GDP 比重由 0.6%变成逆差为 3.8%，相差 4.4 个百分点，与总储蓄率下降幅度基本相近②。因此，美国有效提升储蓄率，是减少贸易逆差的重要举措。

（3）解决社会结构失衡的矛盾。1971—2015 年，美国中产阶级占比由 61%下降到了 50%。从行业看，2009—2017 年，美国的金融、信息相关从业人员的工资增长迅速，分别增长了 61.48%和 52.16%，相较而言，美国的建造、采掘等行业的工资增幅仅仅只有 27.27%和 35.86%，甚至低于平均水准③。因此，美国需要加快社会层面的结构性改革，化解自身的结构性矛盾。

三、以平等协商为原则尽快重启中美投资协定谈判

重塑中美经贸关系，关键在于形成稳定的中美经贸制度安排，降低不确定性。这就需要以平等协商的原则尽快重启中美投资协定谈判。

---

① 中国扩大进口“好戏连台”[N]. 人民日报海外版，2018-05-08.

② 曾培炎. 关于美称对华贸易“吃亏论”的客观分析——“中美经贸关系：现状和前景”研讨会上的讲话[EB/OL]. 中国国际经济交流中心网站，2019-07-10.

③ 盘和林. 美国半数家庭比金融危机前更穷，繁华之下掩藏了哪些问题[EB/OL]. 中国经营网，2018-08-14.

1. 重启中美投资协定谈判的时机和条件基本成熟

（1）重启中美投资协定（BIT）谈判具有重要意义。重启中美投资协定谈判，符合经济全球化趋势，也符合两国的共同利益。对美国而言，其本国企业可以充分利用中国市场发展壮大。中美投资协定谈判的实质性突破，有利于推动、倒逼中美两国各自的结构性改革，使中美关系尽快恢复到正常轨道上来，对经济全球化产生重大利好。

（2）中美投资协定谈判具备一定基础。早在 20 世纪 80 年代，中美两国就开始酝酿双边投资协定。中美双方于 2008 年 6 月举行第四次战略与经济对话，正式启动双边投资协定谈判。2013 年 7 月，双方开始以“准入前国民待遇+负面清单”的模式进行实质性谈判。2015 年，中美投资协定谈判进入关键阶段，当年 6 月，双方首次交换负面清单，并开始负面清单谈判。截至 2016 年 10 月，中美双方已进行 31 轮谈判，双方已经交换过 3 次改进的负面清单。

（3）中美投资协定谈判的难点有望得到解决。从 31 轮谈判看，中美投资协定谈判的难点主要集中在：第一，双方在投资协定谈判核心实体条款内容方面存在分歧。第二，“负面清单”是双方投资协定谈判的重点。第三，双方在新增议题方面谈判立场并不完全一致。从过去几年中国改革和扩大开放的进展看，上述三个难点在相当大程度上都已经得到了解决。最近几年，中国服务业市场开放进程明显加快，金融、教育、医疗、健康等领域开放程度不断提升。应当说，中国与美国达成投资谈判协定既有现实性、又有迫切性。比如，中国已经采取了“准入前国民待遇+负面清单”制度。在 2018 年负面清单基础上，中国发布的 2019 年版外资准入负面清单，进一步扩大农业、采矿业、制造业、服务业开放。中国外资对证券、基金、期货及寿险的投资比例限制已经放宽至 51%，且将于 2020 年取消外资股比限制。中国也将新设 6 个自由贸易试验区，增设上海自由贸易试验区新片区，加快探索建设海南自由贸易港进程。

2. 尽快重启中美投资协定谈判

2017 年 4 月，习近平主席在海湖庄园同美国总统特朗普举行中美元首会晤时提出，推进双边投资协定谈判，推动双向贸易和投资健康发展[①]。重启中美投资协定谈判，对双方经济及全球经济都是重大利好。为此，在尊重对方核心利益的同时，要尽快在投资协定谈判上达成共识，需要积极创造条件，而且需要双方进行务实磋商，不是漫天要价和极限施压，而是消除分歧、重建信任、务实合作。

3. 把经贸磋商纳入中美投资协定谈判框架中

从中美 11 轮经贸磋商的总体情况看，美国的政策缺乏连续性和稳定性。此外，由于缺乏有效的约束机制，美方多次出尔反尔，严重影响谈判进程。为了防止类似情况再度出现，双方可以考虑在重启中美投资协定谈判的思路下，把中美经贸磋商纳入到中美投资协定谈判框架中。这样，在投资协定谈判框架下提出双方共同关注的相关议题，通过形成制度性安排，为实现短期磋商谈判的突破拓宽空间。

第三节　在维护多边中重塑中美双边关系

中美关系所涉及和影响的远不止中美两国本身。中美双边经贸关系的妥善处理，既需要“跳出中美看中美”，又需要“跳出双边看双边”。从长期来看，把中美双边问题放在多边框架下思考解决方案，会找到更大的空间。

一、“美国优先”不符合经济全球化大趋势

冷战结束后，美国作为全球唯一的超级大国，在全球经济增长和全球经济治理中发挥了极为重要的作用。但 2017 年以来，美国新一届政府高举“美国优先”的旗号，对外采取了一系列单边主义和保护主义措施，对全球投资贸

① 推进中美双边投资协定谈判 探讨开展基础设施建设等领域合作[N]. 上海证券报，2017-04-07.

易带来巨大冲击。作为全球最重要的大国之一，“美国优先”既不符合其全球定位，更不符合经济全球化大趋势。

1. “美国优先”政策加大全球增长下行压力

（1）“美国优先”政策不仅冲击贸易伙伴的经济，也冲击美国经济。最直接的影响是加大了美国消费者的成本。彼得森国际经济研究所的报告指出，95%被加征关税的中国商品是零配件与电子组件，它们被组装在“美国制造”的最终产品中，提高相关产品关税将损害美国企业自身①。高盛研究认为，美国加征2000亿美元关税，中国的出口企业并没有降低价格，加税成本转嫁到美国消费者头上，同时推升了美国的核心通胀率。美国世界贸易咨询公司的研究表明，由于美国约3/4的手机、超过9成的笔记本电脑和平板电脑从中国进口，如果对价值约3000亿美元中国输美商品加征关税，将导致美国消费者额外支出81亿多美元购买手机，额外支出约82亿美元购买笔记本电脑和平板电脑②。

（2）“美国优先”政策加大全球经济下行压力。例如，美国挑起的对华经贸摩擦直接导致中美贸易量的下降。统计表明，截至2019年第一季度，美国对中国出口商品课征的实际关税税率已经升至7%，与世界上其他经济体面临的平均关税水平差距扩大至6个百分点。尽管中美之间贸易流向绕道第三方，但总的贸易流量还是下降了84亿美元③。受中美经贸摩擦影响，国际货币基金组织最新的《世界经济展望报告》将2019年全球经济增长预测值下调至3.3%。这一预测值比2019年1月预测结果降低了0.2个百分点，比2018年实际增长水平回落0.3个百分点，也是2010年（5.4%）以来最低水平④。其他研究也表明，美国挑起的贸易摩擦对全球经济造成了巨大的下行压力。

① 彼得森国际经济研究所．特朗普、中国与关税：从大豆到半导体[R]. 2018-06-18.
② 只有平等对话才能实现互利共赢[N]. 人民日报，2019-06-22.
③ 许伟．加征关税后中美贸易流向之变化[N]. 中国经济时报，2019-06-17.
④ 国际货币基金组织下调全球经济增长预期[EB/OL]. 国际在线，2019-04-10.

表 3.5：美国挑起对华贸易摩擦全球经济影响预测

预测机构	对全球经济的影响
世界贸易组织	若关税回到关税总协定/世界贸易组织之前的水平，全球经济将立即收缩 2.5%，全球贸易量削减 60%以上。
国际货币基金组织	增加关税措施将导致全球经济增速下降 0.5 个百分点。
英国央行	如果美国和所有贸易伙伴的关税提高 10%，美国国内生产总值可能降低 2.5%，全球经济可能降低 1%。
法国央行	一国对进口加征 10%关税，将使其贸易伙伴国的出口下降 13%~25%。
巴克莱资本	全球经济增速下降 0.6%，全球通胀率上升 0.7%。
标准普尔	全球经济增速或下滑 1%。

资料来源：根据世界贸易组织、国际货币基金组织、巴克莱资本、标准普尔、英国央行、法国央行数据库统计数据整理得出。

（3）“美国优先”政策冲击全球价值链、产业链和供应链。美国政府通过加征关税、高筑贸易壁垒等手段在世界范围内挑起贸易摩擦，要求美资跨国公司回流美国，将严重破坏甚至割裂全球价值链，冲击全球范围内正常的自由贸易和资源配置，并通过各国经贸的相互关联，产生广泛的负面溢出效应，降低全球经济的运行效率。比如，汽车、电子、飞机等行业都依靠复杂而庞大的产业链支撑，欧盟、日本、韩国等供应链上的经济体都将受到负面影响，并产生一连串的链式反应，最终使美国国内的供应商也会受到较大冲击。根据中国商务部测算，美国对华第一批 340 亿美元征税产品清单中，有 200 多亿美元产品（占比约 59%）是美、欧、日、韩等在华企业生产的①。

2. 经贸摩擦向科技领域延伸加大全球科技创新的不确定性

（1）经贸摩擦向科技领域蔓延。2018 年以来，美国对华实施投资限制、技术封锁和人才交流中断等措施，试图进一步在投资、技术和人才领域设阻，遏制中国制造业创新升级。这不仅严重冲击了科技产业的发展，而且加大了全球科技创新的不确定性。

① 中华人民共和国国务院新闻办公室. 关于中美经贸摩擦的事实与中方立场[N]. 人民日报，2018-09-25.

专栏3.2

美国对中国的科技遏制

（1）在技术领域，2018年7月美国国会通过出口管制法案并由商务部工业安全署发布14类前沿技术封锁清单，拟对生物技术、人工智能和机器学习等14类核心前沿技术出口管制，考虑到10月29日美国商务部以“对美国国家安全利益构成显著威胁”为由对生产芯片的福建晋华实施禁售令，此举主要是进一步强化对华技术出口封锁。

（2）在投资领域，美国通过《外国投资风险审查法案》加强对外国投资审查，重点审查27个核心高科技行业，法案内容明显针对中国。11月美国财政部外国投资委员会，依据6月美国国会通过的《外国投资风险审查现代化法案》，正式加强对航空航天、生物医药、半导体等核心技术行业的外资投资审查，同时法案还规定美国商务部部长每两年向国会提交有关“中国企业实体对美直接投资”以及“国企对美交通行业投资”的报告，明显针对中国。

（3）在人才交流方面，美国主要针对科学、技术、工程、数学等专业的中国留学生重新收紧签证发放时长，部分专业留学生签证由5年缩短至1年。此外，中国赴美交流学者限制趋严，当前限制范围已经拓展到了在美国的中国千人计划学者，且领域也不再局限于高科技行业，甚至蔓延并影响到了其他学科学者正常的交流。

资料来源：恒大研究院．日本韩国应对美国高科技遏制的启示[R].2018-12-24.

（2）全球开放创新受到严重影响。在经济全球化背景下，开放创新是大势所趋。当前，美国为巩固技术领先优势，构建起一揽子出口管制制度。主要依据《出口管理法》《出口管制条例》《国际紧急经济权力法》，要求美国出口商或用户出口时必须申请许可证。对于国外购买方，则要求不得违反商品最终用途、最终用户等限制性规定，否则将受到处罚，包括被列入“实体清单”，严格限制或禁止从美国进口等。统计显示，截至2018年8月1日，全球范围内被列入美国商务部“实体清单”的主体数量达到1013家①。这将对全球开

① 中华人民共和国国务院新闻办公室．关于中美经贸摩擦的事实与中方立场[N]．人民日报，2018-09-25.

放创新产生重大冲击。

（3）科技领域的摩擦更具复杂性。中美两个大国的摩擦，要避免两国科技交流的大门被关上，形成“科技脱钩”。避免这种情况的出现，远比应对经贸摩擦要更为艰巨①。

3. “美国退群”严重冲击全球多边治理体系

（1）美国在国际多边组织中的“退群”现象。例如，在民粹主义、单边主义的驱动下，现任美国政府倾向于夸大多边体制中的分歧，不愿承担维护国际秩序的责任，对国际规则约束进行选择性遵守，不仅接连退出联合国教科文组织、人权理事会等多个国际组织，还退出了上届美国政府力推达成的跨太平洋伙伴关系协定和巴黎气候变化协定。

（2）“美国退群”推卸国际责任。“二战”结束以来，美国承担着全球公共产品供给的某些责任，同时也收获了全球治理带来的经济红利。比如，依托美元的国际货币地位，美国享受了巨大的铸币税红利。随着美国战略的保守化，美国开始逐步减少全球公共品的提供，并且以自身利益诉求为准则实行单边主义、霸权主义和长臂管辖措施。

（3）“美国退群”削弱美国国家信用。以国家名义做出的承诺和签署的协定不受政府换届干扰，保持一贯性，是一国保持国际信誉的基础。美国“退群”甚至任意破坏全球治理的行为，将导致美国的国家信用受损。

二、维护多边贸易体制应成为大国的战略选择

当前的全球经济治理体系以及多边贸易体制形成于“二战”后、完善于冷战结束后。尽管存在诸多深层次矛盾，但这仍然是处理国际经贸关系与维护国际贸易秩序的有效途径。

1. 多边贸易体制尽管有不足，但仍是有效的全球经济治理机制

“二战”之后，以美国为代表的发达国家主导建立了布雷顿森林体系，该

① 董洁林．相比贸易摩擦，中美科技脱钩给中国的冲击更深远更严峻[EB/OL]．FT 中文网，2019-06-05.

体系在运行过程中对全球经济治理发挥了重要作用。全球经济治理的三大支柱都具有其各自功能，在历史上发挥了重要作用。国际货币基金组织在维护稳定且可调整的汇率上发挥了作用；世界银行关注经济发展领域，促进了经济复苏；关税及贸易总协定（GATT）在削减关税和非关税壁垒、取消汽车税贸易待遇方面也发挥了重要作用。比如，关税及贸易总协定时代，贸易的增长速度一直高于全球 GDP 的增长速度。世贸组织成立以来，进一步推动了全球包含发达国家与发展中国家在内的经贸发展，进一步确立了多边贸易体制的核心价值，成为各成员国处理经贸关系的基本遵循。

当前，全球经济治理体系面临的诸多矛盾，有新科技革命带来的新问题，更有传统经济治理机制难以适应的突出矛盾。此外，新科技革命在改变世界生产生活方式的同时，客观上也带来新的矛盾和问题。例如，如何规制新技术革命带来的数字经济？数据的跨境移动的国际规则如何制定？都给全球经济治理带来新矛盾、新问题。解决这些新矛盾、新问题，要在维护多边贸易体制中对其加以完善，而不是“另起炉灶”。

2. 以双边取代多边、以单边凌驾多边不符合全球共同利益

美国贸易逆差问题的产生并不是世界贸易组织为核心的多边贸易体制造成的，主要根源于美国国内自身的结构性安排以及结构性矛盾。实际情况是，1995—2015 年，因美国未执行世界贸易组织争端解决机制裁定而被胜诉方提出暂停申请、中止对美国关税减让义务的案件数量占到世界贸易组织同类案件总数量的 2/3①。美国以双边取代多边、以单边凌驾多边的政策选择，在实践中并未达到解决其自身所面临的货物贸易逆差不断扩大的问题，还损害了世贸组织的权威性，冲击多边贸易体制和国际经贸秩序。

3. 维护和改善现行多边贸易体制的务实行动

当前，全球多边贸易体制正面临矛盾和挑战，这一体制如何完善，取决于多方博弈，尤其是取决于大国选择。对于大国来说，坚持多边主义是推动国际

① 阿里·赖克．世贸组织争端解决机制的有效性[Z]．欧洲大学研究院法律系，2017(11)．

经济合作、应对不断增多的风险和挑战、维护世界和平与繁荣的务实选择。为此，要在维护非歧视和开放等多边贸易体制核心价值的前提下，加快推进世贸组织改革，重点优先考虑在上诉机制成员遴选机制、贸易争端解决机制等方面尽快达成共识，有效应对单边主义与贸易保护主义挑战。

三、在维护多边贸易体制中拓宽解决中美经贸摩擦的空间

适应经济全球化的大趋势，更大程度发挥多边贸易体制的作用，在多边规则框架下处理中美双边经贸摩擦，有利于找到解决双边经贸摩擦的新途径，也有利于扩大中美合作空间。

1. 以多边合作扩大解决双边问题的空间

（1）中欧经贸关系的突破在一定程度上能够促进中美经贸关系的改善。中欧关系是世界多边关系的重要组成部分，双方可以携手维护世界贸易组织为核心的多边贸易体制；加强“一带一路”双边与第三方市场合作，加强双方在非洲等欠发达地区的合作。中欧经贸关系的进一步提升，将促进中美经贸关系的改善。

（2）把周边国家的关系做好，拓展周边国家市场。例如，中国可以通过推进东盟“10+3”、中日韩自贸区等机制建设，积极拓展周边国家市场，加快推进亚洲区域一体化进程，提升亚洲区域投资贸易自由化便利化水平。这有利于拓宽解决中美经贸问题的空间。

（3）积极推动或加入新的多边协议。比如，中国在条件成熟时可以考虑加入全面与进步跨太平洋伙伴关系协定（CPTPP）。

2. 共同开发第三方市场

中美存在巨大的第三方市场合作空间，可以把共同开发第三方市场作为化解双方经贸摩擦的一个重要途径。例如，非洲等发展中地区的市场空间巨大，急需资本、技术，中美双方在共同开发非洲第三方市场有着巨大的潜力。一方面，2018 年非洲大陆 GDP 总量为 2.3 万亿美元，还有巨大的增长空间；另一

方面，非洲大陆自由贸易区协议将于 2020 年生效，这将创造一个巨大的市场①。中美发挥各自在金融、技术、基建、市场、新经济等方面的优势，共同开发非洲第三方市场，不仅可以为非洲发展注入强大动力，而且可以有效缓解中美紧张的经贸关系。

四、加快推动国际机构改革

世贸组织、国际货币基金组织、世界银行等国际经济治理机构在维护全球自由贸易秩序、推动全球自由贸易进程、促进全球经济增长中发挥了重要作用。今天，在面对全球性经济治理这一重大问题挑战面前，需要与时俱进地完善其改革，这既是处理好中美双边关系面临的重大课题，又对世界经济的可持续发展具有重要意义。

1. 全球经济治理机制与经济全球化进程不相适应

（1）世界贸易组织的有效性与权威性面临挑战。例如，以美国为代表的单边主义扰乱国际贸易秩序，也使上诉及争端解决机制陷入停滞；部分贸易规则不完善导致贸易扭曲，部分成员国滥用世界贸易组织协议中的安全例外条款增加关税；特殊与差别待遇（S&D）条款的适用性被挑战，世界贸易组织框架下由于缺乏相应的申请考核机制。

（2）国际货币基金组织的决策运行机制面临结构性缺陷。国际货币基金组织诞生于第二次世界大战后，是全球重要的金融制度安排。2008 年国际金融危机暴露了国际货币基金组织的结构性缺陷，突出反映在它未能适应各成员国经济实力的新变化，没有体现经济实力不断壮大的发展中国家的正当利益，在应对国际金融动荡方面缺乏有力的监管，既缺乏有效的预测能力，也缺乏应对金融危机的能力。经过多轮磋商，2015 年国际货币基金组织改革后发达国家份额整体降至 57.7%，发展中国家升至 42.3%，发达国家向新兴市场和发展中国家整体转移份额 2.8 个百分点，中国份额占比升至第三位。尽管新兴市场和发展中国家的份额有所提升，但国际货币基金组织改革仍然步履维艰。

---

① 非洲大陆自由贸易区协议将于 5 月 30 日生效[EB/OL]. 商务部网站，2019-05-06.

（3）世界银行难以充分反映发展中国家诉求。1944 年，为战后重建、减少贫困而成立世界银行，主要的职责是向发展中国家提供贷款。根据世界银行的规则，任何重要的决议必须由85%以上的表决权通过，美国的投票权虽然有所下降，但仍超过 15%，保有一票否决权。世界银行对发展中国家的救助常常附带政治条件，而且投融资渠道程序也十分繁杂，难以反映发展中国家的诉求。

此外，世界银行自成立以来，其治理结构未进行重大变革。2010 年，中国在世界银行的投票权从 2. 77%提高至 4. 42%①。2018 年，世界银行再次通过了一项 130 亿美元的增资计划。此次增资之后，中国在世界银行的投票权较之前上升了 1. 26 个百分点，份额达到 5. 71%，位次上升至第三位，仅次于美国和日本；美国和日本的份额则均略有下降，分别降至 15. 87%和 6. 83%，但仍然占据着第一和第二的位置②。

2. 在坚持基本原则和核心价值前提下推动世贸组织改革

（1）坚持世贸组织的基本原则和核心价值。世贸组织确立的最惠国待遇、国民待遇、关税约束、透明度、特殊与差别待遇等基本原则不能改变，推动全球贸易自由化的基本目标不能改变。要在此前提下加快推动世贸组织允许机制及规则公平问题。

（2）世贸组织改革要有底线，贸易自由化的大方向不能逆转。

——世界贸易组织改革的方向应当是开放、包容发展中国家，而不是简单地用统一尺度来衡量发达国家与发展中国家。

——世界贸易组织改革的高标准关键是实现高标准的互利共赢，而不是排斥发展中国家。

——应在维护发展中成员享受特殊与差别待遇的权利的前提下，致力于改进相关条款的准确性、有效性和可操作性。

（3）重点是加快推进世界贸易组织争端解决机制改革。

---

① 中国在世界银行投票权从 2. 77%提高到 4. 42%[EB/OL]. 新华网，2010-04-26.

② 世界银行确认增资 130 亿美元中国投票权升至第三位[N]. 环球时报，2018-04-23.

——谈判、监督和争端解决是世贸组织的基本职能。在全球贸易争端日益增多的新形势下，多数世贸组织成员、G20成员都认同争端解决机制是世贸组织改革的优先事项。要尽快实现一票否决制向多数票决制的转变，提升世界贸易组织议题设置能力和争端解决效率。

——抓住争端解决机制这一关键。目前，世界贸易组织的突出矛盾是争端解决机制瘫痪。由于其上诉机制法官的人选和任命受到阻碍，因此目前无法正常发挥作用。中国需要发挥新型开放大国的作用，共同推动世界贸易组织争端解决机制的解决；同时做好相应预案，一旦世界贸易组织上诉机制陷入停摆，能尽快提出一个各方均可接受的替代方案。

专栏3.3

世贸组织争端解决机制

上诉机构是WTO体系中负责裁决贸易争端的“最高法院”。根据相关法律，WTO上诉机构常设7位法官。但近年来，美国在上诉机构启动法官纳新/连任程序方面的蓄意阻挠，从2018年1月起，上诉机构仅剩三位大法官，分别来自中国、美国和印度，三人也是上诉机构能够运作的最基本要求。其中，美国籍法官格拉汉姆（Thomas Graham）和印度籍法官巴提亚（Ujal Singh Bhatia）的任期均将在2019年12月到期，而中国籍法官赵宏的任期将在2020年11月结束。各方已经意识到情况越来越危急。到年底前，上诉机构可能只剩一名法官，届时，上诉机构将面临停摆危机。按照WTO的相关规定，每项裁决最少应由三位法官作出。

资料来源：世贸组织公开信息整理。

3. 提升发展中国家在国际货币基金组织、世界银行中的话语权

（1）要充分考虑发展中国家的诉求。国际货币基金组织和世界银行作为全球金融治理的重要组成部分，推进国际货币基金组织和世界银行进行改革，加强发展中国家在两机构决策过程中的话语权，增加发展中国家的投票权，保证世界金融体系的安全、合理和均衡，防止更大风险的发生，使政策更加公平。

（2）推动国际货币基金组织改革。国际货币基金组织是以份额为基础的

机构，份额是其主要资源，要及时反映各国在世界经济中相对地位的变化，避免出现成员份额严重偏离经济现实的情况。因此，国际货币基金组织投票权改革，不在于具体投票权份额调整，而在于建立投票份额的动态调整机制。

（3）推动世界银行决策机制改革。在世界银行体系中，发展中国家并未建立与世界贸易组织谈判联盟如三十三国协调组（G33）、九十国集团（G90）等类似机制。这不利于有效地利用世界银行资源实现发展目标，特别是由于话语权不均衡，容易导致大国垄断资源、小国难以获取支持。可以倡导建立一个发展中国家的沟通与合作机制，提高世界银行资源的利用效率，以有效兼顾发展中国家的利益，达到支持最贫困国家减贫的目的①。

（4）有效发挥 G20 在全球治理中的作用。进入 21 世纪以来，G7 的国际经济政策协调能力逐步下降，特别是面对 2008 年国际金融危机，更是深陷困境。当前，G20 逐步成为全球经济治理和宏观经济政策协调的重要平台。面对全球经济的共同挑战，中美两国需要在加快推进 G20 机制化中进一步完善全球经济治理。

① 叶扬，张文．世界银行治理结构改革与中国的应对策略[J]．西部论坛，2015（03）．

第四章

以双边、多边自由贸易引领经济全球化

自由贸易是全球经济持续增长的重要动力。面对单边主义、贸易保护主义的严峻挑战，面对全球经贸规则加速重构的新形势，坚定推进双边多边自由贸易进程，加快实现中欧、中日韩及亚太区域贸易投资自由化便利化安排的实质性突破，不仅是捍卫多边贸易体制与经济全球化大局的大国责任，也将进一步提升我国参与全球经济治理的影响力和制度性话语权。

当前，面对单边主义、贸易保护主义挑战，坚定推进双边、多边自由贸易进程，不仅有利于维护全球多边贸易体制，也将提升我国参与全球经济治理的制度性话语权，并为我国经济转型发展与全面深化改革营造有利的外部环境。

第一节　推进双边、多边自由贸易进程

多边贸易体制和区域贸易安排是承载经济全球化发展的两只车轮。在当前单边主义、贸易保护主义势头增强，并对全球多边区域贸易体系形成重大冲击的背景下，要把握发展大趋势，尽快实现双边、多边自由贸易进程的重要突破。这是我国维护全球自由贸易大局的重大使命，是实现由贸易大国向贸易强国转变的重大任务。

一、推进双边、多边自由贸易进程的迫切性、重要性凸显

目前，我国已与24个国家和地区签署了16个自贸协定（含中国—东盟、中国—智利、中国—新加坡自贸协定升级，不含亚太贸易协定及内地与港澳更紧密经贸关系安排），正在谈判的双边区域自贸协定13个，正在研究的自贸区8个。当前，世界经济仍处于深刻调整期，以自由贸易为特征的经济全球化遭遇严峻挑战，多边主义和自由贸易体制受到严重冲击。作为全球自由贸易与经济全球化的坚定参与者与重要推动者，推进双边、多边自由贸易进程、维护经

济全球化，成为我国作为新型开放大国的重大使命。

1. 推进全球自由贸易进程的需求日益增强

（1）自贸协定便利水平有待进一步提升。以关税为例，从2018年11月1日起，我国降低1585个税目工业品等商品进口关税税率，将部分国内市场需求大的工程机械、仪器仪表等机电设备平均税率由12.2%降至8.8%，纺织品、建材等商品平均税率由11.5%降至8.4%，纸制品等部分资源性商品及初级加工品平均税率由6.6%降至5.4%，并对同类或相似商品减并税级。我国关税总水平将由2017年的9.8%降至2018年的7.5%[①]。总的来看，我国关税水平仍有下降空间。

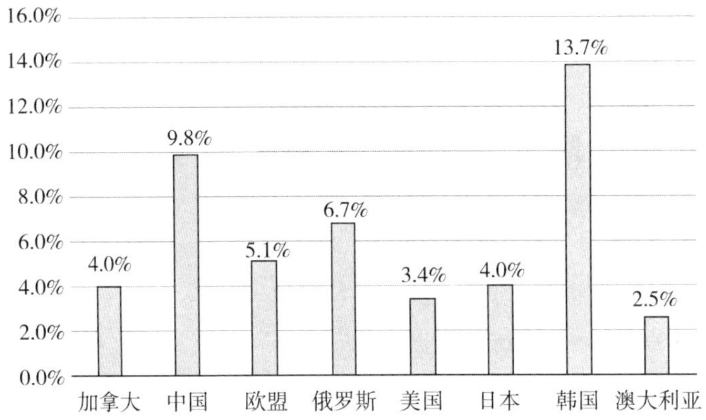

图4.1：2017年我国与部分国家与地区最惠国关税税率

数据来源：世贸组织数据库。

（2）不同贸易安排涵盖内容差别较大。当前，服务贸易、金融服务、电子商务等领域成为我国对外自贸协定谈判的重点、难点。例如，中韩自由贸易协定以商品为主，关于服务贸易谈判仍在进行；中国—东盟自贸协定中，双方承诺的无限制开放比例在20%以下，部分开放或未承诺开放的比例达到80%以上[②]；中国—新加坡、中国—澳大利亚、中国—瑞士自贸协定服务贸易条款

① 国务院：11月起降低1585个税目进口关税税率[N]. 人民日报，2018-09-27.

② 尹政平，杜国臣，李光辉. 多边贸易体制与区域贸易安排的关系与前景[J]. 国际贸易，2017（07）.

中，双边开放水平仍有较大提升空间。

（3）监管与服务体系建设相对滞后。例如，根据经济合作与发展组织贸易便利化评价体系，我国在贸易内外边境机构合作、贸易手续、贸易上诉程序、贸易非政府组织的参与等领域与经济合作与发展组织国家平均水平有一定差距。对贸易监管内容仍然以货物贸易为主，信用监管建设相对滞后，难以适应服务贸易与数字贸易快速发展的大趋势。

2. 双边、多边自由贸易带动开放改革发展的需求日益增强

（1）带动高水平开放的需求日益增强。与我国签署自贸协定的国家，经济体量大多数较小，对我国双边多边自由贸易的拉动作用有限。2018 年，我国与签署贸易协定的贸易伙伴实现贸易额 10.6 万亿元人民币，同比增长 8.9%，低于我国 9.7% 的整体贸易增速，占我国贸易总额的比重仅为 34.6%①。

（2）带动国内全面深化改革的需求日益增强。从我国加入世贸组织及推进双边、多边自贸进程的实践看，签署自由贸易与投资协定是倒逼深化改革、促进开放与改革联动的重要机制。例如，我国全面落实“入世”承诺，全面放开外贸经营权，实现由审批制改为备案制；按照世贸组织承诺全部取消了进口配额、进口许可证和特定招标等非关税措施；我国平均关税水平由加入世贸组织时的 15.3%下降至 7.5%；海关进口货物平均通关时间缩短至 20 小时以内②。下一步，需要突出强调高水平、高标准的自由贸易制度安排，实现国内规则与国际规则的对接融合，形成开放倒逼深化改革的硬约束。

（3）带动国内经济转型发展的需求日益增强。目前我国已签订并实施的自贸协定（含升级版，不含亚太贸易协定）主要集中在亚洲地区，北美地区尚未实现零的突破。当前，我国正处于经济转型升级关键阶段，经济转型升级与扩大开放直接融合。例如，国家工信部对全国 30 多家大型企业 130 多种关键基础材料调研结果显示，32%的关键材料在我国仍为空白，52%依赖进口，

---

① 根据海关总署统计数据计算得出。

② 张明．中国是多边贸易体系的坚定支持者、维护者[EB/OL]．新华网，2018-07-27.

绝大多数计算机和服务器通用处理器95%的高端专用芯片，70%以上智能终端处理器以及绝大多数存储芯片依赖进口①。

3. 加快推进面向全球的高水平自贸网络进程

当前，经济全球化逆潮涌动，但推进全球自由贸易进程仍是大势所趋。依托我国经济转型升级蕴藏的巨大内需潜力与开放提速的重要条件，顺势而为。我国有条件在未来5~10年构建面向全球的高水平自贸区网络，并以此在全球经贸规则重构中赢得主动。

2018年以来，我国加大以服务业为重点的市场开放力度。例如，第十三届全国人大第二次会议表决通过了《中华人民共和国外商投资法》，这部法律自2020年1月1日起施行。其中明确规定对外资实行的“准入前国民待遇+负面清单”管理制度。2013—2019年，我国自贸试验区负面清单限制措施在各领域实现了大幅缩减。例如，农业由7项缩减至3项；工业由88项缩减至6项；服务业由95项缩减至28项。此外，我国由鼓励出口向积极扩大进口促进贸易平衡转变。2000—2017年，我国消费品进口额由210亿美元增长至2391亿美元，年均增长15.4%；占进口商品的比重由9.4%上升至13%。从横向对比来看，我国消费品进口占比不仅远低于美国（36.8%）、英国（40.39%）等国家，与世界平均水平（30.92%）也有较大差距，这意味着我国消费品进口有巨大的增长潜力。

二、采取灵活方式加快实现自贸网络的重要突破

双边、多边自贸区是我国推进全球自由贸易进程的重要载体。加快构建面向全球的多层次自贸区网络，既是适应经济全球化与区域经济一体化大趋势的重要行动，也是加快推进全球经贸规则重构的重大战略，更是当前我国以高水平开放倒逼深层次改革的重大举措。要采取灵活多样的方式，加快双边多边自贸区建设，主动做大自由贸易的“朋友圈”。

---

① 周雪松．产业升级是跨越“中等收入陷阱”的关键[N]．中国经济时报，2018-11-13.

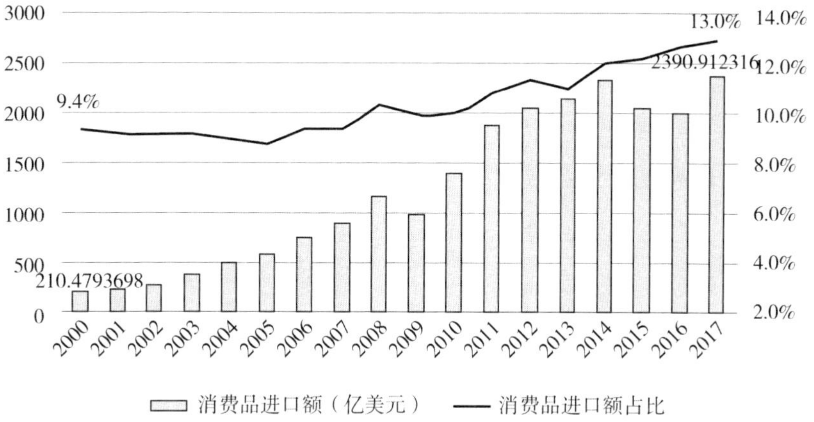

图 4.2：2000—2017 年中国消费品进口额及占比

数据来源：世界银行数据库。

1. 推进自贸合作的全球和区域布局

（1）把握全局，成熟一个推进一个。按照我国确定的“立足周边、辐射‘一带一路’、面向全球的高标准的自贸区网络”的目标要求，把握我国全球自贸网络中的关键国家和地区，由点到线、由线带面，按照自贸区战略布局有序推进。例如，依托我国拥有巨大内需市场的突出优势，可考虑对某些发展中国家实施产业项下自由贸易政策，并在此基础上逐步签订自贸投资协定；对一些发达国家，在坚持底线的前提下，创造条件尽快签订高标准的自贸投资协定，在服务贸易等重点领域实现更大程度开放的制度安排。

（2）提升周边和区域经济一体化水平。在继续打造中国—东盟“10+1”自贸区升级版的基础上，提升我国与东盟等新兴经济体等贸易伙伴之间的自由贸易水平，深化自由贸易伙伴关系。同时，依托亚洲区域经济一体化的良好基础，以中、日、韩为重点，加强同亚洲各国发展战略对接，强化同亚洲各国贸易投资自由化便利化安排，大幅削减关税及非关税壁垒，提升亚洲区域经济一体化水平。

（3）与“一带一路”战略支点国家和地区共建灵活多样的双边多边自贸区。加快“一带一路”沿线区域和次区域节点国家建立自由贸易伙伴关系，以自由贸易的制度安排带动“一带一路”建设，尽快形成“陆海内外联动、东西双向开放”的全面开放新格局。

（4）同发达国家与新兴经济体建设高水平自贸区。当前，除澳大利亚外，我国签订的自贸协定对象国经济体量普遍较小，贸易覆盖率较低，对贸易的带动作用有限。为此，需要尽快与发达国家开展自贸区建设。例如，在亚太领域尽快完成中韩自贸协定第二阶段和中、日、韩自贸协定谈判。

2. 推进开放包容的贸易投资自由化便利化安排

（1）进一步提升双边多边自贸区的贸易投资自由化和便利化水平。进一步降低关税，在加强开放风险防范中加快与自贸伙伴的双向市场开放。同时，显著提升贸易便利化水平。

（2）明确把“准入前国民待遇+负面清单”制度作为对外开展自贸区谈判的基本内容。当前，我国已全面实施“准入前国民待遇+负面清单”的管理模式，以此为基本内容开展对外自贸区谈判。一是将“准入前国民待遇+负面清单”相关规则写入已签订的自贸协定，由此实现自贸协定的实质性升级；二是以“准入前国民待遇+负面清单”为原则开展中国—挪威、中国—以色列、中国—新加坡、中国—秘鲁等正在谈判的双边自贸区谈判，最大限度地减少和取消贸易壁垒；三是在服务业领域，加快贸易开放和降低市场准入，有序推进金融、教育、文化、医疗等重点领域的市场开放。

（3）推进与贸易伙伴的规制合作。更深层次的自由贸易制度在于规制合作，与自贸伙伴间加强贸易规制合作，将进一步提升我国开放水平。加强边境内措施与规则的对接与协调，积极推动与自贸伙伴的贸易投资管理体制和制度的对接与合作，缩小负面清单的限制范围，推进政府监管制度的协同与合作，提出符合我国发展阶段的自由贸易新规则。

3. 在构建双边多边自贸网络中推进开放型世界经济进程

无论从优化资源配置和提高生产效率、推动技术外溢和技术进步看，还是从创造就业和反贫困看，自由贸易都是经济增长的重要动力。诺贝尔经济学奖获得者斯宾塞（Michael Spence）与索洛（Robert Solow）的研究表明，“二战”

后，年均增长率达到7%或者更高水平并且维持25年或更长时间的经济体，共同特征之一是开放。[①] 当前，全球经济增长动能不足，不应以贸易保护再进一步分割既有市场，而是要通过推进非排他的自由贸易安排，构建开放型世界经济，推进全球市场一体化进程。作为新型开放大国，我国重在推进近14亿人的国内大市场与世界大市场的深度融合，创造新的市场和需求，引导资源在更大范围内优化配置。

从实践看，开放的经济全球化意味着多种区域合作机制的共存。这就需要充分照顾所有国家的实际情况，确保各国都能分享全球化红利，实现共赢。为此，在发挥自身比较优势的基础上，各国需要在合作发展机制建设上做出更大的努力。

三、重在参与全球服务贸易与数字贸易规则制定

服务贸易与数字贸易既是当前全球双边、多边、区域性自由贸易制度安排的焦点，也是我国自贸区建设的重点。为此，要依托巨大内需潜力，提升服务贸易与数字贸易在多边、区域自贸谈判中的比重，并形成一系列自由化、便利化的制度安排，以此赢得国内发展与国际竞争的主动。

1. 服务贸易与数字贸易规则重构将改变全球经贸版图

（1）服务贸易规则重构进入关键期。目前，世贸组织框架下《服务贸易总协定》（TiSA）谈判已经进行到第20轮。但受制于48个国家发展水平的差异及协商一致原则的限制，《服务贸易总协定》谈判在短期内仍难以完成。在此背景下，各个国家开始转向高标准区域贸易协定，以此在服务贸易规则重构中赢得更大话语权。例如，2008年底前签订的区域双边自由贸易协定中，涉及服务贸易内容的仅有60个，占同期区域贸易协定数量的37.3%；2009—2019年签订的区域双边自由贸易协定中，涉及服务贸易内容的增加至98个，

---

① （美）戴维·斯密克著，陈勇译．世界是弯的：华尔街危机启示[M]．北京：中信出版社，2009.6.

占比65%[①]。服务贸易已成为全球自由贸易规则重构的重点与难点。

（2）数字贸易规则构建进入关键期。在第四次工业革命背景下，数字贸易兴起成为全球贸易的突出特点。例如，2018年，全球电商销售额达到2.8万亿美元，是2014年的2.1倍。其中，跨境电商销售额6760亿美元，同比增长27.5%，是2015年的2.2倍。预计到2020年，跨境电商交易额将达到1万亿美元左右[②]。加快构建数字贸易规则成为当前多边、区域自贸谈判的重点之一。例如，在2019年达沃斯世界经济论坛上，欧盟二十八国和其他47个世贸组织成员决定启动谈判，以制定全球电子商务规则；2019年G20财长会议也提出，将针对大型跨国信息技术企业制定全球统一的“数字税”课税规则，确立了将在2020年达成最终协议的目标。

（3）新一轮贸易规则重构将改变全球经贸版图。例如，在数字贸易快速兴起的背景下，传统的国际贸易和制造业时空界限、地理界限日渐模糊，使不同国家之间的经济联系和贸易往来变得比以往任何时候都更加紧密。尤其是5G技术快速发展，将对全球各国的生产方式、生活方式、贸易方式产生颠覆性变革。能否在全球5G规则制定中赢得主动，将直接决定一个国家的产业竞争力，更决定其在未来全球经济格局中的地位。

2. 加快建设以服务贸易为重点的双边、多边自贸区

（1）以服务贸易为重点升级现有的双边、多边自贸协定。与我国正在谈判或开展可行性研究的双边、多边自贸协定文本中加大服务贸易的内容。

（2）以产能合作与服务贸易为重点构建“一带一路”自贸区网络。把握周边和“一带一路”沿线国家和地区基础设施互联互通对信息、金融、咨询、建筑等服务贸易的特定需求，加快与周边国家与“一带一路”沿线国家和地区的自贸区建设，提升服务贸易自由化便利化水平。

（3）提升与欧日等服务贸易自由化水平。根据产业转型升级的需要，降低技术专利、咨询、保险、养老、医疗、教育等服务贸易领域对贸易伙伴的进

① 根据世贸组织数据库统计数据得出。
② 商务部电子商务和信息化司．中国电子商务报告2018［R］．2019-05-29.

口壁垒，在扩大对欧美的相关服务进口中加快自身贸易结构和产业结构转型升级。

3. 推动形成数字贸易领域的自由贸易制度安排

目前，我国已成为全球第二大数字经济体，且依托于巨大的市场用户，数字经济仍在快速增长。2018 年我国数字经济总量达到 31.3 万亿元人民币，占 GDP 比重达到 34.8%，占比同比提升 1.9 个百分点①。此外，我国拥有全球单一市场规模最大的互联网用户群体。但我国数字经济发展的规模优势尚未转化成参与构建数字贸易规则的制度优势。例如，目前我国已签署的 16 个自贸协定中，涉及电子商务领域的仅有 5 个。数字经济全球化时代已经到来，我国应积极参与构建开放包容的数字贸易规则，与其他数字贸易大国形成数字贸易项下的自由贸易政策安排。

第二节　深化中欧经贸合作的重大选项

建立中欧自贸区，推动中欧两大市场的对接，是中欧面向 21 世纪、赢在转折点的重要选择，是促进世界经济可持续增长的重要选择。当前，中欧两大经济体共同面临着单边主义与贸易保护主义的巨大压力，维护全球多边贸易体制与全球化大局不仅成为中欧自身发展的重大选项，也成为深化中欧经贸合作的重要目标。

一、深化中欧经贸合作的新空间

尽管全球经济格局和经济形势发生了很大变化，不确定性明显加大，但中欧经贸合作的市场空间不仅没有缩小，反而更大。这需要中欧双方共同努力，把潜在的合作空间转换为现实的增长和合作动力。

---

① 2018 年我国数字经济规模达到 31.3 万亿元[EB/OL]. 中国新闻网，2019-04-18.

1. 应对贸易保护主义的共同挑战

当前，中欧同为受贸易保护主义措施影响较大的国家和地区之一。2019年1—6月，在全球遭受贸易限制措施的前五大国家中，中国高居第一，欧盟成员占据三席，分别为德国、意大利、法国；在前十大国家中，有6个是欧盟成员。截至2019年6月，中国共遭遇贸易干预措施1370项，德国为851项，意大利、法国、英国超过700项，西班牙、荷兰等国家受干预数量超过600项①。同时，中欧也共同面临着单边主义的挑战。例如，2018年5月美国宣布对欧盟征收25%的钢铁关税、征收10%的铝关税，又如，2019年4月美欧发生航空补贴纠纷，等等。加快深化中欧经贸合作进程是双方共同应对单边主义、贸易保护主义挑战的现实选择。加快深化中欧经贸合作，尽快达成中欧投资协定，进而把中欧自贸区可行性研究提上日程，中欧双方在应对单边主义、贸易保护主义挑战中的主动权可能将会更大。

2. 维护多边贸易体制的共同目标

（1）中欧同为全球多边贸易体制的受益者。在多边贸易体制框架下，中欧贸易均实现了快速增长。2000—2018年，中国货物出口额由2492亿美元提高至24870亿美元，年均增长13.6%；欧盟货物出口额由24541亿美元提高至64480亿美元，年均增长5.5%②。

（2）欧盟难以继续维持原有对美经贸关系。欧美经济竞争性大于互补性。一方面，欧美在汽车、飞机等运输设备及中高端设备方面存在激烈竞争。例如，2018年欧盟对美出口增长8%，而从美国的进口只增长了3.9%，欧盟对美贸易顺差额达到1397亿欧元，创历史新高③。其中，美国民用飞机出口下降是美国贸易逆差扩大的主要原因之一。从产业结构看，欧美已进入后工业化阶段，2018年欧盟28国服务业占比78.8%，美国服务业占比80.6%，且现代服务业与生产性服务业占比均较高，在教育、医疗、研发、金融等服务业领域

① 根据世界贸易预警网站统计数据得出。
② 根据世贸组织数据库统计数据得出。
③ 根据欧盟统计局网站统计数据得出。

竞争激烈。

（3）维护多边贸易体制成为中欧经贸合作的重要目标。随着我国改革开放进程的加快，深化中欧经贸合作，达成对世贸组织改革为重点的完善多边贸易体制共识，不仅有利于双方妥善处理与美国的经贸冲突，也有利于在全球自由贸易进程中赢得更大的话语权。此外，加快推动中欧自由贸易与投资进程，率先形成开放包容共享均衡的经贸规则，形成中欧一体化大市场，将成为发达国家与新兴经济体的经贸合作样本。

3. 实现中欧经济可持续、高质量发展的共同选择

（1）欧盟经济复苏增长面临的挑战增多。尽管欧元区主权债务问题有所缓和，劳动力就业和信贷市场有所改善，但其内部需求不足、青年失业率高、经济复苏乏力等状况尚未得到根本改善。此外，英国“脱欧”使得欧盟一体化及经济增长的不确定性加大。2008—2018 年，欧盟 GDP 年均增长 1.2%，仅为全球平均增速的 39%[①]。此外，欧盟经济复苏还面临难民危机、恐怖主义、民粹主义等新矛盾、新问题。

（2）中欧经贸合作互补将释放巨大红利。一方面，欧盟外贸依存度较高，在内部市场基本饱和的背景下，对外经贸合作对其经济增长的拉动作用日益重要。2000—2018 年，欧盟货物与服务出口占 GDP 的比重由 33.7% 上升至 44.7%，为发达经济体最高，不仅高于世界平均水平 17 个百分点，而且分别高于美国、日本 30 个百分点左右[②]。另一方面，中国经济转型升级，尤其是产业结构、消费结构升级的大趋势，对欧盟的资金、技术、人才、标准产生巨大需求。深化中欧经贸合作进程，发挥中欧经贸之间的巨大互补性，中国需要充分借鉴欧盟的管理模式与经验，以实现经济转型升级的突破，欧盟可以利用中国巨大的需求市场空间实现经济复苏和可持续增长。

---

① 根据世界银行数据库统计数据得出。

② 根据世界银行数据库统计数据得出。

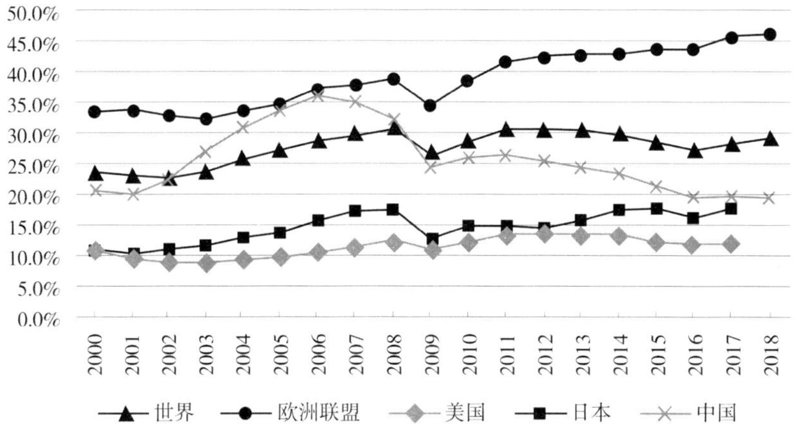

图 4.3：2000—2018 年世界和各大经济体货物与服务出口占 GDP 比重

数据来源：世贸组织数据库。

二、服务贸易发展为深化中欧经贸合作提供新机遇

适应全球服务贸易快速增长大趋势和中欧经贸合作互补性的现实需求，需要把服务贸易作为深化中欧经贸合作的重点。这不仅有利于满足我国人民日益增长的对美好生活的需求，有利于促进中欧产业转型、提高企业竞争力，也有利于在维护全球多边贸易体制与重构经贸规则中争取更大的话语权。

1. 中欧双边服务贸易快速增长的大趋势

2010—2017 年，中欧双边服务贸易额由 490.2 亿美元增长到 870.9 亿美元，年均增长 8.6%，高于欧盟服务贸易整体增速 4.3 个百分点，高于欧日双边服务贸易 4.1 个百分点，高于欧美双边服务贸易 3.7 个百分点。中欧双边服务贸易额占欧盟服务贸易总额的比重由 1.5%提高到 2.0%，提升了 0.5 个百分点。

2. 中欧服务贸易互补性强

(1) 服务贸易是欧盟竞争优势所在。服务贸易是欧盟在参与新一轮全球化中发挥自身比较优势的重点所在，是欧盟推动新一轮全球贸易自由化进程的突出优势所在。2010—2018 年，欧盟服务出口由 1.7 万亿美元增长到 2.5 万亿美元，年均增长 5.0%，高于服务进口增速 0.4 个百分点；服务贸易顺差由

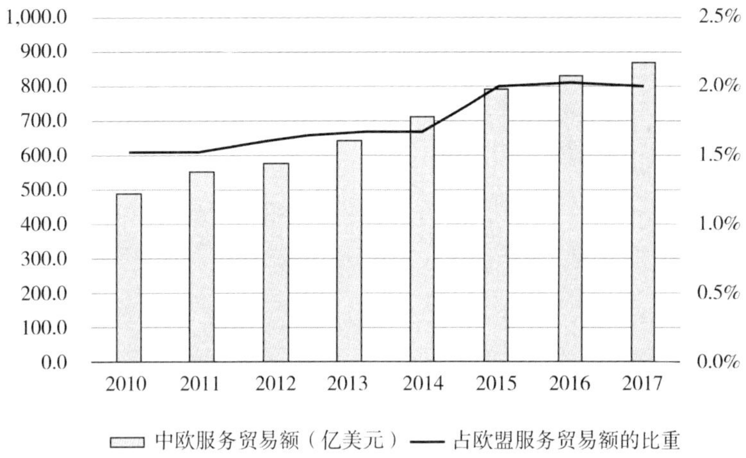

图 4.4：2010—2017 年欧盟向中国服务出口额及占比

数据来源：世贸组织数据库。

2095 亿美元增长到 3670 亿美元。从中欧双边服务贸易来看，2010—2017 年，欧盟对我国服务贸易顺差由 29.7 亿美元提高至 237.2 亿美元，年均增长 29.7%。

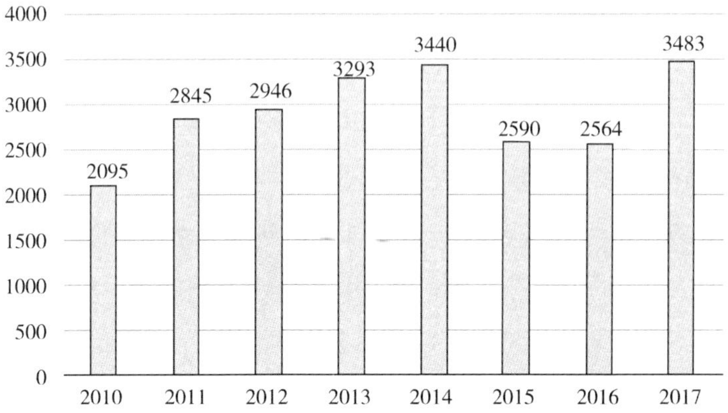

图 4.5：2010—2017 年欧盟服务贸易顺差额（单位：亿美元）

数据来源：经合组织数据库。

（2）中国成为欧盟服务出口增速最快的市场。2010—2017 年，欧盟向中国服务出口由 260 亿美元增长到 526 亿美元，年均增长 10.6%，高于欧盟服务出口整体增速 6.1 个百分点，高于欧盟对日本出口增速 4.2 个百分点，高于欧盟对美国出口增速 5.2 个百分点。根据欧盟统计局数据，2018 年欧盟对中国（不包括中国香港）服务出口达 509.7 亿欧元，同比增长 9.3%，远高于其 0.7%的平均增速。

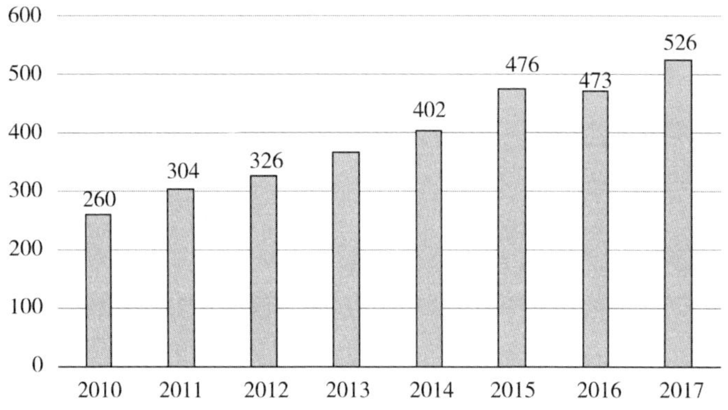

图 4.6：2010—2017 年中国从欧盟进口的服务规模（单位：亿美元）

数据来源：经合组织数据库。

（3）中国服务贸易需求正快速释放。2010—2018 年，中国服务进口额由 0.19 万亿美元增长到 0.53 万亿美元，年均增长 13%，是全球平均增速的 2.6 倍，是美国的 3.3 倍；服务进口额占全球服务进口额的比重由 5.0%增长至 9.4%。按此增速预测，预计未来几年，中国服务进口额将超过美国，成为全球第一大服务进口国；到 2030 年，中国的服务进口占全球服务进口总额的 13.4%，约为 2016 年的 3 倍，领先于美国（7.7%）和德国（5.8%）。

3. 中欧双边服务贸易仍有巨大增长空间

2018 年，欧盟向中国服务出口额占其服务出口总额的 2.3%，与其第一大服务出口伙伴国——美国相差 8.8 个百分点；2017 年，中欧服务贸易占双边贸易总额的比重为 12.4%，远低于全球 24%左右的平均水平。随着中国主动扩大进口和加快推进服务业市场开放进程，预计到 2025 年，中欧服务贸易额占欧盟服务贸易总额的比重将达到 4%；占中欧贸易总额的比重将达到 15%，由此至少释放 600 亿美元的增长空间。

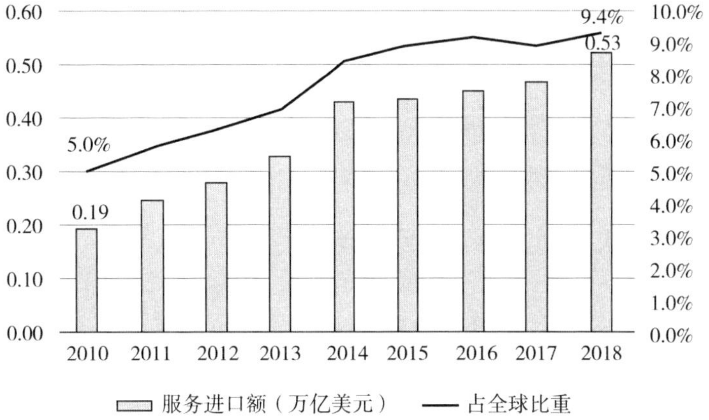

图 4.7：2010—2018 年中国服务进口额及占全球比重

数据来源：世贸组织数据库。

4. 服务贸易自由化便利化将对促进双边多边贸易产生重大影响

（1）欧盟将赢得“先入者”的市场红利。预计未来 15 年，中国进口商品和服务将分别超过 30 万亿美元和 10 万亿美元①。未来几年，如果中欧能在以服务业为重点的投资协定及以服务贸易为重点的贸易协定上取得重大突破，欧盟将从参与中国经济转型与扩大开放中受益，并率先分享中国大市场红利。

（2）对中国经济转型升级形成推动力。欧盟在电子技术、航空、信息通讯技术、生命科学技术、能源环境技术等生产性服务业领域，在健康管理、养老等生活性服务业领域有着先进技术和成熟管理经验，而中国在这些领域有巨大的需求。通过与欧盟在生产性、生活性服务业为重点的合作，中国将有效提升健康、教育、文化、养老等生活性服务业的供给能力和供给水平，有助于加快实现由生产型制造向服务型制造的转型。

（3）对维护多边贸易体制产生积极影响。2018 年，中欧服务贸易额合计 5.5 万亿美元，占全球服务贸易总额的 48%②。总的来看，率先实现中欧服务

① 习近平．共建创新包容的开放型世界经济——在首届中国国际进口博览会开幕式上的主旨演讲[M]．北京：人民出版社，2018.11.

② 根据世贸组织数据库统计数据得出。

贸易自由化便利化的制度安排，不仅将对全球服务贸易规则重构产生重大影响，还将对合力推进世贸组织改革、尽快完成世贸组织的《服务贸易协定》(TiSA) 谈判产生积极影响，更有利于中欧减少分歧，进一步强化各方对多边贸易体制的信心。

三、加快中欧投资协定谈判进程

适应内外环境变化需求，争取到2020年完成投资协定谈判，在服务领域投资自由化、便利化方面实现重要制度安排，既有客观需求，又有现实可行性，更有战略性意义。

1. 尽快实现中欧投资协定谈判的重大突破

从双方保持经济增长的需求来看，双方需要在2020年之前完成投资协定谈判，以此拓展市场空间，形成增长动力。例如，欧盟委员会发布欧洲经济春季展望报告，预计2019年欧盟经济增长1.4%，欧元区经济增长1.2%，较今年2月欧洲经济冬季展望报告均下调0.1%①。国际货币基金组织近日将中国今明两年的经济增速预期下调至6.2%和6.0%，较两个月前给出的预期均下调0.1个百分点②。面对全球经济政治格局的深刻复杂变化，中欧关系对经济全球化进程至关重要，对全球和地区的安全、稳定、繁荣至关重要。无论从维护全球自由贸易大格局出发，还是实现中欧经济的快速增长，都需要尽快实现投资协定谈判的重要突破。

2. 把服务业市场双边开放作为中欧投资协定谈判的重要内容

释放中欧服务贸易巨大潜力关键在于服务业市场的双边开放。欧盟已经进入后工业化时期，经济服务化水平较高。2018年，欧盟28国服务业占比78.8%，且现代服务业与生产性服务业占比较高③。未来，欧盟服务业投资空间基本饱和且短期内很难有大的提升空间。中国开始进入工业化后期，随着服

① 欧盟下调今年经济增长预期[EB/OL]. 中国新闻网，2019-05-08.

② IMF：中国今年经济增长预计为6.2%[EB/OL]. 和讯网，2019-06-10.

③ 根据经合组织数据库统计数据得出。

务业市场的加速开放，这一投资空间不仅是中国的重大机遇，也是欧盟扩大发展与投资空间的重大机遇。在实际谈判过程中，考虑到欧盟28个国家发展水平不一、对华经贸情况不一，在协议中可以与不同欧盟成员国约定有区别的例外清单（敏感产品）和过渡期；对目前难以达成一致的内容，增加“逐步自由化”条款，明确给出开放承诺的谈判时间表，通过先建立再逐步升级的办法，使谈判能够顺利完成。

表4.1：2018年欧盟服务业分项占比（单位：%）

分项	占比
服务业	78.8
零售、维修、运输、食品服务	19.1
信息和通信服务	5.1
金融保险服务	4.7
房地产服务	11.1
科学技术管理服务	11.3
公共管理、教育、健康服务	18.5
其他服务活动	3.4

数据来源：经合组织数据库。

3. 在中欧投资协定谈判中加入金融服务与电子商务等服务贸易内容

中欧在发展跨境电子商务等新兴服务贸易方面有共同的需求。当前，跨境电子商务仍面临较多贸易壁垒，而世贸组织框架中又缺乏关于跨境电子商务的贸易规则。尽管一些区域贸易协定开始触及跨境电子商务规则，但规则差别较大。双方应围绕跨境电子商务的内容进行平等协商，共同探索对电子商务快件等特殊物品的监管模式创新，促进跨境电子商务通关便利化。这就需要以现有的投资协定谈判文本为主，增加金融服务、电子商务等重要服务贸易的相关条款，以此适应中欧双边服务贸易合作与数字服务贸易快速发展的大趋势。

四、2030：以服务贸易为重点形成中欧一体化大市场

在全球化面临贸易保护主义严峻挑战的背景下，以服务贸易为重点，以形

成中欧一体化大市场为终极目标，无论是对推进全球自由贸易和经济一体化进程，还是对完善全球经济治理体系，都将产生重大影响。这既需要中欧采取灵活方式逐步提升双边贸易自由化便利化水平，也需要中欧共同实现结构性改革的重要突破。

1. 2020：启动中欧自贸谈判

（1）尽快启动中欧自贸谈判。2019 年 4 月，中欧发布《第二十一次中国-欧盟领导人会晤联合声明》，双方承诺在 2020 年达成高水平的中欧投资协定。若 2020 年中欧投资协定达成，建议同时宣布启动中欧自贸谈判，至少启动中欧自贸区可行性研究。

（2）以欧盟—越南自由贸易协定（EVFTA）为参考。2019 年 6 月 30 日，欧盟与越南正式签订自贸协定，对关税减让、海关和贸易便利化、技术标准、动植物检验措施、开放投资、服务贸易和电子商务、知识产权、政府采购、竞争政策、国有企业、可持续发展等内容作了系统安排。与越南相比，中欧签订自贸协定的影响更大、条件更加成熟。2018 年，中国 GDP 总量是越南的 56 倍，贸易额是越南的 11 倍，居民最终消费支出是越南的 28 倍。从开放度来看，中国在运输、零售、会计审计、房地产投资等服务领域的开放度均高于越南。

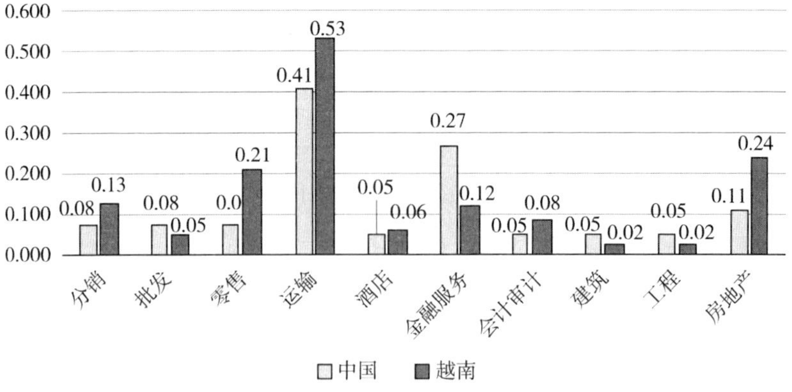

图 4. 8：2018 年中国与越南部分产业开放度对比

数据来源：经合组织数据库。

专栏4.1

《欧盟与越南自由贸易协定》主要内容

《欧盟与越南自由贸易协定》包括17章、2个议定书和部分备忘录，涉及关税减让、海关和贸易便利化、技术标准、动植物检验措施、开放投资、服务贸易和电子商务、知识产权、政府采购、竞争政策、国有企业、可持续发展以及争端解决等。

在商品贸易方面，超过99%的关税税目最终将被取消，剩下的小部分将以配额形式放开。协定一旦生效，欧盟立即消除对越南85.6%的关税，相当于越南对欧盟出口额的70.3%。7年后消除对越南99.2%的关税，相当于越南对欧盟出口额的99.7%，余下的0.3%，欧盟承诺以配额方式零关税进口。反之，越南将对欧盟出口商品消除48.5%的关税（占进口总额的64%）。7年后消除91.8%的关税（占进口总额的97.1%），10年后消除98.3%的关税（占进口总额的99.8%）。

在非关税壁垒方面，越南的汽车和药品等将对接国际标准，欧盟产品则由于已符合标准而无须在越南接受额外的检验和认证程序。越南还将简化和规范海关手续。

在政府采购方面，双方同意适用世贸组织《政府采购协定》，政府采购协议透明度水平相当高。值得注意的是，这一条款是越南对外国企业开放其政府采购的首次承诺。

在可持续发展方面，协定要求执行国际劳工组织核心标准和联合国公约（比如应对气候变化和保护生物多样性）等。

根据《欧盟与越南投资保护协定》，双方许诺赋予各自企业国家待遇及最惠国待遇，并给予公平、妥当、全面及充分的保护，允许把投资盈利及资本自由地转汇国外，未经妥当赔偿不征收或国有化投资商的财产，在战争、暴乱的情况下受财产损失的投资商、第三方投资者将获得与越南企业同等的妥当赔偿。

资料来源：吴泽林．欧盟越南自贸协定签署的影响及中国应对[EB/OL]．中国社会科学网．2017-07-05.

（3）增加中欧共同关注的服务贸易与数字贸易内容。建议加大服务贸易、数字贸易等新兴贸易的比重，并通过采用过渡期、实现产业项下自由贸易等多种方式，最终达成高标准、广覆盖的自贸协定。

2. 与德国、法国在特定服务业项下深化合作

德国和法国是重要的发达经济体，也是欧洲经济一体化的重要推动力量，

在推动中欧投资贸易自由化进程中具有不可或缺的作用。比如，德国在汽车、机械、装备、化工等制造业和研发、物流、通信、职业教育等生产性服务业上全球领先；法国在新能源、飞机制造、航空航天等制造业和旅游、健康、生物、制药等领域全球领先，这些都是中国消费结构升级和经济转型升级迫切需要发展的领域。为此，中国可以同德国、法国对双方存在巨大互补性的生产性、生活性服务业领域，通过构建产业园区等多种方式，就技术和安全标准、非关税措施、知识产权等领域加强协同合作。

3. 加快实施早期收获项目

（1）共同推动实施服务贸易便利化措施。尽快探索与服务贸易特点相适应的通关管理模式，全面加强双方在促进贸易便利化、提高过境效率、知识产权执法、贸易统计等方面的合作；提高人员签证的便利性，提高签证程序的透明度；加强在食品安全、质量标准领域的合作；推动第三方检测和认证服务的检测认证结果互认，加强信息资源共享。

（2）深化以环保技术为重点的技术合作。欧盟在绿色能源、低碳技术、环境治理技术等领域走在全球前列，尤其在清洁能源开发使用技术方面有很大优势，而中国拥有全球最大的清洁能源市场和相对较低的制造成本。为此，应当以环保技术为重点，率先放宽对欧盟环保企业的市场准入，吸引欧盟企业进入我国环保市场。

（3）加强中欧基础设施投资合作。欧盟在桥梁、水道、铁路、公路、航空和电力等基础设施的更新、扩容和改造方面存在巨大投资需求，仅实施容克计划就需要不低于3150亿欧元的投资，而我国在高铁、桥梁、机场、电力等方面有世界一流的技术与设备、建设能力和价格竞争力。双方可以将基础设施项下的自由贸易作为中欧一体化大市场的重要内容。

（4）扩大中欧政府采购合作。《第二十一次中国–欧盟领导人会晤联合声明》提出，“欧盟支持中国加快加入世贸组织《政府采购协定》进展”。总的看，中欧双方扩大政府采购的空间很大，可以考虑以“负面清单”方式明确双方政府采购参与实体，增强中欧在政府采购方面的合作。

4. 将结构性改革纳入中欧合作新议程

中欧推进双边多边的开放合作，促进双边多边贸易投资自由化、便利化，对欧盟国家劳动力市场、财政金融制度改革，以及中国服务业市场开放、城乡一体化发展、市场监管改革等多方面提出了新的要求。例如，欧盟方面，由于劳动力市场僵化、部分制造业（如钢铁等）技术更新缓慢、过度福利化等结构性矛盾突出，客观上削弱了欧盟企业的国际竞争力。而中国，服务业市场开放成为供给侧结构性改革的重大任务。因此，抓住服务贸易发展的趋势，着眼于 2030 年形成中欧一体化大市场的基本目标，需要中欧双方共同推进结构性改革，加大制度供给，破解制约市场活力和企业创新的结构性矛盾，以提升企业竞争力。例如，欧盟在推进劳动力市场改革基础上，进一步向中国开放服务业市场，包括商业服务、金融、电信、分销、旅游、教育、运输、医疗与保健、建筑、环境、娱乐。

中国需要在扩大服务业市场开放基础上，实现打破服务业领域的市场垄断与行政垄断的重要突破，进一步降低资源要素流动壁垒，推动形成公开市场、公平竞争的制度环境。

第三节　加快推进中日韩经贸合作进程

面对经济全球化逆潮，中日韩需要共同应对贸易保护主义，共同推进经济全球化进程。当下，重要的是克服阻力，加快建设中日韩自贸区，并在此基础上积极开展“中日韩+”合作，由此构建中日韩经贸合作新框架。

一、构建中日韩经贸合作新框架迫切性凸显

外贸依存度较高是中日韩三国经济的共同特征。如何尽快改变双边、三边贸易投资自由化便利化制度安排滞后掣肘，共同应对单边主义与贸易保护主义

的挑战，成为中日韩面临的共同课题。

1. 中日韩面临单边主义与贸易保护主义的共同挑战

根据美国经济分析局的数据，2018 年美国货物贸易逆差共 8913 亿美元，对中日韩逆差分别为 4193 亿美元、689 亿美元、175 亿美元，分别占美国货物贸易逆差的 47.0%、7.78%、2.0%①。

当前，中日韩都面临着美国贸易保护主义与单边主义的挑战。例如，在与美国重新签订的韩美自贸协定中，韩国被迫在农产品、汽车等重要市场做出较大程度让步，并对钢铁等主要出口商品进行出口限额；美日谈判也存在着美国对日本在农产品、汽车及服务贸易领域的施压。此外，中美经贸摩擦的间接影响逐步显现。例如，中国出口美国的机器设备、电子产品等制成品，其中间产品与关键零部件大部分来自于日韩。数据显示，2019 年第一季度韩国 GDP 环比萎缩 0.3%，是 2008 年第四季度以来最差的表现；截至 2019 年 5 月，韩国出口连续 6 个月下降。据韩国国际贸易研究院推测，因美国相继对中国产品提高关税，韩国出口每年约减少 8.7 亿美元以上②。

2. 中日韩经贸关系发生历史性变化

（1）日韩对中国出口不断增多。2005—2018 年，韩国对中国出口额由 619.2 亿美元增长到 1621.6 亿美元，年均增长 7.7%，高于其出口整体增速 1.7 个百分点，占其出口总额的比重由 21.8%提升至 26.8%，提高了 5 个百分点；日本对中国出口额由 799.72 亿美元增长到 1439.9 亿美元，年均增长 4.6%，高于其出口整体增速 2.9 个百分点，占其出口总额的比重由 13.4%提升至 19.5%，提高了 6.1 个百分点。目前，中国为日韩货物第一大出口目的国。

（2）中国对日韩出口不断减少。2005—2018 年，中国对韩国出口额由 386.5 亿美元增长到 1064.8 亿美元，年均增长 8.1%，低于其出口整体增速

---

① 根据美国经济分析局统计数据得出。

② 韩国副总理：贸易战可能对韩国经济造成严重影响[EB/OL]. 观察者网，2019-05-22.

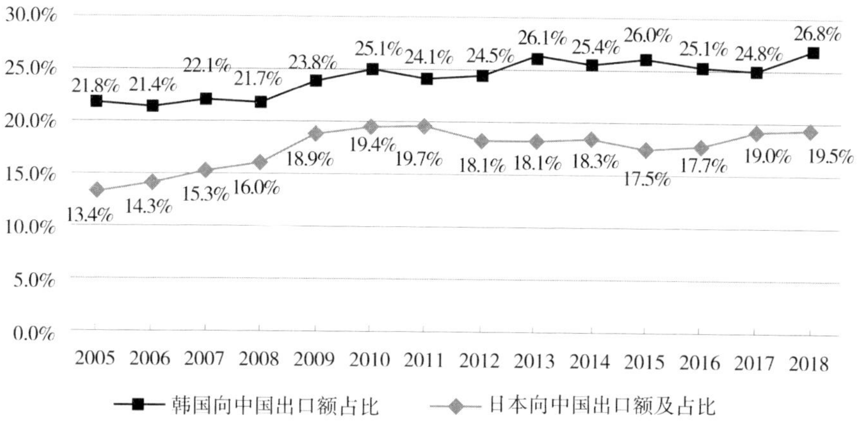

图 4.9：2005—2018 年日韩向中国出口额占比

数据来源：商务部《国别统计报告》。

1.4 个百分点，占其出口总额的比重由 5.1%下降至 4.3%，下降了 0.8 个百分点；中国对日本出口额由 1085.2 亿美元增长到 1735.4 亿美元，年均增长 3.7%，低于其出口整体增速 5.8 个百分点，占其出口总额的比重由 14.2%下降至 7.0%，下降了 7.2 个百分点。从中国吸引外资结构来看，2012—2018 年，中国实际使用日本资金由 74 亿美元下降至 38 亿美元，占中国实际使用外资金额的比重由 6.6%下降至 2.6%；实际使用韩国资金虽然由 30 亿美元增长到 47 亿美元，但占中国实际使用外资金额的比重仍不足 4%。

（3）中日、中韩服务贸易额不断提升。2014—2017 年，日本向中国服务出口额由 164.5 亿美元增长至 227.6 亿美元，年均增长 11.4%，是日本服务出口平均增速的 2.6 倍，占日本服务出口的比重由 10.0%上升至 12.2%。2005—2018 年，中韩服务贸易额由 157.0 亿美元增长至 361.8 亿美元，年均增长 7.2%，是韩国服务贸易总额增速的 1.4 倍，占韩国服务贸易总额的比重由 12.4%提升至 15.9%。

3. 中日韩贸易与投资自由化便利化安排滞后

由于中日、日韩均没有签订直接的双边贸易与投资协定，缺乏贸易与投资自由化便利化的安排，双边贸易仅在世贸组织、东盟“10+3”等框架下进行，

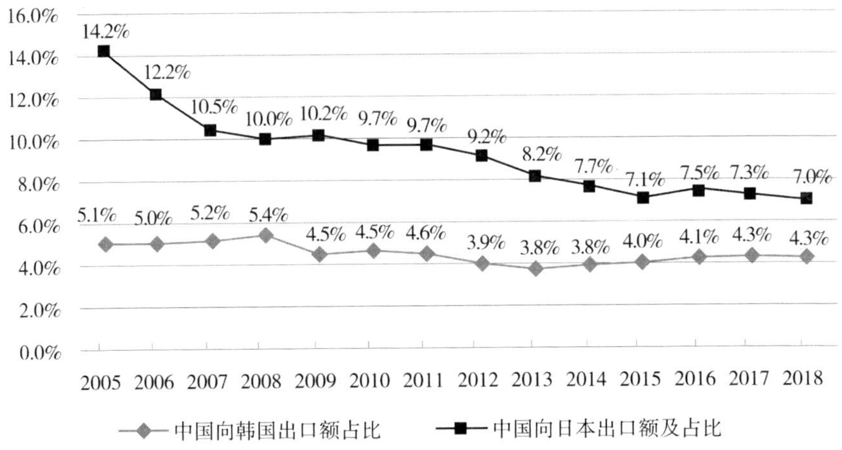

图 4.10：2005—2018 年中国向日韩出口额占比

数据来源：商务部《国别统计报告》。

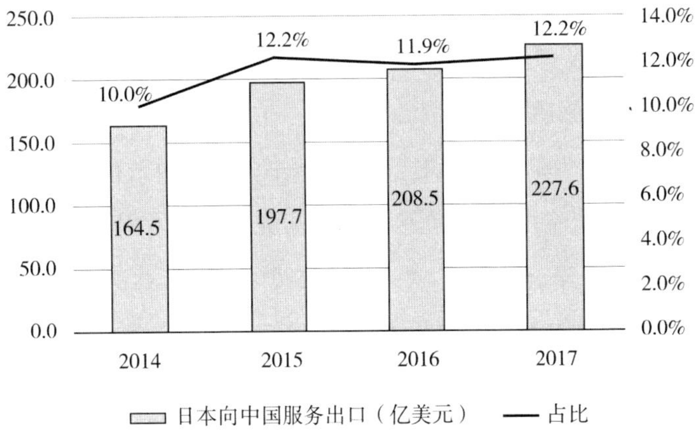

图 4.11：2014—2017 年日本向中国服务出口额及占比

数据来源：商务部《国别统计报告》。

关税与非关税壁垒相对较高。中韩虽然达成了自贸协定，但主要集中在货物贸易，且货物贸易开放度与高水平相比仍有一定差距。例如，在关税减让方面，中韩自由贸易协定的零关税比例目标为 91%，低于美韩自由贸易协定 97%～99%的水平。

贸易与投资自由化便利化的制度安排滞后，不仅使得中日韩难以形成应对

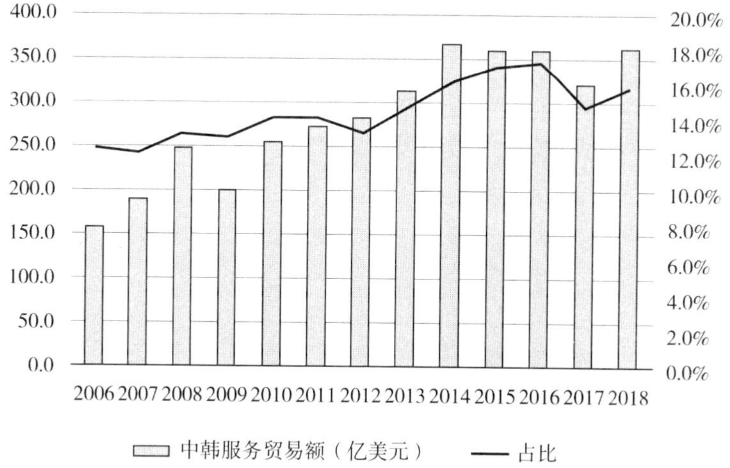

图 4.12：2006—2018 年中韩服务贸易额及占比

数据来源：商务部《国别统计报告》。

外部变化的合力，也难以适应当前中日韩经贸关系变化的大趋势，更使得中日韩区域内经贸合作滞后。例如，2017 年，中国中间品出口主要流向美国、欧盟和中国香港，分别为 14%、13%、13%；日本中间品出口主要依赖中国、美国和欧盟，分别为 23%、15%、10%；韩国中间品出口主要依赖中国、美国和欧盟，分别为 31%、9%、8%①。

二、尽快实现中日韩自贸区建设的突破

以服务贸易为重点建立中日韩自贸区，有助于强化三国产业的互补性，促进区域价值链的进一步融合，不仅符合三国整体利益，直接影响亚洲经济一体化进程，而且牵动影响全球贸易自由化进程。

1. 中日韩自贸区建设将释放巨大增长潜力

（1）中日韩市场规模远大于全面与进步跨太平洋伙伴关系协定（CPTPP）成员国市场规模。中日韩三国分别为世界第二、第三、第十一大经济体，三国

① 博鳌亚洲论坛研究院．亚洲经济一体化进程 2019 年度报告[M]．北京：对外经济贸易大学出版社，2019. 3.

的国内生产总值和对外贸易总额合计均占世界 1/5 以上。2017 年，中日韩 GDP 规模是全面与进步跨太平洋伙伴关系协定成员国的 1.8 倍；贸易额是全面与进步跨太平洋伙伴关系协定成员国的 1.2 倍。中日韩自贸区一旦建成，其市场规模、增长潜力和互补效应将大于全面与进步跨太平洋伙伴关系协定。

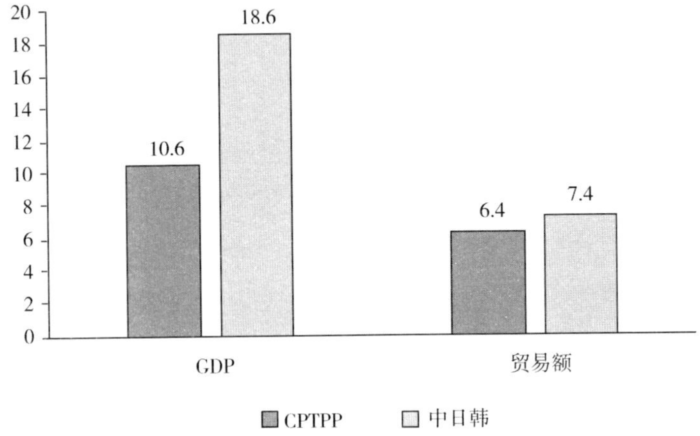

图 4.13：2017 年全面与进步跨太平洋伙伴关系协定成员国与中日韩市场规模比较（单位：万亿美元）

数据来源：世界银行数据库。

（2）深化中日韩合作。2018 年，中日韩 GDP 合计 20.2 万亿美元，接近美国 GDP 总量；最终消费支出 11 万亿美元，接近美国的 70%；贸易额 8.2 万亿美元，是美国的 1.6 倍①。如果中日韩自贸区取得重要突破，将对三国共同应对单边主义、贸易保护主义产生重大影响。

（3）中日韩合作将释放巨大增长潜力。据国家商务部预测，中日韩自贸区建成后，中国的 GDP 获益增长 1.1%~2.9%，日本获益增长 0.1%~0.5%，韩国获益增长 2.5%~3.1%。

2. 采取灵活方式实现中日韩自贸区谈判的突破

（1）以达成全面自由贸易与投资协定为目标。一方面，中国进入全方位开放新阶段，服务业及边境内壁垒成为中国扩大对外开放的重点；另一方面，

① 根据世界银行数据库统计数据得出。

日韩更倾向于签订高水平关税减让、高水平的服务贸易与投资自由化便利化协定。因此，无论是中国扩大开放的需求，还是日韩拓展市场空间，都需要签订高水平的自由贸易与投资协定。

（2）采取“双轨”到“三方”的谈判推进方式。

——以服务贸易为重点打造中韩自贸区升级版。一方面，进一步降低货物贸易关税，如尽快在农产品、电子产品、能源产品等双方贸易额较大或者具有巨大潜力的领域大幅降低双边关税；另一方面，加快以服务贸易为重点建设中韩自贸区升级版，在知识产权、文化旅游、电子商务、金融服务、研发、工业设计和数据处理等领域实现双边开放的重要突破，逐步推进双边服务标准的对接、服务市场的融合，这将对中日韩自贸区谈判及整个东北亚区域经济一体化具有重要的示范带动作用。

——启动中日贸易投资协定的可行性研究。例如，开展加入全面与进步跨太平洋伙伴关系协定的可行性研究。总的看，虽然跨境服务贸易、人员临时入境、电信服务、竞争政策、国有企业和指定垄断等领域的标准，对我国目前而言接受可能会有一定难度，但随着我国改革开放的不断深化，这些问题将逐步得到解决。

（3）以率先实施服务业项下自由贸易政策破解谈判僵局。总的来看，中日韩签订一揽子、高水平的投资贸易协议短期内有一定难度。为此，可以考虑在现代服务业领域率先形成贸易投资自由化便利化安排，这不仅是中日韩深化经贸合作的务实选择，也将为早日建成中日韩自贸区奠定重要基础。

——适应中国消费结构升级大趋势，积极开展旅游、教育、文化娱乐等产业项下的自由贸易。例如，借鉴 APEC 商务旅行卡的成熟模式，设立中日韩岛屿旅游卡发展计划，在人员免签、免税购物、景点设计等方面实现更大便利；积极推动建立动漫游戏、影视文学等多个主题的跨境产业园，合作开展文化娱乐产品的研发、设计、推广等；鼓励中日教育合作交流，定期委派教师互相教学，扩大互派留学生规模等，探索中日教育合作新机制、新路径。

——适应人口老龄化趋势，积极推进医疗健康养老产业项下的自由贸易。

建立中日大健康产业联盟，依托中国数字经济优势与日本完善的介护服务体系及护理机器人的技术优势，合力发展智慧医疗健康；积极促进中国与日本医疗健康服务标准、监管规则的对接，提升中国医疗健康产业发展质量。强化中、日、韩医疗健康职业教育合作。进一步扩大医疗健康职业教育双向市场开放，鼓励有条件的中日科研机构、高校与社会力量合作举办健康服务类职业教育机构；依托日方资金、技术优势，支持日本资本采用公益信托投资、公益教育基金、协议投资等形式参与健康产业的职业教育。

——适应数字经济引领产业变革大趋势，开展智能制造产业项下的深度合作。例如，推动以研发为重点开展国家层面的战略合作，借鉴中德合作经验，推动中日在国家层面签署战略合作协议，在智能制造领域合作开展相关课题研究和战略研究；率先在东北、山东等地建立自贸区性质的中日韩智能制造合作示范园区，在研发、人员培训、标准化合作等领域实现突破；建立中、日、韩智能制造企业合作网络，在大数据、云计算、机器人等新领域加强合作，以新经济领域合作引领东亚经济发展。

——适应制造业服务化的大趋势，推进生产性服务业合作。数据显示，2017 年中国每 1 万名制造业工人只有 97 部机器人，与韩国 710 台/万人、日本 308 台/万人相差巨大①。到 2020 年，如果生产性服务业占 GDP 的比重增加 10 个百分点，将带来 1.8 万亿美元的增长投资空间②。为此建议：加快实现智能制造、研发、设计领域的合作，推动实施制造业项下的关键零部件零关税，探索实现制造业项下技术人员自由出入境等相关政策，推动建设中、日、韩智能制造一体化大市场。

——适应可持续发展大趋势，深化绿色产业和环境治理领域合作。当前，中国城乡居民对良好的生态环境的需求全面快速增长，蕴含着巨大绿色消费和

① 国际机器人联合会(IFR).2018 世界机器人报告[R].2019-05.

② 抓住生产性服务业这个“牛鼻子”——访传化集团董事长徐冠巨委员[N].人民日报，2017-03-05.

投资潜力。预计到2030年，中国能源消费中非化石能源占比将达到20%①；到2040年，中国在能源供应方面投资将累计达到6.1万亿美元②。日本、韩国在环境治理、新能源利用等领域有着丰富的技术和经验，中国则在市场、资金等方面独具优势。中日韩三国若能实现优势互补、深化合作，不仅将加快释放中、日、韩经贸合作新红利，也将对国际社会产生巨大的正面效应。例如，共同推进亚洲超级电网项目建设，率先在电动汽车、智能电网等领域开展合作，并在环境治理问题上加强区域合作、城市合作和信息交流，参照《巴黎气候变化协定》，共同推动区域环境治理。

3. 关键在于增强中日韩政治互信

中日韩彼此间是搬不走的邻居。推进中日韩自贸区谈判，关键在于增强中日韩的政治互信。从现实看，虽然三国间的经贸往来、人文交流等日益密切，但由于历史原因、领土问题、地缘政治等因素在中、日、韩三国关系中复杂交织。例如，日韩由于2018年以来各种外交风波引起关系紧张；中日关系仍存在诸多未解决的某些敏感复杂问题。在外部压力明显加大的背景下，需要尽快实现中日韩自贸协定谈判的重要突破，以经济合作带动人文交流和政治互信，推动深化中日韩三国全方位合作。

三、以“中日韩+”模式拓展三国合作新空间

基于东北亚经贸合作的现实情况，中日韩需要在排除外部干扰、增强政治互信的基础上，积极推进“中日韩+”合作，以此务实推进东北亚区域经济一体化进程。

1. 东北亚区域开放进程滞后

（1）区域内开放滞后制约东北亚经贸合作进程。东北亚各国发展水平、

---

① 国家发改委，国家能源局．能源生产和消费革命战略（2016—2030）[R]．2016-12-29.

② 尼克·巴特勒．中国能源革命的宏大愿景能否成真？[EB/OL]．FT中文网，2017-12-10.

发展需求、制度差异、承受能力均不同。例如，日韩在农产品、法律、会计等领域仍存在较高的市场准入限制；蒙古国对出口仍实行许可证管理；俄罗斯不允许外资进入保险、银行等领域。除朝鲜外，东北亚五国 GDP 总量占全球的比重为 24.8%，但贸易总额仅占全球的 18%①；俄罗斯前五大贸易伙伴中，位于东北亚区域的只有中国，东北亚地区内部相互开放程度仍然偏低。

（2）区域内政治安全因素大于经贸合作因素。总的来看，与东盟等区域相比，由于涉及主权、领土等敏感性问题，东北亚地区在推进开放、自由的经济一体化进程缓慢。在这个特定背景下，如何把握政治安全因素，突出经贸合作因素，需要各方付出巨大努力。

2. 务实推进“中日韩+”合作

（1）采取多种形式推进东北亚区域市场开放进程。市场开放需要充分考虑各国的实际情况，本着先易后难、循序渐进的原则，采用包括“早期收获计划”、框架协议、多边投资协定等多种合作形式，各方共商共建灵活多样的双边、多边、区域性自贸区，共同推进东北亚区域内部市场开放进程。

（2）率先推进“中日韩+东北亚其他国家”的能源合作。一方面，中日韩均为能源消费大国。2017 年，中日韩一次能源消费量共计 3884.5 百万吨油当量，占亚太地区的 68%②；另一方面，俄罗斯、蒙古国的石油、煤炭等能源矿藏丰富。从实际进程看，由于能源开发和运输的基础设施建设相对滞后，东北亚能源合作局面尚未形成。中日韩均高度依赖中东石油，不仅加剧三国内部竞争，也面临着海上能源运输风险及能源溢价等问题。为此，需要加强中日韩能源领域合作，努力缓和与规避恶性竞争，打造东北亚能源安全共同体。例如，充分依托中国的能源勘探技术与基础设施建设能力、日韩的石油炼化技术与矿产品深加工技术等，推动“中日韩+俄罗斯”“中日韩+蒙古”等能源合作，合作共建跨境能源加工园区、能源保税港区、新能源工业园区、能源运输绿色通道、能源储备园区等，深化三国与第三方市场的能源合作，在提升第三国能源

① 根据世界银行数据库统计数据得出。
② 国家统计局能源统计司．中国能源统计年鉴 2018 [M]．中国统计出版社，2019.6.

开采、加工能力的同时，共同保障能源供应安全。

（3）推进“中日韩+东北亚其他国家”的旅游合作。东北亚在旅游领域已经开展相关合作，具备一定基础。从现实情况看，东北亚旅游资源丰富，各国旅游产业发展互补性较强。为此，要充分发挥各方优势。例如，利用中国旅游市场的规模优势、日韩在旅游文化设计和理念创新优势，通过共建跨境旅游合作示范区、跨境旅游产品设备生产加工区、旅游产品设备保税区等多种形式，开展旅游领域的第三方市场合作。同时，利用中日韩数字经济发展优势，积极打造东北亚旅游互联网平台，推动东北亚智慧旅游发展进程。

（4）推进“中日韩+东北亚其他国家”的制造业合作。蒙古国等国家仍处于工业化初期，俄罗斯虽然人均 GDP 相对较高，但制造业发展相对滞后，劳动力、土地等要素成本相对较低。建议通过共建跨境工业园区等方式，在制造品贸易及制造业项下的人员、技术装备设备等领域实行自由化便利化的制度安排，带动其他国家产业升级和工业化进程，并实现中日韩三国制造业的东北亚布局。例如，加大对蒙古察哈尔与腾格里经济开发区等的投资合作，不断提升其对东北亚其他国家的经济依存度。

（5）推进“中日韩+东北亚其他国家”绿色领域的合作。当前，绿色发展已成为多方共识，加快实现环境保护服务与经济发展融合成为基本趋势。总的看，日韩在绿色能源、绿色基础设施、绿色技术、绿色产品、绿色采购、绿色金融等方面具有明显优势且积累了多方面经验；中国在光伏等新能源生产方面已进入全球先进行列。为此建议：在俄罗斯、蒙古国等探索设立生态环保合作中心，以生态环保、污染防治、环保技术与产业、人员培训与交流等为重点领域，联合开展节能减排、生态环保等基础设施及能力建设项目；制定东北亚绿色发展技术标准及动态监测机制，强化企业行为绿色指引；打破因标准差异而造成的贸易壁垒，积极推动东北亚绿色贸易，打造东北亚绿色发展共同体。

3. 形成“中日韩+”合作模式的制度安排

（1）发挥中日韩三国合作秘书处的沟通协调作用。充分利用中日韩建立的三国合作秘书处（TCS）的功能和作用，依托中日韩一轨半对话机制，探讨推进“3+X”的政策对话沟通渠道，尽快把财经、安全等领域的事务官员纳入该项机制，并在条件成熟后可建立“中日韩+俄罗斯”“中日韩+蒙古”等合作机制。

（2）推动“中日韩+”合作与“一带一路”对接。例如，东北亚领域的“中日韩+”合作与韩国新北方战略、日本“俯瞰地球仪外交”等高度吻合。“一带一路”倡议以基础设施互联互通为依托，以发展为导向，以开放包容为特点，并通过产能合作与服务贸易为重点构建自贸区网络。实现“中日韩+”合作与“一带一路”对接，既可以大幅降低“中日韩+”合作成本，也可以为增强中日韩政治互信发挥积极作用。

第四节 推进亚太区域经济一体化新进程

积极参与区域全面经济伙伴关系协定谈判并推动亚太经济一体化进程，是中国由双边合作转向多边合作的重要标志。顺应维护全球多边贸易体制的现实要求，坚持以开放、包容、共享、均衡为导向，以亚太经济一体化为目标，以建立区域全面经济伙伴关系协定为突破，是中国以实际行动维护全球多边贸易体制的重要体现，是推进多边自由贸易进程的务实选择。

一、推进亚太经济一体化具有全局影响

亚太自贸区是全球涵盖人口最多、发展前景最广阔的地区之一。亚太自贸区若建成，将成为全球覆盖面积最广、纳入成员最多、包容性最强、体量最大的区域性多边自贸区，对维护以世贸组织为核心的多边贸易体制、促进全球经济平衡增长、推动完善构建全球经贸规则都将产生重要影响。

1. 亚太经济一体化将对维护多边贸易体制产生重要影响

（1）维护多边贸易体制。在当前贸易保护主义、单边主义、民粹主义抬

头的背景下，自由贸易体系受到较大冲击，世界比以往更加需要多边主义，更加需要以规则为基础的国际秩序和自由贸易。加快建成亚太自贸区，不仅是以实际行动表明多边合作仍是全球主流，多数经济体仍然坚定支持并维护世贸组织为核心的多边贸易体制，也将对世贸组织改革产生重要示范作用。第二次区域全面经济伙伴关系协定领导人会议公布联合声明“承诺尽快完成区域全面经济伙伴关系协定谈判，以促进建立一个开放、包容和基于规则的贸易体系，并向世界表明，使贸易为所有人服务是可能的”①。

（2）推动构建开放型世界经济。当前，随着发达国家中产阶层利益受损、发达国家与新兴经济体相对实力差距缩小，曾经积极推动经济全球化的西方发达国家越来越多地倾向于实施贸易、投资保护及提高人员、商品、资本自由流动的壁垒。推动构建亚太自贸区，实现投资与贸易自由化便利化的制度安排，不仅有利于推动区域内发展中国家提高开放水平，也有助于防止区域内发达国家采取贸易保护主义，以此创建开放、融通、互利、共赢的开放型世界经济。

（3）形成在多边中解决双边问题的重要示范。目前，亚太地区如中日、日韩、中印等很多大国间仍未实现贸易自由化便利化的制度安排。因此，以区域全面经济伙伴关系协定为基础建立亚太自贸区，将为合作建立新的大国贸易体系、在维护多边基础上实现双边合作提供重要示范。此外，目前区域全面经济伙伴关系协定谈判的重要内容之一是系统清理原产地规则和边境程序，大幅降低边境内壁垒、提升贸易自由化便利化水平。

2. 形成全球经济增长新动能

（1）引领全球经济增长。亚太是全球经济最具活力的地区，聚集了全球最多的新兴经济体。2008—2017 年，亚太地区 GDP 年均增长 4. 5%，不仅高于全球 2. 2%的平均增速，更远高于美洲（1. 6%）、欧洲（0. 8%）的平均增速。2017 年，亚太地区人均 GDP 仅为 6865 美元，是全球平均水平的 64. 2%，是美洲的 25. 5%，是欧洲的 25. 2%，仍具有巨大增长空间。随着亚太区域一体化大

① 博鳌亚洲论坛研究院．亚洲经济一体化进程 2019 年度报告[M]．北京：对外经济贸易大学出版社，2019. 3.

市场的逐步形成，尤其是中国、印度等新兴经济体消费潜力和经济转型升级的外溢效应逐步释放，未来10年，亚太地区预计平均增长率将达到4.5%，仍是全球经济增长最快的地区之一。

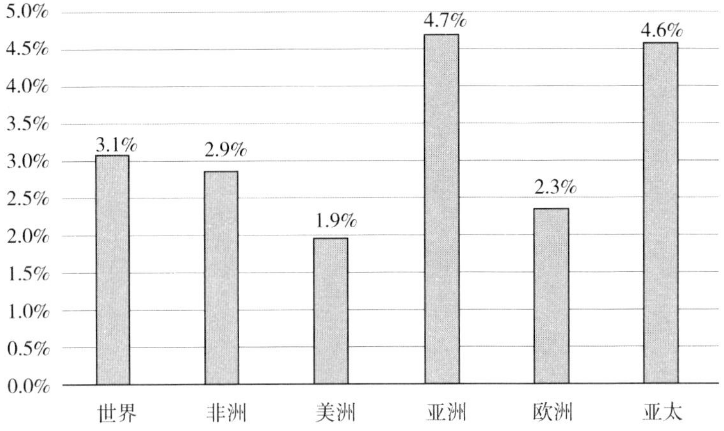

图4.14：2017年全球各区域GDP增速对比

数据来源：联合国贸易和发展会议数据库。

（2）蕴含巨大的贸易投资潜力。亚太经济的快速增长，将带动区域贸易投资需求的进一步增长。2017年，亚太区域GDP占全球的38.7%，贸易额占全球的39.4%。2016年，亚洲区域内出口所占份额为52.1%，2017年增至53.1%①；2017年，中国对亚洲区域内的直接投资占总投资的比重由上一年的79%增加到84%②。

（3）释放巨大经济增长潜力。建立亚太自贸区，实现区域内不同发展程度国家优势互补，不仅有利于推动不发达国家与发展中国家的工业化进程，也将扩大发达国家的市场空间，确保参与国家和地区享有自由贸易与经济一体化红利，由此实现“在开放包容的基础上交融互鉴，在良性竞争的同时互利合作，共同构建亚太命运共同体”。有研究表明，不同成员经济体在区域全面经济伙伴关系协定和跨太平洋伙伴关系协定中受益或大或小，但均能从亚太自贸

① 根据联合国贸易和发展会议数据库统计数据得出。

② 商务部．中国对外投资发展报告2018［R］．2018-01-31.

区中获得明显收益；如果建成亚太自贸区，2025 年将给亚太经合组织（APEC）成员带来 2 万亿美元的经济收益，超过任何一个现有的区域自贸安排[①]。

3. 推动全球经济治理变革

（1）有效解决亚太区域治理机制碎片化。当前，全球经济治理机制碎片化风险日益上升。例如，全球共有 248 个贸易协定涉及至少一个亚太经济体[②]。亚太地区内不同自由贸易协定水平不一、碎片化问题比较突出，不仅使得区域内各国贸易壁垒相对较高、一体化进程滞后，也难以最大限度释放亚太地区经贸合作潜力。未来，在东盟“10+3”、区域全面经济伙伴关系协定等现有区域贸易安排基础上尽快建立亚太自贸区，改变区域内自贸协定碎片化格局，成为区域内成员的务实选择。

（2）进一步提升全球治理的公平性与代表性。从实际情况看，欠发达、体量较小的经济体往往容易被排除在全球治理机制之外。亚太地区内，既有老挝等欠发达经济体，也有越南等发展中国家和日本等发达经济体。《北京路线图》提出要以循序渐进、协商一致为原则推进亚太自贸区，重申了“尽快实现亚太自贸区”的承诺，为此采取的行动包括启动“实现亚太自贸区有关问题的集体战略研究”[③]。将亚太自贸区建成 21 世纪全面、高质量、综合互惠性的经贸平台，将对践行“共商共建共享”的全球治理观提供重要经验，为提升全球治理的公平性与代表性提供重要示范。

（3）探索形成更加包容普惠的经贸规则。在全球经贸规则加速重构、发达国家联手制定高标准和排他性经贸规则的背景下，建成亚太自贸区，在现实条件的基础上，加强同国际经贸规则对接，实现不同发展程度国家间利益的协调，为推动世贸组织改革提供重要经验。

---

① 谈践．亚太自贸区：梦想照进现实[N]．光明日报，2016-11-10.

② 博鳌亚洲论坛研究院．亚洲经济一体化进程 2019 年度报告[M]．北京：对外经济贸易大学出版社，2019. 3.

③ 亚太自贸区建设为区域经济一体化增添新活力[EB/OL]．新华网，2017-11-08.

二、以区域全面经济伙伴关系协定为基础推进亚太经济一体化进程

在现有双边、区域自贸安排基础上，形成建立亚太自贸区的路径共识成为首要关键。无论从亚太区域经济发展现实基础、现实可行性，还是凝聚各方合力的需求看，以区域全面经济伙伴关系协定为基础，并逐步整合全面与进步跨太平洋伙伴关系协定等相关标准，成为建立亚太自贸区的务实选择。

1. 在区域全面经济伙伴关系协定基础上推动建立亚太自贸区进程

在区域全面经济伙伴关系协定谈判基础上逐步整合相关标准，能够很好协调中国、东盟、日本等国家利益，并更好体现开放包容性特点。区域全面经济伙伴关系协定由东盟发起并主导，近年来作为区域内第一大经济体的中国在区域全面经济伙伴关系协定谈判的作用日益增强。总的来看，在区域全面经济伙伴关系协定基础上有条件推动建立亚太自贸区进程。

2. 区域全面经济伙伴关系协定具有包容性、非排他性的特征

与全面与进步跨太平洋伙伴关系协定相比，区域全面经济伙伴关系协定在谈判中照顾了不同发展水平成员国的发展诉求和开放承受度，针对不同发展水平国家设置优惠条款和例外条款。

例如，在货物贸易领域，以渐进方式消除货物贸易的关税税率和非关税壁垒为目标；在服务贸易领域，以实质性消除成员国之间的服务贸易的限制性和歧视性措施为目标；在投资领域，成员国谋求创建自由、便利和竞争性投资环境，以促进、保护、便利化和自由化四个支柱来推进国家间投资贸易增长等。此外，区域全面经济伙伴关系协定中的一些成员也是全面与进步跨太平洋伙伴关系协定的成员，会引领亚太自贸区谈判在服务贸易、知识产权、投资和竞争政策等议题上取得进展，由此使得亚太自贸区的经贸规则标准逐步提高。

3. 区域全面经济伙伴关系协定谈判有望在年内结束

区域全面经济伙伴关系协定谈判历时近 6 年，其中虽有波折，但在各成员国的积极努力下，目前已进入关键期，任务完成度从 2017 年的不到 50% 大幅

提升到2018年的接近80%，仅剩关税减让、知识产权、电子商务等为数不多的议题。2019年6月25日至7月3日，区域全面经济伙伴关系协定第26轮谈判在澳大利亚墨尔本举行，在召开贸易谈判委员会（TNC）全体会议的同时，举行了货物贸易、服务贸易、投资、原产地规则、贸易救济、金融、电信、知识产权、电子商务、法律与机制等相关工作组会议，进一步重申了2018年第2次区域全面经济伙伴关系协定领导人会议关于年内结束谈判的共识。总的来看，在亚太区域各国普遍面临贸易保护主义、单边主义挑战的背景下，区域全面经济伙伴关系协定谈判的外部压力凸显，有望在年内完成区域全面经济伙伴关系协定谈判。

4. 达成区域全面经济伙伴关系协定将增强各方推进亚太自贸区信心

按购买力平价计算，区域全面经济伙伴关系协定成员国GDP是全面与进步跨太平洋伙伴关系协定成员国的2.3倍，贸易额是其1.9倍。有研究提出，如果区域全面经济伙伴关系协定建成，将有效促进成员国的经济增长。其中，经济规模较小的国家获益更多，区域全面经济伙伴关系协定对文莱和越南GDP的贡献率将达到5.8%和5.1%。大型经济体也将获益匪浅，区域全面经济伙伴关系协定对日本和印度的贡献率分别为1.8%和1.7%①。

三、推进亚太自贸区建设进程

从亚太自贸区倡议的发展历程看，进入实质谈判阶段将会面临更多难题，取得共识、协调利益难度远比区域全面经济伙伴关系协定谈判更大。为此，需要以包容、开放为基本导向，采用先易后难、灵活多样的方式开展谈判，尽快收获早期收益，并逐步向高标准过渡。

1. 以包容、开放作为建立亚太自贸区的基本导向

（1）包容、开放符合亚太区域各国利益。在发展水平差异大的情况下，实现包容共享的增长目标，亚太自贸区需要采取非排他的办法，以照顾不同成

① 唐奇芳. RCEP到2025年将为世界创造6440亿美元收入[EB/OL]. 第一财经，2018-11-17.

员尤其是欠发达国家的发展诉求。

（2）由低门槛向高标准逐步提升。劳工标准、环境标准、知识产权保护、竞争政策等严格的“边境内规则”，以及一些要求让渡国家主权的条款，对于发展中国家而言标准过高。建立亚太自贸区，可以参照世贸组织制度框架，先建立门槛较低、标准较低的统一制度，形成成员共同遵守的统一制度。充分考虑成员的共同利益和差别，不设定“一刀切”的标准。同时，逐步将高标准自贸协定中的内容纳入亚太自贸区谈判。

（3）支持差别待遇、标准适度的市场开放。依据成员的经济发展情况，设定自贸区建设远期目标和阶段性目标。逐步提升贸易投资开放水平，逐步增加开放内容、提高开放标准。针对不同发展水平的成员国，实施差异化的过渡性安排。制定对发展中国家和最不发达国家的优惠原则，允许这些国家的敏感产业和部门有较长的过渡期，使得亚太区域内发展中国家平等融入区域价值链。

（4）以实现包容性发展为目标。当前，亚太区域内发展不平衡问题仍然突出，发展仍是区域内各国最大的利益公约数。在此背景下，建立亚太自贸区，应以促进全球经济增长为目标，以公平可持续为导向，深化发展自由贸易规则中的可持续发展议题，推进全球贸易投资规则重构，建设以规则为基础的开放、公平的全球贸易体系，并以此为前提推动贸易自由化便利化进程。

2. 形成多层次贸易自由化便利化安排

考虑到发达国家与发展中国家开放水平差异较大，亚太自贸区可考虑建立一个多层次的自贸协定，不同层次对应不同开放标准，使亚太地区经济发展水平不同的经济体可以在其中选择适合自己的层级加入，并明确过渡期，以加快协商进程。

——高标准：除深化货物贸易、服务贸易、投资和知识产权等传统议题之外，在海关监管与贸易便利化、政府采购、透明度与反腐败等新兴议题方面实现与高水平自贸协定大致相同标准的制度安排。

——中标准：进一步深化货物贸易、服务贸易、知识产权保护等传统议题，提升货物贸易中零关税商品覆盖率，以区域内规则对接为重点提升服务贸易自由化便利化水平。

——低标准：在区域全面经济伙伴关系协定谈判基础上，实行制造业、服务业及能源、基础设施、旅游、环保等项下的自由贸易政策，在不要求全面降低关税、全面市场开放基础上，实现在重点领域自由贸易与投资的实质性破题。

3. 努力在服务贸易与数字贸易领域实现突破

（1）在服务贸易自由化便利化方面实现重要安排。2017 年，亚太区域服务业占比 57.2%，大部分国家仍处于工业化前中期，蕴藏着巨大的服务贸易与投资需求。从近年来的实际看，2005—2018 年，亚太经合组织国家服务贸易额由 1.9 万亿美元增长至 4.5 万亿美元，年均增长 6.7%，高于全球平均增速 0.5 个百分点，占全球服务贸易额的比重由 36.8%提升至 39.9%。从服务贸易自由化便利化的需求来看，目前只有 4 名区域全面经济伙伴关系协定成员加入了世贸组织服务贸易协定。适应全球服务贸易快速发展的大趋势，适应亚太区域大部分经济体工业化进程的现实需求，要力求在服务贸易自由化便利化方面实现重要制度安排，为未来达成亚太自贸区奠定重要基础。

图 4.15：2005—2018 年亚太经合组织成员国服务贸易额及占比

数据来源：世贸组织数据库。

（2）在数字贸易规则制定方面奠定基础。数字经济与数字贸易的兴起既为亚太地区经济发展提供重大历史机遇，也提出了重大挑战。当前，亚太地区部分国家数字基础设施建设滞后、产业数字化转型仍处于起步阶段，迫切需要以加强数字基础设施和能力建设为重点，在推动亚太数字贸易快速发展的过程中，积极推动亚太欠发达国家和地区融入第四次工业革命浪潮。为此，要在亚太经合组织通过的《互联网和数字经济路线图》框架下，在数字基础设施建设及其产业项下的自由贸易、数据安全规则、数据开放等领域实现重要制度安排。

4. 推动区域全面经济伙伴关系协定与全面与进步跨太平洋伙伴关系协定的对接

（1）区域全面经济伙伴关系协定与全面与进步跨太平洋伙伴关系协定成员国存在一定重合。亚太经济一体化处于全面与进步跨太平洋伙伴关系协定和区域全面经济伙伴关系协定的“双轨竞争”之下，二者实力规模、成员偏好大体均衡，参与成员、覆盖范围相互交错，两者存在明显的竞争和胁迫关系①。目前，有7个国家同为区域全面经济伙伴关系协定成员国与全面与进步跨太平洋伙伴关系协定成员国，分别占其成员总数的43.8%、63.7%；七国GDP分别占区域全面经济伙伴关系协定、全面与进步跨太平洋伙伴关系协定的28.4%、68.9%；贸易额分别占33.5%、64.5%。这为推动区域全面经济伙伴关系协定与全面与进步跨太平洋伙伴关系协定对接提供了基本条件。

（2）借鉴全面与进步跨太平洋伙伴关系协定的部分条款。例如，区域全面经济伙伴关系协定谈判遵循协商一致的原则，虽然保证了其包容性的特点，但也造成了谈判进程缓慢等突出矛盾。建议积极借鉴全面与进步跨太平洋伙伴关系协定生效的文本，如“至少6个成员国或者是超过50%的成员国批准就可以生效，不管国家大小”。此外，在关税缩减、服务贸易标准对接、政府采购、电子商务、金融服务、监管适用、争端解决机制等领域都可以积极借鉴。

（3）力求在“WTO+”条款与“WTO-X”条款方面实现重要探索。总的

① 曹广伟．亚太经济一体化视域下CPTPP的生成机理及其后续影响[J]．商业研究，2018（12）．

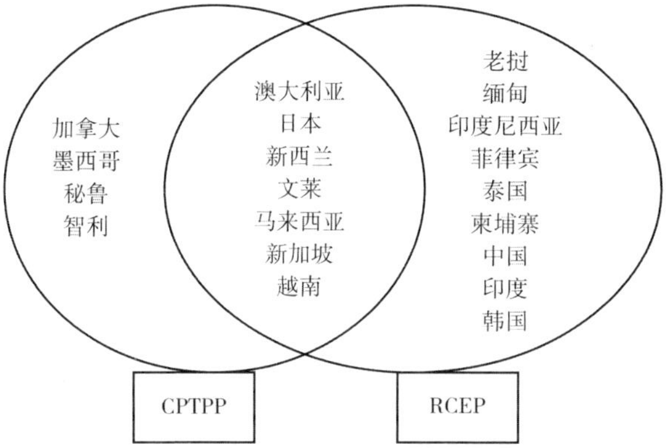

图 4.16：全面与进步跨太平洋伙伴关系协定与区域全面经济伙伴关系协定成员国示意图

看，亚太地区探索实施“WTO+”条款与“WTO-X”条款是一个大趋势。亚太地区各经济体对传统贸易议题的接受度都较高，多数条款覆盖率和承诺率均达到 90%以上，并开展了“WTO+”条款与“WTO-X”条款的探索实践。截至目前，区域内大国竞争政策、知识产权、投资等“WTO+”条款的覆盖率普遍在 70%左右，“WTO-X”条款覆盖率在 35%～64%。也就是说，目前亚太实施“WTO+”条款与“WTO-X”条款等自由贸易新议题已具备一定基础，应成为亚太自贸区建设的重要内容。

第五章

“一带一路”：推进经济全球化的新主角

在经济全球化面临严峻挑战的背景下，共建“一带一路”倡议已成为发达国家与发展中国家共同参与的，反对单边主义与贸易保护主义，推动新型经济全球化的重要载体。“一带一路”倡议以基础设施互联互通为依托，以实现产能合作与服务贸易融合发展为重点，以建立多层次、多种形式的自由贸易网络为目标，加快构建全球互联互通的伙伴关系。由此，为推动经济全球化进程，共建开放型世界经济做出重要贡献。

“共建‘一带一路’倡议，目的是聚焦互联互通，深化务实合作，携手应对人类面临的各种风险挑战，实现互利共赢、共同发展。”[①] 我们可以用“经济全球化的新主角”来概括“一带一路”倡议的全球作用。世界经济再次处于十字路口，共建“一带一路”倡议已成为维护全球自由贸易进程，推进新型经济全球化的重要载体。

第一节 “一带一路”重要角色：推进经济全球化的重要载体

“一带一路”倡议，以发展为导向，秉持共商共建共享的全球治理观，践行开放包容、平等互利的务实行动，成为推动全球自由贸易的新引擎。

一、以开放包容为原则

“一带一路”倡议以开放包容为原则，追求共商共建共享的全球治理观，共同打造公平竞争、均衡普惠、开放透明的全球化新格局，让各方都在参与共建中获益。

1. 开放包容的经贸合作

“一带一路”倡导开放合作、包容互鉴，突出表现在合作对象的非排他性与

① 习近平．齐心开创共建“一带一路”美好未来——在第二届“一带一路”国际合作高峰论坛开幕式上的主旨演讲[M]．北京：人民出版社，2019.9.

合作方式的多样性。从6年多的实践看，“一带一路”正逐步跨越沿线国家，成为以沿线65个国家为载体、以亚欧合作为重点，逐步扩大到全球的“65+”。

截至2019年3月底，我国已与125个国家和29个国际组织签署173份“一带一路”合作文件。共建“一带一路”国家已由亚欧延伸至非洲、拉美、南太等区域①，既包含也门、孟加拉国等最不发达国家，也包含葡萄牙、新西兰等发达国家。同时，“第三方市场合作”的创新模式吸引了日本、法国、加拿大、新加坡、西班牙、荷兰、比利时、意大利、澳大利亚等发达国家的参与，使“一带一路”朋友圈进一步扩大。

专栏5.1

共建“一带一路”倡议写入国际组织重要文件

共建“一带一路”倡议及其核心理念已写入联合国、二十国集团，以及亚太经合组织等有关文件中。

——2015年7月，上海合作组织发表了《上海合作组织成员国元首乌法宣言》，支持关于建设“丝绸之路经济带”的倡议。

——2016年9月，《二十国集团领导人杭州峰会公报》通过关于建立“全球基础设施互联互通联盟”倡议。

——2016年11月，联合国193个会员国协商一致通过决议，欢迎共建“一带一路”等经济合作倡议，呼吁国际社会为“一带一路”建设提供安全保障环境。

——2017年3月，联合国安理会一致通过了第2344号决议，呼吁国际社会通过“一带一路”建设加强区域经济合作，并首次写入“人类命运共同体”理念。

——2018年，中拉论坛第二届部长级会议、中国—阿拉伯国家合作论坛第八届部长级会议、中非合作论坛峰会先后召开，分别形成了中拉《关于“一带一路”倡议的特别声明》《中国和阿拉伯国家合作共建“一带一路”行动宣言》和《关于构建更加紧密的中非命运共同体的北京宣言》等重要成果文件。

① 我国已与125个国家、29个国际组织签署173份“一带一路”合作文件[EB/OL]. 新华网, 2019-04-18.

2. 共商共建共享的重要平台

（1）共商共建共享的新理念。“一带一路”倡议秉持的“大家的事大家商量着办”，共商共建共享的全球治理观，以平等参与、充分协商、平等自愿为基础，在与各国战略对接的基础上，通过参与共建体现各国核心利益与诉求。例如，“一带一路”倡议与俄罗斯等国的“欧亚经济联盟”、哈萨克斯坦的“光明之路”计划、蒙古国的“草原之路”计划、欧盟的“容克计划”、印度尼西亚的“全球海洋支点”构想等战略对接。

（2）以可持续发展为导向。“一带一路”倡议突出可持续发展导向，成为其他国家普遍认同并积极参与的重要因素。截至 2018 年底，我国对“一带一路”沿线国家和地区的直接投资已超过 900 亿美元①。2013—2018 年，我国和 24 个国家建立了 82 个经贸合作区和工业园区，吸引了来自世界各地近 4000 家企业进驻，总投资超过 280 亿美元。

（3）创新全球经济治理机制。中国发起成立的亚洲基础设施投资银行是南北发展合作模式的重要创新。在借鉴现有国际开发性金融机构的治理和运营经验的基础上，亚投行积极探索新的治理和运营模式。例如，不设立常驻执行董事会，在明确董事会和管理部门职责基础上，借助邮件、电话和视频会议等，提高了机构的工作效率；实行开放的全球采购政策，保证了项目建设的成本控制，等等。正是这些创新性治理和运营模式和精干、廉洁、绿色等治理理念，亚投行吸引了更多新成员的加入。截至 2018 年底，亚投行已从最初的 57 个创始成员，发展到遍布各大洲的 93 个成员。2019 年 7 月亚投行成员增至 100 个，累计批准贷款 75 亿美元，撬动其他投资近 400 亿美元。已批准的 35 个项目覆盖印度尼西亚、巴基斯坦、塔吉克斯坦、阿塞拜疆、阿曼、土耳其、埃及等 13 个国家②。

3. 与现有多边机制有效对接

在逆全球化挑战加大的背景下，“一带一路”承载着维护多边贸易体制、

---

① 我国对“一带一路”沿线国家直接投资超 900 亿美元[EB/OL]. 新华网，2019-04-18.

② 一带一路 数读“五通”[N]. 人民日报海外版，2019-04-25.

促进全球自由贸易发展的重大历史使命。近年来，“一带一路”充分借助二十国集团、亚太经合组织、上海合作组织、亚欧会议、亚洲合作对话、亚信会议、中国—东盟（“10+1”）、中非合作论坛、中阿合作论坛、中拉论坛、中国—中东欧“16+1 合作”机制等现有多边合作机制，在降低“一带一路”推进成本的同时，也进一步强化了现有多边合作机制的作用。2017 年 11 月，中国—中东欧银联体成立，成员包括中国、匈牙利、捷克、斯洛伐克、克罗地亚等 14 个国家的金融机构。2018 年 7 月，中国—阿拉伯国家银行联合体成立。同年 9 月，中非金融合作银行联合体成立，建立了中国与阿拉伯国家、非洲国家之间的首个多边金融合作机制。

二、以聚焦经济发展为导向

“一带一路”以促进沿线国家和地区经济可持续发展为导向。随着基础设施互联互通及产能合作的深入推进，共建“一带一路”倡议将释放巨大的增长潜力，不仅惠及中国，更惠及世界。

1. 发展不平衡是当今世界最大的不平衡

（1）全球区域间经济发展不平衡。经济全球化带来了各个国家、区域的经济增长，但增长不平衡问题也相当突出。从人均 GDP 名义增速来看，1970—2017 年，亚洲年均增长 7.2%，欧洲年均增长 5.6%，美洲年均增长 5.1%，非洲年均增长仅为 3.9%。从各大洲人均 GDP 相对差距来看，1970—2017 年，美洲与非洲人均 GDP 比值由 8.8：1 增长到 15.1：1；欧洲与非洲人均 GDP 比值由 6.6：1 扩大到 15.4：1。虽然美洲与亚洲、欧洲与亚洲人均 GDP 差距有所缩小，但仍分别达到 4.1：1 和 4.2：1。在南北差距上，1970—2017 年，以 G7 为代表的发达国家与低收入国人均 GDP 的比值由 20：1 上升到 70：1①。

（2）区域内经济发展不平衡的矛盾突出。以亚洲为例，2017 年亚洲发达国家人均 GDP 是发展中国家的 7 倍；东亚国家人均 GDP 是中南亚国家的 4.7

① 根据联合国贸易和发展大会数据库统计数据得出。

倍，与47年前的2.2倍相比，上升幅度较大①。

（3）新一轮科技革命加大发展不平衡的风险。第四次工业革命带来了降低贸易成本、促进全球竞争及推动产业变革等重大历史机遇。与此同时，数字经济的红利公平分享成为各方需要解决的重大问题。2018年的一项调查显示，65.3%的受访者表示“担心科技发展给人类带来的消极影响”，其中54%的人担心贫富差距扩大并由此引发社会危机②。另外，全球主要发达国家都把数字经济作为经济发展的重点，通过不断加强数字技术创新、加大数字领域的贸易投资壁垒等方式，以谋求国际竞争发展的新优势。发展中国家由于教育发展滞后、技术人才缺乏等因素，在全球新一轮科技革命中很有可能处于不利地位。

2. 以基础设施互联互通形成联动发展新格局

（1）基础设施建设滞后制约发展中国家经济发展进程。受制于有限的地理条件和落后的基础设施，广大内陆发展中国家的运输成本、通讯成本等广义贸易成本居高不下，削弱了其商品与服务的竞争力。麦肯锡报告预测，全球要实现预期的经济增长目标，基础设施建设投资应达到GDP的3.8%，即2016—2030年，每年平均投资要达到3.3万亿美元。其中新兴经济体的基建投资需求约占总需求的60%③。全球基础设施中心预测，2016—2040年，全球对能源、公路领域的投资需求最为迫切，超过全球基础设施投资需求的2/3。全球基础设施投资缺口约14.9万亿美元，上述两大领域缺口占75%④。亚洲开发银行估计，为保持经济增长动力、消除贫困和应对气候变化，亚洲在2016—2030的15年间，至少需要26万亿美元（年均约1.7万亿美元）的基础设施投资⑤。

（2）以基础设施互联互通推动形成亚欧联动发展大格局。“一带一路”贯

① 根据联合国贸易和发展大会数据库统计数据计算得出。

② 尹泽轩．科技发展会影响贫富差距吗？公众怎么看[J]．国家治理，2018（10）．

③ McKinsey Global Institute. Bridging Global Infrastructure Gaps [R]. 2016-06.

④ Global Infrastructure Hub. Global Infrastructure Outlook [R]. 2017-07.

⑤ 亚洲开发银行：亚洲需在2030年前对基础设施投资26万亿美元[EB/OL]．商务部网站，2017-03-01.

穿亚欧非大陆，一头是活跃的东亚经济圈，一头是发达的欧洲经济圈，而连接这两大经济圈的中间地带则是地域辽阔、人口众多、资源丰富的经济“洼地”。近年来，以“六大经济走廊”为重点的基础设施互联互通项目将使亚洲经济圈与欧洲经济圈联系在一起，在建立各国互联互通伙伴关系、构建高效畅通的亚欧大市场的进程中发挥了重要作用。以中欧班列为例，截至 2018 年底，中欧班列已经联通亚欧大陆 16 个国家的 108 个城市，累计开行 1.3 万列，运送货物超过 110 万标箱，中国开出的班列重箱率达 94%，抵达中国的班列重箱率达 71%；与沿线国家开展口岸通关协调合作，提升通关便利，平均查验率和通关时间下降了 50%①。

（3）基础设施互联互通有助于改善发展中国家的发展条件。根据世界银行测算，如果一个国家在基建上增加相当于 1% 的 GDP 的投入，可新增超过 100 万个就业岗位②。共建“一带一路”倡议将使“发展中的东亚及太平洋国家”的国内生产总值平均增加 2.6%～3.9%。同时，“一带一路”基础设施互联互通将有助于改善沿线发展中国家和地区的资本短缺问题。例如，“一带一路”交通网络建设会使沿线国家和地区吸引的外国直接投资增加 7.6%，“一带一路”国家之间的外国直接投资将增加 4.36%。其中东亚太平洋地区的外国直接投资预计增加 6.25%，欧洲和中亚地区增加 4.7%，中东和北非增加 3.37%，南亚增加 5.19%，撒哈拉以南非洲增加 7.47%③。

3. 产能合作助力沿线国家工业化进程

（1）“一带一路”沿线大部分国家仍处于工业化前期或中期。以沿线 65 个国家为例，其总人口尽管超过全球的六成，但经济总量仅占全球的 28.4%，人均 GDP 仅为世界平均水平的 46.4%。如果不计入新加坡、卡塔尔、阿联酋

① “一带一路”国际合作高峰论坛咨询委员会．共建“一带一路”：建设更美好的世界［R］. 2019-04-10.

② 两届“一带一路”高峰论坛主旨演讲，习近平主席都提到了这四个关键词，背后有何深意？［EB/OL］．央广网，2019-04-26.

③ “一带一路”国际合作高峰论坛咨询委员会．共建“一带一路”：建设更美好的世界［R］. 2019-04-10.

等16个高收入国家，沿线49个发展中国家的人均GDP仅为全世界平均水平的42.3%[①]。

（2）产能合作有助于提升发展中国家的发展水平。在新一轮科技革命与产业国际转移的背景下，“一带一路”国际产能合作为处于工业化前期或中期的国家承接适应本国优势的产业转移提供了机遇。例如，中巴经济走廊项目已为巴基斯坦创造的直接就业岗位超过了7.5万个，同时通过带动原材料加工和餐饮等相关上下游产业，为当地人民提供更多的就业机会。德勤公司2017年的一项研究显示，2015—2030年，中巴经济走廊将为巴基斯坦创造70万个工作岗位。巴基斯坦计划发展与改革部中巴经济走廊能力建设中心的研究显示，中巴经济走廊将创造120万个工作岗位[②]。

（3）以三方合作推动形成普惠发展、共享发展的产业链。近年来，随着越来越多的国家参与，发达国家服务优势、中国产能优势与发展中国家低成本优势有效对接的新格局逐步形成，实现“1+1+1>3”的共赢。尽管发达国家的企业拥有先进技术和管理经验，但其要素成本偏高。发达国家与中国企业进行“第三方市场合作”，可实现优势互补、互利共赢，有助于解决成本高昂问题和避免恶性竞争。由此，中国在为其他发展中国家带来就业机会和经济增长机遇的同时，促进了发达国家的出口、就业以及经济复苏和发展，从而形成一个良性循环。

三、以互利共赢为目标

“一带一路”沿线国家和地区的发展水平参差不齐。在此背景下，“一带一路”倡议主张不同发展阶段的国家和地区优势互补，强调所有参与者的互利共赢。

1. 推动互利共赢的自由贸易进程

（1）以优势互补为前提，促进“一带一路”自由贸易。区域内经济差异

---

① 祝宪．“一带一路”沿线发展中国家的战略机遇[N]．金融时报，2016-06-03.

② “一带一路”国际合作高峰论坛咨询委员会．共建“一带一路”：建设更美好的世界[R]．2019-04-10.

性越大，实现自由贸易后所获得的效用也越大。“一带一路”沿线既有欠发达国家，也有日本、新加坡等发达国家，还有中国等新兴市场国家。这意味着推进沿线国家自由贸易既存在巨大的互补效应，也有巨大的增长空间。“一带一路”基础设施互联互通、贸易和投资自由化便利化水平不断提升，不仅为欠发达地区的原材料、初级产品出口提供巨大市场，也为发达国家依托自身服务、技术等优势拓展发展空间创造了条件。

（2）不以追求贸易顺差为目标，积极扩大“一带一路”沿线进口。“一带一路”促进沿线统一大市场的形成，为发展中国家与发达国家拓展贸易空间提供了可能。例如，2018 年我国自“一带一路”沿线国家进口达到 37179 亿元人民币，增长 20.9%，高于我国 12.9%的整体进口增速；我国与“一带一路”沿线国家贸易顺差比上年下降 25%①。

（3）以民营企业为主体，在产业合作中实现互利共赢。当前，民营企业已成为“一带一路”贸易的主体。2017 年，我国民营企业与“一带一路”沿线国家和地区贸易额占贸易总额的43%，外资企业占比 36.6%，均远高于国有企业 19.4%的水平②。

2. 改善全球自由贸易条件

“一带一路”建设通过加强基础设施联通，有助于降低沿线及全球贸易成本，使得传统内陆国家开放条件得到明显改善。一方面，对沿线经济体而言，随着“一带一路”倡议的基础设施投资不断落实，沿线经济体内部的贸易成本将下降 3.5%，这些经济体与世界其他地区的贸易成本也将下降 2.8%；另一方面，对全球而言，预计全球货运时长平均缩短 1.2%~2.5%，总贸易成本降低 1.1%~2.2%。“一带一路”经济体货运时间降低 1.7%~3.2%，贸易成本降低 1.5%~2.8%。其中，“一带一路”经济走廊沿线国家获益最大，货运时间最

① 国家统计局．中华人民共和国 2018 年国民经济和社会发展统计公报[M]．北京：中国统计出版社，2019.3.

② 国家信息中心“一带一路”大数据中心，大连瀚闻资讯有限公司．“一带一路”贸易合作大数据报告 2018 [R]. 2018-05-08.

多可降低 11.9%，贸易成本最多可降低 10.2%①。货运时间和贸易成本的降低拉动了"一带一路"经济体间的贸易增长。

表 5.1：交通基础设施互联互通对出口额的影响

交通指标	对出口额的影响
增加一条铁路线	+2.8%
航空距离减少 10%	+0.41%
海运距离减少 10%	+0.13%
公路密度提升 10%	+0.34%
铁路密度提升 10%	+0.21%

数据来源：*Lu, Hui, Charlene Rohr, Marco Hafner, and Anna Knack. China Belt and Road Initiative: Measuring the impact of improving transportation connectivity on trade in the region* [*R*]. *RAND Corporation*, 2018-08-21.

3. 促进全球贸易投资快速增长

（1）推动沿线贸易快速增长。2013—2018 年，我国与"一带一路"沿线国家和地区货物进出口总额超过 6 万亿美元，年均增速不仅远高于世界平均增速，也高于我国同期对外贸易增速，占我国货物贸易总额的比重达到 27.4%。其中，2018 年，我国与沿线国家和地区货物贸易进出口总额达到 1.3 万亿美元，同比增长 13.3%。在服务贸易领域，2017 年我国与沿线国家和地区服务贸易额达 977.6 亿美元，同比增长 18.4%，占我国服务贸易总额的 14.1%，比 2016 年提高了 1.6 个百分点。

（2）推动沿线投资快速增长。当前，"一带一路"沿线国家和地区投资快速增长与全球投资明显下降形成鲜明对比。2018 年，全球外商直接投资下降 13.4%，我国对外直接投资下降 1.6%（按美元计）。然而，我国企业对沿线国家和地区非金融类直接投资达到 156 亿美元，同比增长 8.9%，占同期总额的 13.0%。在沿线国家和地区的对外承包工程营业额达到 893 亿美元，占同

① "一带一路"国际合作高峰论坛咨询委员会．共建"一带一路"：建设更美好的世界[R]．2019-04-10.

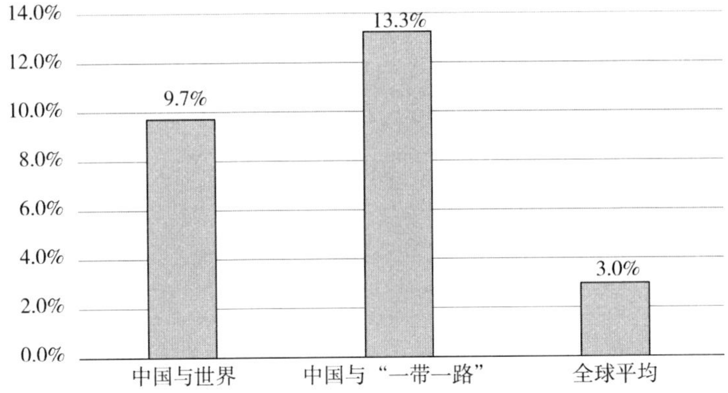

图 5.1：2018 年我国与“一带一路”沿线贸易增速

数据来源：国家统计局．中华人民共和国 2018 年国民经济和社会发展统计公报[M]．北京：中国统计出版社，2019.3；世贸组织数据库．

期对外承包工业营业总额的 53.0%。

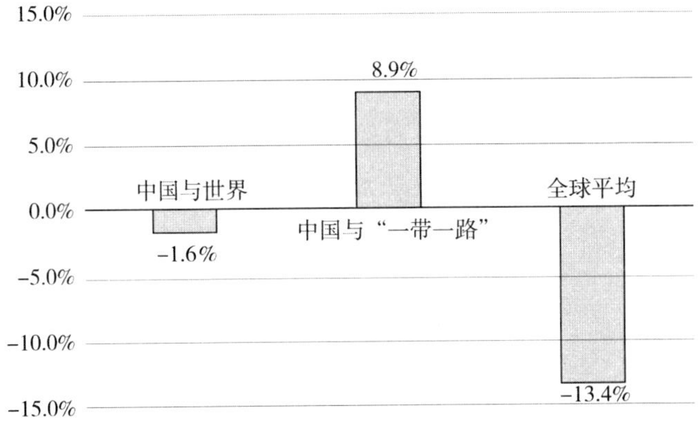

图 5.2：全球与我国对外非金融类直接投资增速

数据来源：国家统计局．中华人民共和国 2018 年国民经济和社会发展统计公报．北京：中国统计出版社，2019.3；联合国贸易和发展会议．2019 年世界投资报告[R]．2019-06-13.

（3）推动沿线新兴贸易快速发展。跨境电子商务等新业态、新模式正成为推动“一带一路”贸易畅通的重要引擎。目前，我国与 17 个国家建立双边电子商务合作机制，在金砖国家等多边机制下形成了电子商务合作文件，加快了企业对接和品牌培育的实质性步伐。2018 年，通过中国海关跨境电子商务管理平台零售进出口商品总额达 203 亿美元，同比增长 50%；其中出口 84.8 亿美元，同比增长 67.0%；进口 118.7 亿美元，同比增长 39.8%[①]。

4. 显著降低沿线边境内壁垒

研究显示，"一带一路"经济走廊建设能促进"一带一路"经济体之间的出口增加4.6%，如果进一步降低通关延误程度，出口将增加7.2%。当前，以标准对接为重点的"一带一路"贸易投资便利化进程不断推进。截至 2018 年底，中国海关已经与新加坡、韩国等 9 个经济体的 36 个国家（地区）实现"经认证的经营者"（AEO）互认，使得经认证的经营者企业货物出口到已实施互认国家（地区）时查验率降低 60%～80%，通关时间和通关成本降低 50%以上[②]。2017 年，我国发起《推进"一带一路"贸易畅通合作倡议》，83 个国家和国际组织积极参与。海关检验检疫合作不断深化，2017 年 5 月，自首届"一带一路"国际合作高峰论坛开展以来，我国与沿线国家签署了 100 多项合作文件，实现了 50 多种农产品食品检疫准入。我国与哈萨克斯坦、吉尔吉斯斯坦、塔吉克斯坦农产品的快速通关"绿色通道"建设积极推进，农产品通关时间缩短了 90%。未来，随着"一带一路"双边多边自贸网络的逐步形成，将有效降低沿线国家，特别是发展中国家的边境内壁垒。

第二节 "一带一路"重要趋势：统筹产能合作与服务贸易发展

推进产能合作与服务贸易融合发展，不仅为推进"一带一路"基础设施互联互通及产能合作提供重要保障，也有助于为发达国家及发展中国家经济发

① 推进"一带一路"建设工作领导小组办公室．共建"一带一路"倡议：进展、贡献与展望[R].2019-04-22.

② 推进"一带一路"建设工作领导小组办公室．共建"一带一路"倡议：进展、贡献与展望[R].2019-04-22.

展拓展更大的市场空间。

一、“一带一路”实现产能合作与服务贸易融合发展是大势所趋

目前，“一带一路”沿线国家和地区间的产能合作与服务贸易合作已经展开。但以金融业为重点的服务业企业“走出去”滞后于实体企业“走出去”的步伐，也滞后于产能合作的实际需求。在深化产能合作的同时，加快推进服务业领域的国际合作，成为共建“一带一路”倡议的重大任务。

1. “一带一路”蕴含巨大的服务贸易需求

（1）国际产能合作带来巨大的服务贸易需求。近年来，我国同“一带一路”沿线国家与地区间的产能合作进程不断深化。2013—2018 年，我国企业对沿线国家直接投资超过 900 亿美元，在沿线国家完成的对外承包工程营业额超过 4000 亿美元。2019 年 1—4 月，我国在“一带一路”沿线国家和地区对外承包工程额达到 404.3 亿美元，占同期总额的比重提升至 60.7%。基础设施互联互通带来直接投资项目、国际产能合作，不仅将在当地带来大量的工业品和消费品等市场需求，而且还将带来大量的服务贸易需求。

（2）国际产能合作要求服务贸易协同发展。随着产能合作进程的不断加快，迫切需要围绕产能合作的研发设计、商务物流、金融保险等服务贸易的协调发展，以提升产能合作有效性并降低风险。当前，我国开展国际产能合作，要更加注重推动工程承包、研发设计、相关咨询、第三方认证、金融、保险、物流、采购等服务业企业“走出去”，以服务贸易合作提升产能合作水平，带动关联产业的上、下游国际市场需求。尤其是在以信息技术为重点的高科技迅猛发展的背景下，各国在数字经济、服务贸易、智能制造等新兴产业与技术合作的空间巨大。

（3）越来越多发达国家参与开展第三方市场。当前，我国与发达国家共同开拓第三方市场并取得了积极进展。以德国西门子为例，公开数据显示，截至 2017 年，西门子已与中国能建、中国电建和中石油等上百家央企，在“一

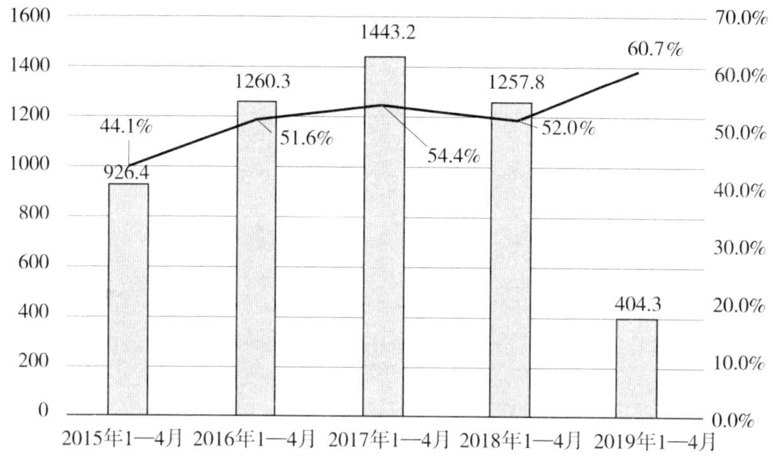

图 5.3：2015—2019 年 1—4 月我国企业在"一带一路"沿线国家新签承包工程项目额（美元）及占比

数据来源：商务部网站。

带一路"的电力、油气与化工、矿山与工业等投资领域开展了合作，由此得到巨大的商机。2017 财年（2016 年 10 月 1 日至 2017 年 9 月 30 日），西门子在中国的总营收达到 72 亿欧元，比 2014 财年增长了 12%，增速是 2011—2014 财年的 15 倍①。

2. 服务贸易发展滞后于产能合作及区域经济合作进程

2018 年，我国与"一带一路"沿线国家和地区服务进出口额超过 1200 亿美元，占同期我国服务贸易总额的 15.4%②，较上一年有明显提升，但与货物贸易占比 27.4%的水平仍有明显差距。因此，在深化产能合作的同时，加快推进服务业领域的国际合作，成为"一带一路"高质量发展面临的重大任务。

3. 推进"一带一路"由产能合作为主向产能合作与服务贸易并重发展转变

（1）把统筹产能合作与服务贸易作为加快构建"一带一路"自由贸易区

① 西门子："一带一路"建设为跨国企业带来商机[EB/OL]. 新华网，2018-05-16.

② 2018 年我国与"一带一路"沿线国家和地区服务进出口额超 1200 亿美元[EB/OL]. 新华网，2019-05-22.

网络的重点。与“一带一路”沿线国家和地区相比，我国在数字经济、信息技术、金融保险等服务业领域具有明显优势。与“一带一路”沿线国家和地区开展服务贸易合作不仅有利于提升产能合作的稳定性，而且有助于在服务业国际分工中占据主动，缓解服务贸易逆差的进一步扩大。这就需要以服务贸易为重点加快构建“一带一路”自由贸易区网络，推动我国与“一带一路”沿线国家与地区在旅游、交通、信息技术、电子商务、金融保险、文化教育等服务贸易领域的合作，提升服务贸易项下的人员往来便利化水平。

（2）以统筹产能合作与服务贸易发展吸引更多发达国家参与。一方面，大多数发展中国家处于工业化初期，对基础设施建设和工业发展有巨大需求，但缺乏技术和资金支持；另一方面，发达国家受产业空心化、国内市场需求不足等因素的影响，虽拥有先进的技术和核心装备，但限于国内产能不足和成本过高，无法有效开发第三方市场，导致经济增长动力不足。如果重产能合作而轻服务贸易，不仅对产能合作产生制约，也会降低发达国家参与“一带一路”建设的积极性。吸引发达国家参与“一带一路”建设，不仅在于我国拥有进口服务贸易的巨大市场，也在于可以与我国产能合作相结合，共同开发沿线第三方大市场。

（3）以统筹产能合作与服务贸易促进我国制造业更好的“走出去”。通过服务贸易合作带动我国制造业全球布局，进一步建立健全区域合作的供应链、产业链和价值链，有助于我国制造业在全球范围内配置资源，实现转型升级。例如，通过技术服务贸易，促进制造业同信息技术密集型服务业融合，以服务型制造为核心的新业态参与全球产业链的结构再调整和价值链重构，把生产要素的国内合理配置提升到全球范围配置，促进形成制造业的全球布局，提升我国制造业的国际竞争力。

（4）把统筹产能合作与服务贸易作为推动贸易强国建设的重要途径。未来，在积极开展同发展中国家产能合作的同时，需要加快培育我国服务贸易国际竞争力，把产能合作与服务贸易相结合，作为推动我国走向服务贸易强国的重要途径。

二、开展灵活多样的产业项下自由贸易

充分考虑"一带一路"沿线国家和地区发展水平、发展需求、制度差异、承受能力。本着先易后难、循序渐进的原则，开展服务业项下、基础设施项下、制造业项下的自由贸易政策，务实推进"一带一路"沿线产能合作与服务贸易融合发展进程。

1. 与沿线国家开展相关服务业产业合作

（1）率先开展旅游产业合作。"一带一路"沿线国家赴中国旅游游客保持稳定增长，由2013年的903万人次增长到2017年的1064万人次。我国出境到"一带一路"沿线国家的游客人次逐年攀升，由2013年的1549万人次增长到2017年的2741万人次，5年间增长了77%，年均增速达15.34%[①]。为适应我国城乡居民对高水平服务型消费需求全面快速增长的趋势，应尽快与"一带一路"沿线国家和地区开展以教育、健康、医疗、旅游、文化、金融、免税购物、会展为重点的服务业项下的自由贸易试点。

（2）开展金融与保险合作。针对目前"一带一路"建设资金供求缺口及期限错配等问题，需要发挥政府性基金、政策性银行贷款等资金的杠杆效应，推进同跨境商业银行、企业债券发行等领域的合作，拓宽"一带一路"项目建设资金来源；以重点项目为依托，积极开展人民币在"一带一路"沿线国家和地区的跨境使用；针对"一带一路"沿线国家和地区经贸合作风险多样化特征，需要加强风险管理合作，推动各国在风险对冲与交易、信用调查与评级、保险等领域的监管合作。

（3）开展医疗健康产业合作。通过建立健康产业基金、健康科技园区、健康服务业合作示范基地等合作平台，形成"资金、政府、科研"的合作体系，打造一批面向"一带一路"沿线国家和地区的国际化医疗保健机构。加强在健康管理、健康职业教育、健康技术研发等领域的互利合作。

（4）开展数字经济合作。依托"一带一路"倡议，建立全球性和区域性

---

① 中国旅游研究院."一带一路"旅游大数据专题报告[R].2018-10-17.

的数字自由贸易产业园区，协调国家间数字贸易政策和竞争政策，建立数字贸易、数据传递、数据安全、网络安全与监管等制度安排。立足我国电子商务发展优势，重点推进与沿线国家和地区跨境电子商务交易便利化建设，拓宽跨境电子商务的市场空间，建立跨境电子商务服务贸易规则。

2. 以基础设施互联互通推进自由贸易进程

（1）统筹推进基础设施合作和自由贸易区网络建设。加快构建“一带一路”沿线国家和地区互联互通的海运水运网、高速公路网、高速铁路网、航空网、通信光缆网，对沿线贸易和生产要素进行优化配置，促进区域一体化发展；构建基础设施合作的多边机制，把整合全球性、区域性的基础设施投资计划作为加快实施自由贸易区战略的重要任务，在“一带一路”自贸网络建设的大框架下对基础设施投资合作进行战略布局，形成互为依托、互为促进、统筹推进的新格局。

（2）依托六大经济合作走廊推进自由贸易网络建设。依托中巴经济走廊，逐步将瓜达尔港打造成以能源资源储备加工为重点的自由贸易区；依托中蒙俄经济走廊，加快推进中国与俄、蒙毗邻地区跨境铁路、公路等基础设施互通互联，推进中俄、中蒙贸易投资便利化制度安排，推进以能源矿产电力等产业为重点的中蒙、中俄跨境自由贸易示范区建设；依托中印缅经济走廊，提速国家大通道建设，打造沿边自由贸易区；依托中国—中亚—西亚经济走廊，加快石油管道和天然气管道等能源基础设施互联互通，创造条件积极开展能源项下自由贸易。

（3）以基础设施互联互通带动装备制造业“走出去”。把基础设施互联互通作为推进贸易投资便利化的重要内容，实行基础设施项下的自由贸易政策，享受关税优惠，带动我国机械、装备、零部件等相关产品出口以及金融保险、研发设计、科技咨询、信息技术、现代物流等服务产品出口。

3. 推进能源项下自由贸易

（1）与沿线能源生产国签订双边、多边能源自由贸易与产业合作协议。共同建立能源价格风险管理机制，共同建设石油合作战略储备基地，共同研究建立能源产业基金等，稳步推进能源项下的双边多边自由贸易合作。

（2）推进能源技术合作。积极推进与“一带一路”沿线国家和地区在能源可持续开发使用、可再生能源和新能源开发方面的技术合作。形成互利共赢的能源合作规则，促进公平可持续的能源治理格局，提高发展中国家和新兴经济体在全球能源定价中的话语权；积极开展与能源相关的服务贸易领域合作，推进能源产能合作与相关服务贸易融合发展。

三、探索多种形式的“一带一路”经济合作圈

“一带一路”倡议重在推动沿线国家和地区在基础设施、制造业、服务业、能源资源等多个领域开展广泛合作，为区域经济的提振和世界经济的增长注入新的动力。通过建立多种形式的经济合作圈，对贸易和投资自由化便利化的制度安排先行先试，为构建“一带一路”自贸网络奠定重要基础。

1. 打造能源经济合作圈

（1）建立沿线能源经济合作圈。在我国与“一带一路”沿线国家和地区的能源通道节点城市，建设能源加工园区、能源保税港区、新能源产业园区、能源跨境经济合作区和以能源为重点的工业港区等。进一步打造区域能源贸易中心、能源共同储备基地、能源合作创新中心等。

（2）加强与中东地区的能源产业合作。我国与中东国家在能源投融资、勘探开采、运输物流、加工储存、技术研发等领域的合作空间巨大。建立能源共同储备机制对加强“一带一路”能源供给安全、稳定当前世界能源市场价格具有战略意义。应与具备条件的中东国家建立更加紧密的能源战略合作的机制安排。

2. 建立旅游经济合作圈

（1）构建“泛南海旅游经济合作圈”。构建“泛南海旅游经济合作圈”是我国开发南海、加强与泛南海地区经贸关系的重要突破口。加快开辟泛南海邮轮旅游航线，使海南邮轮旅游产业成为构建“泛南海旅游经济合作圈”的先导产业，发挥海南在“泛南海旅游经济合作圈”中的重要作用。以旅游经济

合作圈提升开放合作水平。借助“一带一路”基础设施互联互通建设，促进区域内旅游交通设施便利化。加强海南与泛南海区域旅游合作，充分发挥各地的区位优势和旅游资源优势，共同打造边境、跨境、境外旅游合作区，构建开放性的区域旅游经济合作网络。建议在中央部委的大力支持下，争取推动有实力的企业参与建设，尽快把三亚凤凰岛建成一流的邮轮母港。

（2）建立东北亚旅游经济合作圈。东北亚地区旅游资源丰富，潜力巨大，但各国在发展旅游业方面均有不同程度的短板。例如，俄罗斯的自然旅游资源丰富，但旅游资源的开发不足；韩国国土面积小，旅游资源优势不明显，但其旅游产业发展迅速；日本人文旅游资源丰富，传统文化和旅游形象鲜明，但也因国土面积小，难以开发多样化的旅游产品；中国东北地区有着丰富的旅游资源与人文历史资源，但旅游产业发展相对滞后。加快构建“一带一路”东北亚旅游经济合作圈，在旅游标准制定、人员跨境流动、跨境旅游线路设计、基础设施互联互通等领域实现重要突破，并以旅游合作带动人文交流，可以为东北亚地区增强政治互信、安全互信提供重要条件。

（3）建立中亚旅游经济合作圈。中亚地区旅游资源丰富，具有极高的历史文化价值，在世界旅游市场上具有资源独特性。由于受基础设施建设滞后、入境手续烦琐等因素制约，旅游资源优势尚未转化为经济优势。《2017年旅游业竞争力报告》显示，哈萨克斯坦、吉尔吉斯斯坦、塔吉克斯坦旅游竞争力在全球排名分别为81、115、107位。近年来，在“一带一路”框架下，我国与中亚多个国家共同举办旅游年，创办丝绸之路旅游市场推广联盟等活动取得重要进展。未来，依托中国大市场，加快构建中亚旅游经济合作圈，实现我国西北五省与中亚五国在旅游线路、旅游基础设施、入境免签等领域的全面对接，通过联手举办旅游节、推出精品旅游线路、创建国际丝绸之路文化遗产统一品牌形象等途径，有利于实现资源共享、优势互补、互惠互利、共赢发展，推动建设丝路旅游共同体。

3. 建立医疗健康产业合作圈

（1）加快建设以东盟等为重点的健康医疗服务自贸园区。逐步对外资开放医疗服务业，吸引国际医疗服务机构、国际商业医疗保险机构进驻，推动我国医疗健康服务产业经济的升级和"一带一路"沿线国家和地区协同发展。例如，允许境外资本在园区内举办独资、合资医疗机构；在园区内实行高水平医疗标准；放宽境外医师在园区内执业限制；适当降低园区部分医疗器械和药品的进口关税；鼓励园区利用多种渠道融资，吸引社会投资；在园区内先行探索医疗保障制度对接试点等。

（2）多平台、多形式、多领域地开展医疗健康合作。通过建立健康产业基金、健康科技园区、健康服务业合作示范基地等合作平台，形成"资金、政府、科研"的合作体系，打造一批面向"一带一路"沿线国家和地区的国际化医疗保健机构。加强在健康管理、健康职业教育、健康技术研发等领域的互利合作。

（3）推动我国传统医疗保健产业"走出去"。充分发挥我国传统医疗产业优势，推广中医文化，积极发展中医药服务贸易，拓展与"一带一路"沿线国家的合作。

4. 建立新经济与科技创新合作圈

（1）全面扩大"一带一路"数字经济领域的开放合作。2017 年 12 月，在第四届世界互联网大会上，中国、老挝、沙特、塞尔维亚、泰国、土耳其、阿联酋等国家相关部门共同发起了《"一带一路"数字经济国际合作倡议》。该倡议标志着"一带一路"数字经济合作迈出重要步伐。以落实该倡议为重点，尽快出台 21 世纪的数字丝绸之路建设行动方案，加强我国数字经济发展与"一带一路"沿线国家和地区之间的对接，支持鼓励我国数字经济领域领军企业"走出去"扩大业务范围，为"一带一路"沿线国家和地区提供发展数字经济的"中国方案"，吸引更多国家加入"一带一路"数字经济开放创新网络中来。

（2）建立数字经济和电子商务合作圈。《"一带一路"数字经济国际合作倡议》推出以来，越来越多的国家携手共建和平、安全、开放、合作、有序的网络空间。依托"一带一路"倡议建立区域性的数字自由贸易产业园区，协调国家间数字贸易政策和竞争政策，推动形成数字贸易、数据传递、数据安全、网络安全与监管等制度安排。立足我国技术优势，以5G基础设施建设为重点，加快建立数字经济和电子商务合作圈。

（3）建立数字技术创新合作圈。充分发挥“一带一路”沿线国家科研机构和组织的地域特点及多学科综合优势，围绕“一带一路”建设重点领域，以及重大资源、环境、经济、民生和可持续发展等问题，组织、支持和实施国际科技合作研究计划①。搭建“一带一路”协同创新平台，加大重点科技基础设施建设，共同推进产业数字化转型。例如，在具备条件的“一带一路”沿线国家和地区建立联合实验室、联合研究中心、技术转移中心、技术示范推广基地和科技园区等国际科技创新合作平台；推进科技网络平台建设，促进科技创新等信息共享与合作；对联合开展科学研究和教学用品、科技开发用品实行免征进口关税和进口环节增值税、消费税等政策。

四、以产能合作和服务贸易为重点开展第三方市场合作

目前，第三方市场合作已成为共建“一带一路”的重要内容。统筹产能合作与服务贸易推进“一带一路”第三方市场合作，不仅有助于在双边和多边机制层面突破结构性瓶颈，而且能够释放“一带一路”建设的新动能。

1. “一带一路”第三方市场空间巨大

（1）第三方市场投资空间巨大。全球基础设施中心（Global Infrastructure Hub）预测，2019年，全球交通行业投资需求将达到1.6万亿美元，能源行业为0.9万亿美元，通信行业为0.3万亿美元，水务行业为0.2万亿美元，而这主要集中在“一带一路”沿线②。亚洲开发银行预测，亚洲作为“一带一路”的重点地区，2019年基础设施投资需求约为4590亿美元，相当于亚洲GDP的2.4%，其中南亚、东南亚和中亚地区的投资需求将分别达到GDP的5.7%、

① “一带一路”科技创新国际研讨会发布“北京宣言”[EB/OL]. 人民网，2016-11-08.

② 中国对外承包工程商会，中国出口信用保险公司．“一带一路”国家基础设施发展指数报告2019[R]. 2019-05-30.

4.1%和3.1%[①]。

（2）第三方市场经济发展与消费市场巨大。例如，亚洲地区是全球经济活动最活跃的地区，2008年国际金融危机以来这一趋势更加明显。2008—2017年，亚洲GDP年均增长4.6%，是全球平均增速的2倍，是发达国家平均增速的近4倍；最终消费年均增长5.8%，是全球平均增速的2.3倍，是发达国家平均增速的6.7倍。从增长空间来看，目前亚洲人口占全球的60%左右，但GDP总量仅占36.5%，最终消费规模占全球的31.5%。保守估计，若亚洲GDP年均保持4%的增速，通货膨胀率按1%计算，到2030年将新增15万亿美元的经济总量；若亚洲最终消费年均保持5%的增速，通货膨胀率按1%计算，到2030年亚洲将新增21万亿美元的消费市场[②]。在发达国家经济增速放缓、需求市场低迷的背景下，积极推动“一带一路”第三方市场合作的重要性逐渐凸显。

（3）第三方市场贸易发展空间潜力巨大。一方面，消费规模的快速增长带来进口贸易的快速增长。2005—2017年，亚洲各类商品与服务进口额年均增长7%，高于出口增速0.2个百分点；亚洲进口增速是全球平均水平的1.5倍；是发达国家平均进口增速的2.5倍。另一方面，亚洲国家正处于经济服务化的加速阶段。2017年，亚洲国家服务业平均占比56.5%，还有10~15个百分点的提升空间，这将带来3万亿~4万亿美元的市场空间。随着亚洲经济快速服务化，将带来巨大的服务贸易需求。2005—2017年，亚洲服务贸易年均增长8.1%，是全球平均水平的1.4倍，是发达国家平均增速的1.7倍[③]。

2. 促进我国产能优势与发达国家服务优势的互补

（1）加强金融与产能合作的融合。“一带一路”建设需要大量资金支撑。据亚开行估算，2030年前亚洲对基础设施建设的资金需求约26万亿美元，其

---

① 中国对外承包工程商会，中国出口信用保险公司．“一带一路”国家基础设施发展指数报告2019［R］．2019-05-30.

② 根据联合国贸易和发展会议数据库统计数据得出。

③ 根据联合国贸易和发展会议数据库统计数据得出。

中电力投资需求14.7万亿美元、交通投资需求8.4万亿美元①。即使将亚开行与亚投行、世界银行的资金合在一起，仍然存在明显缺口，需要更大的资金规模和更多元化的投资主体。为此建议：一是在《“一带一路”融资指导原则》下加强丝路基金、亚投行与亚开行、世界银行等的贷款合作；二是合作开发“一带一路”债权、股权、股债结合、股权投资计划、资产支持计划和私募基金等多种投融资产品；三是重点与英、法、日、德等国家强化在企业财产保险、人身保险、工程保险、各类责任保险、货物运输保险及相关衍生品等领域的合作。

（2）加强研发设计与产能合作融合。目前，我国虽然已成为全球产业门类最齐全的国家，但在很多产业领域的技术水平还有待提升。依托我国的基建技术、工程能力、工业和价格结构，以及丰富经验等优势，进一步结合西方发达国家企业在国际基建项目可行性论证、规划实施、风险管控、后期整合运营等经验，合作开发第三方市场。不仅可以为所在国创造更多就业机会，而且对中国和发达国家经济增长也有益处。

（3）加强物流服务与产能合作融合。以新亚欧大陆桥、中蒙俄、中国—中亚—西亚、中国—中南半岛、中巴和孟中印缅等六大国际经济合作走廊为重点，加快吸引发达国家优质物流企业入驻“一带一路”沿线跨境产业园，通过联合人才培养、技术合作、基础设施建设等方式，提升“一带一路”沿线物流产业发展水平；鼓励物流企业走出去，积极开展库存管理、物流成本控制、流通加工、物流信息服务等相关增值业务，延长物流产业链；积极推动我国物流企业与国外企业在出口信用保险、保价理赔、物流融资、海洋运输保险等物流金融方面的合作，提升我国物流综合服务能力；合作建设“一带一路”商贸物流（商务）数据交换平台，联合制定国际物流服务标准，打造功能齐全、智慧互联的一站式商贸物流公共信息服务网络。

（4）加强环境保护与产能合作融合。当前，围绕环境保护的第三方市场

---

① 亚洲开发银行：亚洲需在2030年前对基础设施投资26万亿美元[EB/OL]. 商务部网站，2017-03-01.

合作已经展开。例如，来自相关国家和地区的100多个合作伙伴共同成立"一带一路"绿色发展国际联盟；我国积极实施"绿色丝路使者计划"，已培训沿线国家2000人次①。总的看，日本等发达国家在绿色能源、绿色基础设施、绿色技术、绿色产品、绿色采购、绿色金融等方面具有明显优势且积累了多方面经验。"一带一路"沿线大部分国家改善环境的需求，为"绿色丝绸之路"的第三方市场合作提供了巨大空间。

3. 形成第三方市场合作的制度安排

（1）强化第三方市场合作的顶层设计。加快同"一带一路"沿线发达国家和发展中国家政府及企业共同制定《"一带一路"地方市场合作框架协议》，明确第三方市场合作的原则、程序、标准、合作机制、利益分配等方面的安排，为各方提供一个稳定的预期。

（2）采用多种模式灵活开展第三方市场合作。"一带一路"沿线国家和地区的优势及发展需求不同，需要灵活采用如实施特定产业项下的自由贸易、共建特定产业的跨境合作园区、签署自贸投资协定、进行人文交流等多种方式。例如，对区域全面经济伙伴关系（RCEP）成员国，可积极努力推动自贸投资协定的签订；对尚不具备签署协定的国家，可从探索产能项下、基础设施项下、特定服务业项下的自由贸易政策入手。

（3）建立第三方市场合作支持促进机制。例如，建立三方共同参与的"一带一路"第三方市场合作常态化部门，并建立第三方市场合作的部长联席会议，制定详细的合作路线图及重点工作实施计划；充分利用互联网技术，建立第三方重点国别信息库和企业信息库，定期发布第三方市场合作需求清单，促进第三方市场合作供给与需求的有效对接；打造第三方市场合作企业、智库、金融等联盟，建立第三方市场合作论坛定期举办制度，促进形成全方位的第三方市场合作格局。

---

① 推进"一带一路"建设工作领导小组办公室．共建"一带一路"倡议：进展、贡献与展望[R]. 2019-04-22.

第三节 “一带一路”重要目标：构建双边多边自贸网络

共建“一带一路”倡议，需要以构建多层次自由贸易网络为重要目标，打造包括广大发展中国家在内的全球共商共建共享大平台，为共建开放型世界经济、维护并完善多边贸易体制、推动全球自由贸易进程提供重要动力。

一、构建全球互联互通的伙伴关系

以“一带一路”沿线国家和地区为重点，加快建立多种形式的自由贸易网络，有利于我国在推进新一轮全球贸易和投资自由化便利化进程中发挥更大作用，是构建全球互联互通伙伴关系的务实举措。

1. 构建全球互联互通伙伴关系需要加快构建双边多边自贸网络

（1）以自贸网络应对经济全球化新变局。在经济全球化的新形势下，“一带一路”建设需要加快建立双边自由贸易区、开展多种形式的自由贸易，尽快形成制度安排，在投资贸易便利化上实现重要突破。推进“一带一路”自由贸易区网络建设，对促进全球经济一体化和改善全球经济治理结构具有重要影响。同时，有利于增强各方对全球经济一体化的信心，共同抵制各种形式的贸易保护主义。

（2）以自贸网络助力“一带一路”高质量发展。总的来看，推动“一带一路”高质量发展仍面临多方面挑战。例如，目前“一带一路”沿线国家和地区大部分都是发展中国家，且经济发展程度、政治体制、文化历史、宗教状况有所不同。为此，需要构建灵活多样的自贸网络以形成制度安排。在此背景下，以构建自贸网络为重点，在基础设施、产能合作、服务贸易等领域形成一系列制度性、机制性安排，画好“一带一路”“工笔画”。

（3）以自贸网络有效降低“一带一路”贸易成本。根据世界银行发布的

《2019年营商环境报告》显示，受经济基础、市场开放和成熟程度等诸多因素的影响，欧洲与中亚国家、东亚及太平洋地区国家、南亚国家的出口所需费用成本分别是经济合作与发展组织的1.1、2.7、2.5倍；进口所需费用成本分别是经济合作与发展组织的1.6、4.1、5.0倍①。贸易成本过高成为制约区域发展的主要障碍之一。与欧盟等区域一体化方面取得实质性进展的地区相比，“一带一路”沿线国家面向区域内国家的出口和进口在对外贸易总额中的比重明显偏低。构建“一带一路”自贸网络是降低参与国贸易成本的一项实质性举措。

2. 把服务贸易自由化便利化作为构建自贸网络的重中之重

（1）“一带一路”自贸网络服务贸易自由化便利化安排滞后。当前，我国与“一带一路”沿线国家共签订10个自贸协定，因发展水平不同，内容及开放度也不一致，服务贸易自由化便利化安排的滞后问题仍然存在，且在亚洲区域更为突出。未来，为适应服务贸易快速发展大趋势，适应“一带一路”产能合作与服务贸易融合发展大趋势，需要把服务贸易自由化便利化安排作为构建“一带一路”自贸网络的重点。

（2）发挥我国服务贸易在“一带一路”沿线的比较优势。从服务贸易竞争力水平来看，除新加坡、韩国、以色列等国家外，我国服务贸易与“一带一路”沿线其他国家和地区相比仍具有一定优势。此外，我国在数字经济、信息技术等多个服务业领域具有明显优势。在服务贸易及重点服务业领域积极开展合作不仅有利于提升产能合作的稳定性，提高沿线国家和地区经济发展水平，而且可以在服务业国际分工中占据主动，减缓我国服务贸易逆差的进一步扩大。

3. 加快建立“一带一路”自贸网络

（1）以维护多边贸易体制为基本原则。传统的双边关系面临严峻挑战，维护多边贸易体制已经成为我国扩大开放的战略目标。在新形势下构建“一带一路”自贸网络，需要坚定捍卫基于规则基础的多边贸易体制，并在多边

① 世界银行.2019年营商环境报告[R].2018-10-31.

体制中妥善处理传统双边经贸关系。

（2）突出实现双边、多边的优势互补。构建“一带一路”自由贸易区网络，需要立足沿线国家和地区的基本国情，发挥各自的资源优势，实现优势互补、互惠互利，本着先易后难、循序渐进的精神，采用包括“早期收获计划”、框架协议、双边投资协定等多种合作形式，与“一带一路”战略支点国家共建灵活多样的双边多边自贸区，形成利益共同体、命运共同体。

（3）采取分类推进、灵活多样的自贸安排。根据“一带一路”沿线国家和地区的发展水平、发展优势、发展需求，打造多层次、多类型的自由贸易区，继续在推进贸易投资自由化、便利化、法治化的进程中，让更多新兴经济体和发展中国家、发达国家参与进来，分享经济全球化红利。例如，对“一带一路”沿线的发展中国家，结合对方诉求及我国的特点、优势，以重要战略性国家为重点，在市场原则前提下，实行制造业项下、服务业项下、基础设施项下的自由贸易政策；对发达国家，以服务贸易自由化便利化为重点，构建高标准的自贸协定；对新兴经济体，加快商签区域性优惠贸易协定，共同建立一体化大市场。

二、推进“一带一路”多边自贸区建设

探索建立“一带一路”多边自由贸易区，是推进开放、包容、共享的多边贸易体制和区域经济合作、推动构建开放型世界经济的重要举措，是促进贸易和投资自由化便利化的务实行动。

1. 探索建立上合组织自由贸易区

（1）条件总体具备，要加快推进。目前，上合组织发布的元首宣言与总理会议公报等均明确支持“一带一路”倡议，各成员国也积极将本国发展战略与“一带一路”倡议进行协同对接。

——蕴含巨大市场潜力。上海合作组织自 2001 年成立以来，逐渐形成了政治安全、经贸合作和人文交流三大支柱，成为全球经济增长较快的区域之一。随着印度和巴基斯坦的正式加入，上海合作组织成员国人口占世界比重从

25%提升到44%，经济总量从占世界GDP15%扩大到25%[①]。2001年成立之初，我国与各成员国的贸易额仅为120亿美元，到2017年达到2176亿美元[②]。建立上合自由贸易区，将带动GDP近1000亿美元的增长，带动进出口总额近1300亿美元的增长[③]。

——保障上合组织有力运转。在当前全球经济下行压力加大、多边贸易体系面临挑战的背景下，建立上合组织自由贸易区，对推动中亚和南亚区域经济一体化，扩大上合组织的区域影响和全球影响，提升上合组织在国际重大事务中的话语权，都将发挥重要作用。

——直接关系我国向西开放格局。上合组织是衔接“一带一路”与“大欧亚伙伴关系”的重要平台。推进上合组织自由贸易区进程，直接关系“一带一路”能源、交通大通道的建设，不仅为俄罗斯和中亚国家提供南下印度洋的通道，也将带动孟中印缅经济走廊、中巴经济走廊、中国—中亚—西亚经济走廊和中蒙俄经济走廊的建设，对中亚和南亚的地缘政治经济格局有着重要影响。

——直接关系到共建“一带一路”倡议的进程。从建设重点上看，上合组织与“一带一路”倡议致力的重要方向与合作内容高度相关。“一带一路”倡议致力推进的六大经济走廊，相当一部分是上合组织安全合作的重点覆盖区域，更是上合组织开展经贸合作绕不开的范畴。

（2）以世贸组织协定为基础启动自贸区谈判。建立上合组织自由贸易区的一个现实有利条件是多数成员国均为世贸组织成员国，便于以世贸组织的协定为基础，尽快启动自贸谈判。

——确立上合组织自由贸易区的发展目标，显著降低关税和非关税壁垒，提升贸易投资便利化水平，在欧亚大陆次区域内形成统一市场。

---

① 李进峰．上海合作组织黄皮书：上海合作组织发展报告（2017）［M］．北京：社会科学文献出版社，2017.6.

② 聚焦上合青岛峰会［N］．21世纪经济报道，2018-06-29.

③ 上合自贸区呼之欲出GDP增幅将破千亿美元大关［N］．中国产经新闻报，2016-10-25.

——消除在服务贸易领域的障碍，加强运输、物流、旅游、教育、建筑、通讯等重点领域的合作，促进电子商务的发展。

——把投资保护和促进作为自贸区建设重要内容，加强安全合作，保障机构、企业和人员安全。

——提升产能合作水平。根据共同需求，明显提升在交通、能源、电信、信息、农业、环保、科技、加工制造业等领域的产能合作水平，探索实行国际产能和装备制造业项下的自由贸易政策。

（3）加快规则与机制对接，提高贸易便利化程度。目前，上合组织成员国合作的领域已经从传统的贸易、投资、能源、交通扩大到金融、科技、农业、环保、旅游等多个领域，但主要是具体项目对接。在这个基础上，应加快推进贸易投资、市场准入、海关监管等方面的规则与机制对接，提升贸易投资自由化便利化水平。有研究表明，如果将上合组织 8 个成员国间通关时间缩短 25%，GDP 总量将增加 540 亿美元，进出口总额将相应增加 200 亿美元①。

（4）加强重点产业领域合作。

——以可持续发展为导向，全面落实《2017-2021 年上海合作组织进一步推动项目合作的措施清单》，尽快在贸易投资、金融、海关、农业、科技、环保、交通基础设施等领域取得突破。

——整合成员国能源优势，建立稳定的能源供求关系，以在世界能源秩序中谋求有利地位。

——加强金融领域的互利合作，推进人民币和成员国货币之间的直接兑换，为促进投资贸易便利化创造良好的金融环境。

——推动与上合组织在农业生产、农产品贸易以及食品安全等领域的合作，为农业领域合作提供平台。

（5）探索多种形式的自由贸易政策安排。全面实施基础设施项下、产能项下、农业项下的自由贸易政策；总结并推广中哈霍尔果斯边境国际合作中心

① 区域经济杀出“黑马”上合组织经贸项目步入落地期[N]. 上海证券报，2016-10-21.

的经验，与其他成员国共同建立产业项下的境内和跨境产业园区、工业园区和自贸区。

2. 推进中国—海合会自贸区合作进程

（1）时机条件比较成熟。

——对提升双方在全球能源治理秩序中的影响力和话语权具有战略意义。中国—海合会自贸区一旦建成，将在构建"一带一路"能源经济合作圈中发挥重要作用，对其在全球能源治理秩序中的影响力和话语权产生重要影响。

——中国与海合会国家经贸的互补性较强。从海合会国家看，大部分国家的经济结构单一，对我国的机电设备、信息通讯等高新技术产品和轻工类商品需求较大。2018 年，我国与海合会双边贸易额达到 1626 亿美元，同比增长 27.4%。我国从海合会进口原油从 2014 年的 1.05 亿吨增加到 2018 年的 1.26 亿吨①，同比增长 12.3%。目前，海合会是我国第七大货物贸易伙伴、第一大建筑工程承包市场；我国是海合会最大贸易伙伴国和最为重要的石油出口目的地。随着海合会国家产业多元化和贸易多元化战略的实施，对华贸易需求将进一步增加，对基础设施、制造业、金融及相关服务业的双边自由贸易需求将进一步增强。

——中国—海合会自贸区谈判已经取得重要进展。2004 年以来，中国—海合会自贸区已经进行了 9 轮谈判，在货物贸易、服务贸易、投资、经济技术合作、海关核查程序、技术性贸易壁垒、卫生和植物卫生措施、贸易救济等领域达成一致。总体看，建立中国—海合会自贸区的时机条件比较成熟。

（2）推动发展战略对接。在"一带一路"倡议框架下，推动国际产能合作与海合会的经济结构多元化战略对接，相互借力，加快推动经济结构优化调整，带动我国与海合会的经济合作。

（3）以开展能源项下的自由贸易为重点，打造能源经济共同体。推动能源价值链合作以及油田工程技术服务、设备贸易、行业标准对接。加强可再生能源和绿色能源开发和技术创新领域的合作。加快建立中国—海合会石油战略

① 中国同海湾阿拉伯国家合作委员会关系[EB/OL]. 外交部网站，2019-04.

储备机制，建立能源安全合作基金等项目。

（4）扩大服务贸易领域合作。推动我国与海合会成员在旅游、交通、信息技术、电子商务、金融等服务贸易领域的合作，提升服务贸易项下的人员往来便利化水平。

（5）创新重点领域合作机制。结合双方基础和条件，围绕能源、金融、基础设施、产业园区、智慧城市等重点领域，创新合作机制。例如，将能源合作与货币合作相结合，将金融合作与基础设施建设相结合，将产能合作与共同开拓第三方市场相结合。

3. 适时将中国与欧亚经济联盟经贸合作协定升级为自贸协定

（1）时机条件比较成熟。欧亚经济联盟的成员国有俄罗斯、哈萨克斯坦、白俄罗斯、吉尔吉斯斯坦和亚美尼亚，均是“一带一路”倡议的重要合作伙伴。一方面，欧亚经济联盟积极与欧盟合作，主动提出建立自贸区的意愿，而欧盟对此并不积极；另一方面，欧亚经济联盟大力推进与上海合作组织和中国丝绸之路经济带的对接合作。在此背景下，加快推进中国—欧亚经济联盟自贸合作进程，对推动“一带一路”倡议具有重要意义。

（2）中国与欧亚经济联盟及其成员国经济互补性强，贸易合作潜力大。我国巨大的制造业能力与能源需求同欧亚经济联盟国家的能源资源与消费品需求形成互补。2018年，俄罗斯对我国出口的矿产品占其对我国出口总额的77.9%；由我国进口的机电产品占其进口额的50.7%①。从趋势来看，我国与欧亚经济联盟成员国之间仍有巨大贸易合作潜力。2018年，我国与欧亚经济联盟贸易额由2017年的1030亿美元增至1270亿美元，增长了23%；我国在欧亚经济联盟贸易额中所占份额从2017年的16.2%增至16.76%②。如果中国—欧亚经济联盟自贸区建成，将会形成一个15.4亿人口和65万亿美元经济总量的自由市场，对促进丝绸之路经济带区域一体化形成示范和带动作用。

（3）以中国—东盟自贸区升级版为参考启动双方的自贸谈判。目前，中

① 根据商务部《国别贸易报告》统计数据整理得出。

② 2018年欧亚经济联盟与中国贸易额增长23%[EB/OL]. 商务部网站，2019-04-19.

国—东盟自贸区升级版已经建成，并取得了重要经验。为此，建议把尽快开展可行性研究、启动中国—欧亚联盟自贸协定谈判作为构建"一带一路"自贸网络的重要内容。

（4）重点提升中国与欧亚经济联盟投资贸易便利化水平。我国与欧亚经济联盟面临着贸易成本较高、贸易便利化较低、非关税壁垒较多等挑战。而现有协定并未规定关税减让，以及开放服务或政府采购市场，只提出大幅削减现存的贸易壁垒，主要涉及认证、技术监管及其他行政管理程序等方面的内容。为此，需要降低双方市场准入，在货物贸易通关便利化领域、降低服务贸易与投资壁垒领域加快实现制度安排。

三、加快与"一带一路"重要贸易伙伴的双边自贸进程

考虑到我国与"一带一路"沿线国家和地区在发展和开放水平等方面的差异，应采取多种形式、分类推进的方式，重点与"一带一路"沿线以及产能合作重点国家加快共建双边自由贸易进程。

1. 升级已有的双边自由贸易区

目前，我国已同24个国家和地区签署了16个自贸协定，但自贸协定主要集中在传统贸易领域，如人员劳务、商品流通、产业合作、消除贸易壁垒等方面。短期内，在条件具备的情况下逐步提升已有自由贸易区的自由化水平；中长期，适应服务贸易加快发展的大趋势，以建立高标准自由贸易区网络为目标，围绕提升贸易便利化水平、服务业市场开放、产能合作、双向投资实现自由化和便利化、规制合作、削减关税和非关税壁垒、保护知识产权、环境保护、电子商务、自然人移动便利化等方面，推进中国—东盟自由贸易区、中国—新西兰、中国—韩国、中国—澳大利亚、中国—智利、中国—秘鲁、中国—瑞士等自贸区升级版进程。

2. 加快推进已取得实质性谈判成果的双边自贸进程

（1）加快中挪自贸协定谈判进程。2018年，中挪两国服务贸易额为97亿

克朗（1 挪威克朗约等于 0.777 元人民币），比上一年增长 51%①。但总的来看，中挪服务贸易潜力远未释放。2019 年 3 月，中挪双方就货物贸易、服务贸易与投资、原产地规则、海关程序与贸易便利化、技术性贸易壁垒、卫生与植物卫生措施、贸易救济、环境、法律议题、争端解决、知识产权、竞争政策、政府采购等相关议题展开磋商，并取得积极进展。挪威积极响应中方提出的“一带一路”倡议，中国和挪威作为亚洲基础设施投资银行创始成员国，双方可以在“一带一路”框架内，加强丝绸之路与北欧新琥珀之路的对接，充分利用中挪关系明显改善的重大契机，加快实现中挪自贸协定谈判的重要突破，以此带动我国与北欧地区的合作进程。

（2）加快中国—以色列自贸协定谈判进程。中以两国经济优势互补，以色列是我国在中东主要的经贸合作伙伴之一，也是“一带一路”沿线的重要合作伙伴。我国是以色列第三大贸易伙伴，更是在亚洲的第一大贸易伙伴。近几年，双方在农业、医疗、食品、化工和高科技等领域的贸易和投资额增长迅速，贸易规模继续扩大。2017 年，双边贸易额 131.21 亿美元，同比增长 15.6%，其中我国出口 89.19 亿美元，同比增长 9%，进口 42.02 亿美元，同比增长 32.4%②。2019 年 5 月，中以双方就货物贸易、技术性贸易壁垒、投资、知识产权、政府采购、电子商务、竞争政策、争端解决、法律与机制条款等议题展开磋商，并取得积极进展。为此，需要以农业及农业项下的技术、商务等为重点，争取尽快实现中以自贸协定谈判的突破。

（3）加快中国—马尔代夫自贸协定审批以及中国—斯里兰卡自贸协定谈判进程。2017 年 12 月 7 日，我国与马尔代夫在北京正式签署《中华人民共和国政府与马尔代夫共和国政府自由贸易协定》，下一步，双方将各自履行国内法律审批程序，推动协定早日生效实施。目前，我国与斯里兰卡已经开展了 5 轮自贸区谈判，双方就货物贸易、服务贸易、投资、技术合作、通关程序和贸易便利化、技术性贸易壁垒、争端解决等议题展开了深入磋商，谈判已经取得

① 挪威商务参赞看好挪中两国服务贸易合作前景[EB/OL]. 新华网，2019-05-14.
② 根据商务部《国别贸易报告》统计数据整理得出。

积极进展。接下来，我国要抓住机遇，加快审批与谈判进程，争取早日建成中马、中斯自贸区。

3. 启动与主要贸易伙伴的双边自贸区谈判

（1）启动中国与南非等非洲国家双边自贸区谈判。利用中非合作论坛机制，积极落实中非“十大合作计划”，统筹推进中非基础设施合作计划和中非贸易投资便利化合作计划，与南非、加蓬等非洲国家开展自贸合作，推进包括货物贸易、服务贸易和投资合作等在内的全面自由贸易协定，充分挖掘双方经贸合作潜力，提高贸易投资自由化便利化水平，使更多非洲国家分享中国大市场的红利。

（2）加快与巴西、墨西哥、土耳其等新兴市场国家自由贸易区谈判。巴西是我国在拉美的第一大贸易伙伴，同属金砖国家；面对单边主义、贸易保护主义的压力，墨西哥寻求与中国贸易合作的积极性可能会有所提高；中土两国是共建“一带一路”的天然伙伴，双方在金融、能源、食品、旅游和基建等领域具有巨大合作空间。总的看，随着经济的快速发展，新兴市场国家将成为我国未来仅次于发达国家的重要出口市场和对外投资合作对象国。为此，需要提前布局谋划。新兴经济体与我国产业同质性较强，为避免建立自贸区后经济受到冲击，可以采取多种方式分步推进，对于降低关税与扩大服务业开放有顾虑的国家，可借鉴亚太贸易协定商签的优惠贸易协定方式进行谈判，逐步建立自由贸易区；在投资领域，可实行特定产业的开放。同时，利用中拉合作论坛机制，加快与更多拉美国家自由贸易协定的谈判，争取缔结更多的双边自由贸易区。

（3）启动中国与尼泊尔、孟加拉等南亚国家自贸区谈判。推动“一带一路”倡议与尼泊尔、孟加拉国家重建和发展规划对接，加强在道路、口岸建设等领域合作，进一步提升基础设施互联互通水平；尽快开展中尼、中孟双边自贸协定联合可行性研究，在此基础上，启动中尼、中孟双边自贸区谈判，加快构建中尼、中孟自由贸易区。

4. 将有条件的跨境经济合作区提升为双边自由贸易区

随着跨境经济合作区的进一步深化，将有条件的跨境经济合作区升级为双边自由贸易区，简化通关流程，降低关税，消除贸易壁垒，推进资金流、物流、人员流动的便利化，逐步消除生产要素跨境流动的障碍，使其成为双边深化投资贸易合作的先行试验区。例如，把黑龙江绥芬河、云南临沧等跨境经济合作区提升为跨境自由贸易区。

第四节 “一带一路”重大任务：形成区域开放新格局

“一带一路”倡议横贯我国东中西部、联通国际国内，为我国形成区域开放新格局提供了重要机遇。

一、“一带一路”建设与区域开放相融合

“一带一路”既包括对新兴市场、发展中国家和转型国家的开放，也包括对发达国家的开放，“一带一路”建设推动了沿线国家和地区与我国区域开放开发的直接融合。因此，“一带一路”不仅仅是区域性倡议，还是一个引领经济全球化的倡议，其建设将加快形成内外互动、相互融合的开放发展新格局。

1. 区域开放不平衡制约“一带一路”建设进程

当前，我国区域开放不平衡的矛盾突出。数据显示，2018 年，西部 12 个省份贸易依存度平均为 13.22%，货物贸易额占全国货物贸易总额的比重为 8%；中部 6 个省份贸易依存度平均为 10.78%，货物贸易占全国比重为 6.8%；东北地区贸易依存度平均为 18.78%，货物贸易占全国比重为 3.5%。这三个区域的开放程度不仅低于全国 33.88%的平均水平，更远低于东部地区 52.82%的平均水平。

表 5.2：2018 年地区主要经济指标（单位：亿元人民币、%）

指标	东部地区		中部地区		西部地区		东北地区	
国内生产总值	规模	占比	规模	占比	规模	占比	规模	占比
	480995.8	52.6	192657.9	21.1	184302.1	20.1	56751.6	6.2
货物贸易总额	249266.2	81.7	20765.1	6.8	24362.6	8	10656.4	3.5
出口总额	133037.8	81	13280.1	8.1	14024	8.5	3834.7	2.3
进口总额	116228.5	82.5	7484.9	5.3	10338.6	7.3	6821.7	4.8

数据来源：国家统计局.2019 年中国统计摘要[M].北京：中国统计出版社，2019.5.

区域开放不平衡难以形成“一带一路”建设的有力支撑。例如，西部地区在参与丝绸之路经济带建设方面具有天然的地缘优势。但开放进程的滞后性制约了其在“一带一路”建设中发挥更大作用。2017 年，西部地区与“一带一路”沿线国家和地区进出口额为 1434.2 亿美元，占全国与“一带一路”国家进出口总额的 10%，其中出口仅占 8.9%①。

2. “一带一路”为优化区域开放布局提供重要机遇

（1）提升西部地区开放水平。“一带一路”倡议的实施使我国西部从开放“末梢”成为开放前沿。例如，“一带一路”建设为新疆向西开放提供重要机遇。数据显示，2017 年新疆对“一带一路”沿线国家和地区进出口总额达到 284.2 亿美元，同比增长 91.9%。其中对中亚地区出口 130 亿美元，占我国对中亚地区出口的 96.4%②。此外，“一带一路”沿线国家和地区在基础建设等方面刚性需求较大，成为新时期西部地区企业“走出去”的重要推动力。2017 年陕西省对外承包工程出口货物额为 39.7 亿元人民币，比上年增长 2.2 倍；其中对“一带一路”沿线国家和地区出口达 37.8 亿元人民币，增长 5.3 倍③。

① 国家信息中心“一带一路”大数据中心，大连瀚闻资讯有限公司.“一带一路”贸易合作大数据报告 2018 [R].2018-05-08.

② 国家信息中心“一带一路”大数据中心，大连瀚闻资讯有限公司编.“一带一路”贸易合作大数据报告 2018 [R].2018-05-08.

③ 国家信息中心“一带一路”大数据中心，大连瀚闻资讯有限公司编.“一带一路”贸易合作大数据报告 2018 [R].2018-05-08.

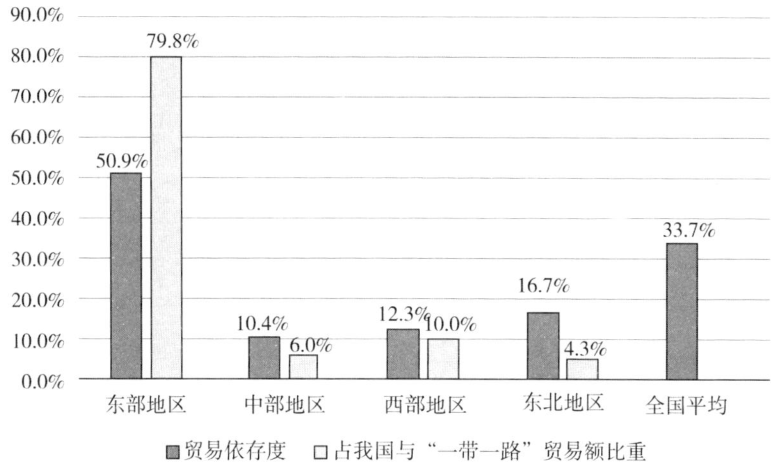

图 5. 4：2017 年我国分区域外贸依存度

国家统计局. 中国统计年鉴 2018［M］. 北京：中国统计出版社，2018. 12；国家信息中心“一带一路”大数据中心，大连瀚闻资讯有限公司. “一带一路”贸易合作大数据报告 2018［R］. 2018-05-08.

（2）推动中部地区企业“走出去”。《促进中部地区崛起“十三五”规划》提出，中部地区要加快融入重大国家战略。我国全方位推进对外开放，尤其是“一带一路”建设的深入推进，为中部地区扩大开放提供了难得的历史机遇。目前“中欧班列”12 个内陆主要货源地节点城市中，有 10 个位于中西部地区。“一带一路”沿线国家和地区具有巨大的基础设施投资需求，而中部地区在钢铁、工程机械、建材、船舶、装备制造等方面具备比较优势。2017 年，中部地区对“一带一路”沿线进出口额为 858 亿美元，达到 5 年来的历史峰值，较 2016 年增长 9. 4%①，且其出口商品主要集中在制成品与机器及零部件领域。

（3）提升东北地区开放水平。2017 年，东北地区与“一带一路”国家进出口总额为 616. 9 亿美元，较 2016 年增长 22. 0%，高于全国 17%的平均水平。其中，东欧地区是东北地区的第二大出口市场，出口额为 35. 0 亿美元，占中

① 国家信息中心“一带一路”大数据中心，大连瀚闻资讯有限公司编. “一带一路”贸易合作大数据报告 2018［R］. 2018-05-08.

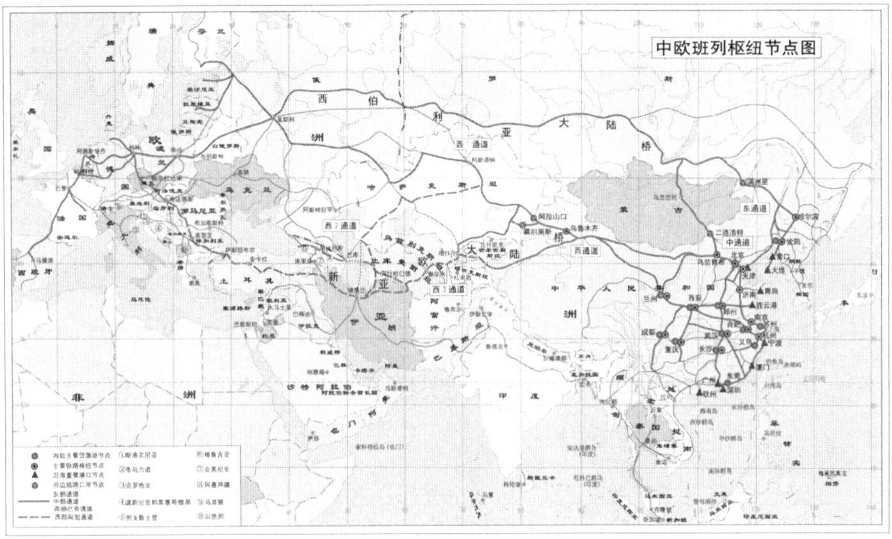

图 5.5：中欧班列枢纽节点图

资料来源：推进"一带一路"建设工作领导小组办公室．中欧班列建设发展规划（2016—2020 年）［R］. 2016-10-08.

国对东欧地区出口总额的 3.6%；自东欧地区进口额为 175.9 亿美元，较 2016 年增长 28.1%，占东北地区自"一带一路"沿线国家和地区进口总额的 47.7%，占中国自东欧地区进口总额的 28.1%[1]。此外，随着中蒙俄经济走廊的建设，尤其是以铁路、公路和边境口岸为主体的跨境基础设施联通项目逐渐完工，将大幅降低东北地区对外贸易成本，进而推动形成以开放促振兴的新格局。

3. 加快形成陆海内外联动、东西双向互济的开放格局

（1）在东部地区实施更高水平的服务贸易开放。改革开放 40 年来，东部地区作为我国改革开放的最前沿，在工业市场开放、货物贸易发展方面积累了丰富的经验。总的看，进入发展新时代，东部地区有条件在更高水平的开放中先行一步。此外，东部地区需要加快在对标高标准经贸规则等重大开放举措方

① 国家信息中心"一带一路"大数据中心，大连瀚闻资讯有限公司．"一带一路"贸易合作大数据报告 2018［R］. 2018-05-08.

面先行先试，并由此带动服务贸易的快速发展，推动本地区经济的高质量发展，并使其在我国开放大局与区域发展中扮演更重要的角色。

（2）以能源项下的自由贸易加快形成西部开放新格局。一方面，中东、中亚和俄罗斯等世界主要的能源生产地区和生产国，占世界石油储量的56.8%、生产量的51.7%，占世界天然气储量的77.8%、生产量的46.1%①，在世界油气资源供给中占有极为重要的地位；另一方面，西部地区在能源生产、能源加工、能源运输等领域都具有一定的比较优势，双方能源合作的空间较大。尽快启动能源矿产资源项下自由贸易区建设是与中亚合作比较务实的选择。例如，可加强能源资源深加工技术、装备与工程服务合作，加大煤炭、油气、金属矿产等传统能源资源勘探开发合作，积极推动水电、核电、风电、太阳能等清洁、可再生能源合作，推进能源资源就地就近加工转化合作，形成能源资源合作上下游一体化产业链。

（3）以产能合作与服务贸易为重点形成东北开放新格局。目前，东北三省生产性服务业占服务业的比重为35%～40%，低于全国平均水平5～10个百分点，低于德国30～35个百分点，生产性服务业发展滞后是东北制造业转型升级的突出短板。围绕东北地区融入“一带一路”，形成扩大对外开放大布局的总目标，借鉴上海、天津、广东、福建自由贸易试验区建设经验，立足辽宁自贸试验区及各类产业园区，选择金融服务、航运服务、商贸服务、研发设计等生产性服务业作为扩大开放的重点领域，加快构建东北“一带一路”对外开放的大通道、大平台、大布局。

（4）以加强与东西部地区对接为重点加快形成中部地区开放新格局。例如，向北对接京津冀协同发展战略，在推动中部地区与京津冀在生态环境保护合作、创新合作、基础设施互联互通等方面取得重要突破；向南对接粤港澳大湾区建设，在符合环保标准和市场需求的前提下，加强与粤港澳大湾区的产业合作，有序承接产业向中部地区转移。依托国内基础设施互联互通的新机遇，

① 谢瑾，肖晔，张丽雪，杨宇.“一带一路”沿线国家能源供给潜力与能源地缘政治格局分析[J].世界地理研究，2017（06）.

充分发挥中部地区在现代农业、钢铁、汽车、机械、化工和装备制造业等方面优势，实现“借船出海”，促进对外承包工程企业共同参与“一带一路”建设，加强与沿线国家的产能合作。

二、务实推进“一带一路”与区域开放发展战略相融合

加快推进“一带一路”与自贸试验区、京津冀、长三角、粤港澳等区域开放、发展战略的有效对接，率先形成“一带一路”国内段的开放发展新高地，打造“一带一路”高质量发展的战略支点。

1. 推进“一带一路”与自贸试验区发展相融合

（1）自贸试验区与“一带一路”联动发展格局初步形成。自贸试验区既承载着我国实现更高水平开放的重大使命，也对“一带一路”建设具有重要支撑作用。当前，我国自由贸易试验区逐步与“一带一路”建设相结合，形成了“1+3+7+1”的区域布局，覆盖东部、中部、西部和东北四大区域板块。辽宁着力推进自贸试验区与“一带一路”沿线国家及日、韩等国家的国际产能和装备制造合作；浙江、四川等积极与“一带一路”沿线国家开展海关、检验检疫、认证认可、标准计量等方面的合作与交流，探索与“一带一路”沿线国家开展贸易供应链安全与便利合作，推动大宗商品贸易自由化、提升大宗商品全球配置能力；河南致力于打造成为服务于“一带一路”建设的现代综合交通枢纽；湖北致力于加强国际产能和装备制造合作，融入“一带一路”建设；重庆将建设成为“一带一路”和长江经济带互联互通重要枢纽作为主要目标；陕西将成为打造“一带一路”经济合作和人文交流的重要支点；海南致力于打造21世纪海上丝绸之路的重要战略支点。

（2）赋予自贸试验区更大的改革自主权。目前12个自贸试验区的开放政策基本同步。我国各自贸试验区所在地区经济发展程度与开放水平有所差异，以步调一致的方式推动开放可能会带来效率不高等问题。这就需要按照党的十九大报告提出的，赋予自贸试验区更大改革自主权，因地制宜开展先行先试实践，为更好服务“一带一路”建设提供重要条件。

（3）鼓励自贸试验区在服务贸易创新发展因地制宜、先行先试。“一带一路”建设以产能合作与服务贸易为重点。总体而言，经过近6年的改革实践，自贸试验区在贸易投资便利化以及市场监管等方面积累了一定经验，但在推进服务业市场开放与服务贸易发展方面仍有较大探索空间。客观地看，在以服务贸易为重点的更高标准的经贸规则上先行先试，不仅有利于我国进一步提升开放合作水平，助推“一带一路”建设，而且对我国参与国际经贸规则制定、以开放促改革促发展、构建开放型经济体制，都具有重要影响。

2. 推进“一带一路”与区域发展战略相融合

（1）推进“一带一路”与京津冀协同发展战略的融合。京津冀地区在推进“一带一路”五通方面具有比较明显的优势。天津港是我国唯一具有三条国际陆桥通道的港口，包括满洲里、二连浩特和阿拉山口，在“一带一路”建设中的优势极为明显。此外，北京服务业占比80%以上，服务贸易发达；天津、河北等产能优势明显。这体现出区域内已形成完整的产业链条，并具备产能及服务贸易双重优势。在此背景下，推进京津冀与“一带一路”建设对接，既可以推动产能与服务“走出去”，也可以为京津冀创造更大的腹地市场。为此需要充分利用京津冀地区金融、科技创新、跨国服务业、国际交往、产能制造等资源优势，加快“一带一路”产能合作、服务贸易合作；发挥党政机关、智库机构、企业总部、社会组织等的聚集优势，在实现“一带一路”政策沟通、民心相通等领域发挥引领作用；统筹“引进来”与“走出去”，在积极推进河北优势产能走出去的同时，通过优势吸引，加强与“一带一路”发达国家、发展中国家的投资经贸往来，在金融、产能、能源、数字技术、人文等重点领域开展多种方式的交流与合作。

（2）推进“一带一路”与长江经济带发展融合。长江经济带地域面积占全国的21%、经济总量和人口规模占全国的40%以上。长三角、长江中游、成渝以及滇中、黔中“三大两小”城市群处于不同发展水平和梯度，自然资源、劳动力、市场、技术等经济要素富集且互补性强，市场空间和需求潜力巨大。此外，长江黄金水道横跨东中西和贯通众多水系、港口，并具备衔接铁路、公路、航空、海运等的高效综合交通运输方式，推进长江经济带与"一带一路"对接，不仅有利于促进长江上中下游地区协调发展，连接带动南北方开放互动，而且可以有效对接孟中印缅、中国—中南半岛等"一带一路"重点国际经济合作走廊，加快建成沿海沿江沿边全面推进的对内对外开放带，为"一带一路"建设提供多元组合的通道依托。这需要加快推进长江经济带物流体系与中欧班列、六大经济走廊等基础设施的对接，带动建筑、工程机械等相关企业"走出去"；以重点经贸产业园区和重点港口为合作平台，以商贸互通带动投资互动，特别是加强与欧盟国家在高端技术、高新装备、新能源、新材料等领域的合作，为"一带一路"建设与长江经济带创新驱动产业转型升级提供有力支撑。

（3）推进"一带一路"与粤港澳大湾区建设融合。粤港澳大湾区是我国开放程度最高、经济活力最强的区域之一。粤港澳三地在"一带一路"倡议实施上各具优势：广东省科技创新活跃，制造业基础雄厚，产业链完善，上下游配套齐全，是与"一带一路"沿线国家和地区进行贸易合作的大省；香港拥有成熟的金融体系和航运系统，商业网络遍布亚太地区乃至全球，是全球金融中心；澳门拥有葡语国家的经贸服务平台和大量资本。5 年来，粤港澳三地形成了携手参与"一带一路"建设的共识，建立了携手参与"一带一路"建设的制度安排，为深化粤港澳合作的体制机制创新取得了新进展，初步形成了粤港澳三地携手参与"一带一路"建设的良好局面。未来，需要依托香港国际金融中心的优势，为"一带一路"提供金融支持，利用香港专业服务业和国际商业网络，打造"一带一路"的国际营运平台；集合澳门产业优势，建设"一带一路"旅游休闲中心；依托广东制造业与科技创新的优势，鼓励各类企业参与"一带一路"基础设施建设及产业合作项目，推动科技创新合作进程。

3. 推进"一带一路"与沿边地区开放发展相融合

（1）推进区域贸易投资自由化。沿边地区与周边国家的经济结构和产业结构高度互补，扩大贸易投资的空间巨大。2017 年云南与老挝、越南、缅甸三国货物进出口额达到110亿美元，同比增长14%，占其与亚洲国家进出口额的60%①，越老缅三国已成为云南境外投资的主要对象国。扩大沿边开放程度，可以进一步深化我国与周边国家的经贸合作，促进其产业结构升级，由此释放我国与周边国家的贸易投资潜力，带动周边发展，保障周边稳定。

（2）实现沿边地区开放的新突破。

——发展沿边出口加工区。鼓励云南磨憨等地充分利用周边国家的资源优势和劳动力低成本优势，承接沿海地区加工制造业转移，建设跨境产业合作基地，形成以出口加工为主，以国际贸易、储运服务、国际旅游为辅，面向东南亚和南亚市场，具有自由贸易试验区功能的出口加工区。

——发展跨境、边境旅游合作区。按照提高层级、打造平台、完善机制的原则，深化与周边国家的旅游合作，支持满洲里、绥芬河、二连浩特、黑河、延边、丹东、西双版纳、瑞丽、东兴、崇左、阿勒泰等有条件的地区研究设立跨境旅游合作区。通过与对方国家签订合作协议的形式，允许游客或车辆凭双方认可的证件灵活进入合作区游览。支持省级政府采取更加灵活的管理方式和施行更加特殊的政策，与对方国家就跨境旅游合作区内旅游资源整体开发、旅游产品建设、旅游服务标准推广、旅游市场监管、旅游安全保障等方面深化合作。

——创新跨境经济合作区发展。体制机制创新是加快跨境经济合作区发展的突破口和重要动力源。创新跨境经济合作区需在运营管理、跨境协调、投融资政策等方面建立与国际投资贸易通行规则相衔接的机制，打造良好的营商环境。

（3）形成基础设施互联互通的新格局。

——提出互联互通的重大项目清单。尽快提出我国与东盟国家的交通、油气管道、电网、信息网等关键基础设施互联互通的项目清单；提出我国与东盟各国在检验检疫、海关、技术标准等通关便利化的项目清单。

——尽快形成互联互通的金融支撑体系。加快探索我国与东盟国家金融机构共同出资组建融资平台的路径。积极参与东盟基础设施基金建设；以多种形

① 云南省统计局．云南统计年鉴2018［M］．北京：中国统计出版社，2018.9.

式积极引入社会资本参与东盟“10+1”基础设施互联互通建设。

——推进通关便利化，实现大通道、大通关。加快建设与东盟国家的“一体化”口岸管理机制，借鉴欧盟“单一窗口”经验，探索并推广区外货物进入区内后“一次报关、一次查验、全程放行”的“大通关”模式。

三、以打造国际陆海贸易新通道实现“一带”与“一路”相衔接

作为连接“一带”与“一路”、辐射欧亚广阔地区的跨境通道，国际陆海贸易新通道对于“一带一路”的深入推进，进而建立更为紧密的经贸关系将产生深远影响。

1. 以打造国际陆海贸易新通道服务“一带一路”建设

（1）推动丝绸之路经济带与21世纪海上丝绸之路的有效联结。随着兰新高铁、宝兰高铁和兰渝铁路的建成运营，甘肃融入了国际陆海贸易新通道，由兰州经重庆、贵阳至南宁的铁路运营，将形成我国西部地区第一条南北大通道。由此，向南连接21世纪海上丝绸之路和中南半岛，向北连接丝绸之路经济带，经西部地区形成了连接“一带”和“一路”的完整环线。

（2）推动我国西北地区与西南地区、东盟国家之间的有效联结。兰渝铁路的建成运营，打通了连接我国西北与西南地区最便捷的通道，搭建了连接黄河与长江两大流域和西陇海—兰新经济带与川渝经济带的重要“钢铁”桥梁。长期以来，从西北地区直接向南的入海通道没有打通。因此，西北地区货物需要通过陇海—兰新线到连云港再走海运，才能到达东南亚国家，兰渝铁路的建成运营改变了这一格局，使西北地区可以通过成渝、云南、广西入海，直接到达东南亚国家。过去货物从重庆经长江航运出海路程为2400公里，时间超过14天，若经铁路到北部湾港口的路程是1450公里，运距缩短950公里，运输时间仅为2天①。以传统绕行陇海、西康、襄渝铁路的“渝新欧”为例，通过

① “渝桂新”南向通道——连接“一带一路”的新“灵渠”[N]. 广西日报，2017-08-22.

兰渝铁路直达兰州，全程可缩短近 700 公里，运行时间节省约 11 个小时，运费降低约 1/3①。

（3）推动中亚、西亚、中东欧与东盟国家之间的有效联结。甘肃融入国际陆海贸易新通道，将有效打通中亚、西亚、中东欧与东盟国家之间的陆路、陆海联运大通道；通过中欧班列、中亚班列和南亚班列等，中亚、西亚、中东欧国家可以与东盟国家之间实现互联互通。例如，从兰州向南到新加坡，比向东出海时间节约 5 天左右，陆海运距缩短约一半②。据测算，南向铁海联运班列的运输成本比空运低 80%~85%，比公路低 50%③。

2. 尽快提升国际陆海贸易新通道基础设施互联互通水平

（1）提升陆路交通网络建设。目前，铁路网络建设不平衡成为国际陆海贸易新通道建设的突出挑战。例如，由四川通往广西钦州港的铁路物流通道建设相对滞后。陕西、甘肃、青海、内蒙古、新疆、四川经云南进入中南半岛的重要陆上通道受制于成昆铁路扩能改造工程进度，短期内难以发挥效力。西北地区通往重庆、四川等地的纵向铁路通道运力偏弱，效率不高。为此建议：一是以重庆、兰州、广西为重点，打造北、中、南端陆路运输枢纽，强化货物集散功能与交易服务功能；二是加快建设兰州至重庆高速铁路、成都至贵阳高速铁路、贵阳至南宁高速铁路，将现行客货混行线路客流转移至高速铁路，有效释放货运能力；三是尽快启动成渝铁路等扩容工程，提高现有铁路运力；四是稳定开行兰州—钦州港直达班列，并尽快实现常态化运行，对接开行兰州—重庆中转班列，逐步增加开行频次；五是积极开行市州专列和农产品冷链物流班列，增加从新加坡、越南等东南亚国家进口海产品、热带水果等回程班列。

（2）提升航空交通网络建设。目前，西部省份开往东南亚、南亚国家的

---

① 兰州打造中欧班列集结站渝新欧借助兰渝线行程缩短近 700 公里[N]. 21 世纪经济报道，2017-09-29.

② 甘肃正式加入南向通道建设“朋友圈”从兰州向南到新加坡，比向东出海时间节约 5 天，陆海运距缩短约一半[EB/OL]. 兰州晨报，2017-07-14.

③ 阔步迈向西部开放的坦途——渝桂黔陇合作共建南向通道述评（上）[N]. 甘肃日报，2018-05-25.

航线总体偏少，航空交通网络建设尚处于起步阶段。需要加快重要节点城市空港基础设施建设，推进重庆、兰州、广西、四川等机场扩建工程，进一步新增并不断加密与东南亚、中亚、欧洲国际航线，提升国际客货运吞吐能力；围绕主要机场建设集保税物流、冷链冷藏、仓储集散、国际贸易、国内贸易、综合服务等于一体的国际空港物流园，促进临空经济发展；以兰州、成都、重庆、昆明为重点积极推广"航空+高铁""航空+高速"等先进运输模式，增强西部航空货运集散和辐射能力，建立区域性航空经济集群，打造西部地区航空货运枢纽。

（3）实现"铁、公、空、海"等多种物流方式无缝对接。围绕物流链全流程，强化运输、仓储、配送、通关、结算等环节高效对接，提供一站式综合服务；调整运输结构，合理配置各类运输方式，鼓励公路、水运、航空等运输方式与中欧班列和南向班列实现有效衔接，提高铁路和水路运输比重，发展"钟摆式""集团式"物流模式；建立完善跨区域合作发展机制，选择"一带一路"沿线部分国家建设境外物流园区（中心）；大力发展多式联运、甩挂运输、共同配送、统一配送等先进的物流组织模式，提高储运工具的信息化水平，减少返空、迂回运输，促进物流业降本增效。

3. 推动贸易通关一体化进程

（1）加快商贸物流标准化普及应用。围绕国家物流标准化试点工作部署，尽快普及货运标准化电子货单、托盘标准化、集装箱标准化、集装袋标准化等技术标准，引导建立物流标准化载运单元租赁企业和托盘共用体系；大力发展统一配送，推进公路冷藏车、铁路冷藏货柜班列的普及应用；探索建立地方商贸物流标准体系，逐步推进企业标准、地方标准与行业标准、国家标准和国际标准衔接统一，提高商贸物流标准化水平；积极开展物流标准的国际衔接工作，大幅降低国际物流制度性成本。

（2）加强检验检疫区域一体化建设。建立国际陆海贸易新通道沿线省区市检验检疫机构间"出口直放、进口直通"制度，实现沿线"通报、通检、通放"，实施"进境口岸检疫、境内全程监控、出境直接核放"监管模式，实现渝桂黔陇四省区市间“通报、通检、通放”；通过检验检疫 e-CIQ 主干系统实现一次申报、全口径进出境货物数据信息共享；对负面清单以外进出口货物实施“出口直放、进口直通”制度；除废物原料、危险化学品及其包装、大宗散装货物外，实施“进境口岸检疫、境内全程监控、出境直接核放”的监管模式，实现全流程可控化监管。

（3）完善国际贸易“单一窗口”功能。推广运用中国国际贸易“单一窗口”国家标准版，探索地方特色功能，推动企业使用“单一窗口”申报进出口业务，继续提高“单一窗口”业务覆盖率；整合关检口岸申报系统，建设口岸“单一窗口”，实现“一点接入、联合审批、统一反馈”；推进国际贸易“单一窗口”地方特色功能建设。

（4）推进便利化的“大通关”。与“一带一路”沿线国家海关建立国际合作机制，开展“两国一检”试点，推进信息互换、监管互认、执法互助的海关合作，推动全国通关一体化，扩大海关间监管结果参考互认、商签海关合作协定等；以海关、检验检疫机构改革为契机，加强口岸通关建设，进一步压缩口岸通关时间，推进口岸通关无纸化；推动口岸监管制度创新，优化口岸通关综合流程，提高通关效率，提升贸易便利化水平。

（5）建设“一带一路”国内商贸物流大数据中心。大力推进数字商务发展，加快培育经济新动能。建设商贸物流（商务）数据交换平台，打造功能齐全、智慧互联的一站式商贸物流公共信息服务网络，实现境内外物流信息共享，与实体经济联动发展，促进农工商结合、物商融合、商商联合发展；推动商贸物流大数据中心与供应链上下游企业系统对接，创新发展运输配载、跟踪追溯、库存监控、数据分析、信用评价等各类专业化、特色化增值服务。

4. 加强顶层设计与顶层协调

（1）将国际陆海贸易新通道上升为国家战略。建议在国家层面成立协调领导小组，把国际陆海通道建设作为“一带一路”倡议的重大工程进行顶层设计并重点推动。尽快制定《国际陆海贸易新通道发展规划》，对西部各省在国际陆海通道中的功能进行明确定位，强调战略统筹，明确国际陆海通道的发展重点与发展时序。

（2）建立省部联合的跨区域合作发展联席会议制度。建立由国家发改委牵头、各省区市主要领导参与的协调机制，形成高效运行的工作机制，形成定期交流机制，加强沟通、形成合力，共同促进国际陆海贸易新通道沿线省区市的重大工程项目建设和产业合作。

（3）以共建跨省合作园区为重点形成与华南各省市的合作机制。积极探索与粤港澳大湾区合作，充分利用发达地区的资金、技术、管理优势，共建各类产业合作基地和资源深加工基地，形成与东部地区的区域联动机制。

四、推进经济走廊建设，实现内外开放发展联动

当前，以六大经济走廊为重点的基础设施联通项目取得了重要进展。下一步，打造"一带一路"经济走廊，重点在于以基础设施互联互通为前提，加快实现港口、口岸及陆海空的有效对接，并以共建产业园区为重点形成灵活多样的合作机制，在提升双边、多边经贸合作水平的同时，为我国企业更好"走出去"搭建平台。

1. 在主要港口和口岸建立边境经济合作区

（1）增进与周边国家的互利合作。我国与周边国家之间有着非常长的陆地和海上边境线，在沿边地区建立边境经济合作区，对推进优势产业集聚、促进双边贸易投资便利化、巩固边疆安全和维护民族团结具有重大意义。

（2）建立边境产业示范区和特色产业园。

——促进沿边地区与周边国家的特色产业互补发展，建立具有口岸特色和沿边特色的现代产业体系。吸引各国企业入园投资，形成产业示范区和特色产业园，通过产业园区建设促进现代制造业、服务业、现代农业等相关产业融合发展，建设跨国产业链，形成沿边境线的跨国产业带，进一步建立健全区域合作的供应链、产业链和价值链。

——推动出口加工贸易转型升级。促进现代制造业、服务业、现代农业等相关产业融合发展，提高产品和服务的国际竞争力。

——以出口转型推动沿边地区经济结构转型。结合东盟、南亚、中亚、西亚等“一带一路”沿线国家的市场需求、消费习惯和资源条件，形成外向型加工制造业产业基地，推动沿边地区传统产业升级和产业结构优化。

（3）以加强口岸建设为重点，促进通关便利化。健全以物流、人流便利化为重点的政策措施；采取沿边地区省市县联动的方式，增加通关的道路、桥梁、查验货场等基础设施建设投入，推动口岸发展。开展多种形式投资合作。以能源、贸易、基建为主，推动大型能源和基建企业海外投资与运营，推动边境产业园区建设，进行多种形式投资合作。

2. 在主要节点城市建立跨境经济合作区

（1）加快跨境经济合作区建设。建议尽快启动中俄蒙跨境经济合作区规划建设。通过加大与俄蒙对接口岸的基础设施投资，推进跨境电力通道、油气管道、铁路轨道的建设，形成中国东北地区、蒙古国东部地区及俄罗斯远东地区三个延伸区，并最终辐射到中俄蒙全境。

（2）实现与沿边国家“硬件”和“软件”的对接。

——推进基础设施互联互通。通过政府和社会资本合作（PPP）方式，加大跨境双方在口岸对接、轨道对接、陆海联运、管网畅通等方面的投资力度。在跨境经济合作区及其辐射区域建立陆路、水路、空运的立体化交通运输系统，使跨境经济合作区的人员、货物能迅速运往内地、周边国家或第三方市场。

——建立跨境经济合作协调机制。借鉴广西和越南边境联合工作委员会会晤机制、柬埔寨西哈努克港经济特区协调委员会等经验，建立双边定期会晤机制和磋商机构，巩固和深化与外方交流合作机制，共同推动合作区建设各项工作。

（3）推动特色产业合作，建立跨境产业加工基地。推动以基础设施、现代服务业、高端制造业为重点的产业发展，逐步建成新型的国际化产业园区。

——将区位和资源特色结合起来，形成一批国际产能与装备制造合作基地、能源资源综合开发利用基地、农业资源生产加工基地、商贸物流节点体系、技术创新与研发基地。

——充分利用国际国内“两种资源、两个市场”，通过“跨境区内半成品

—出口低关税—跨境区外成品销售"的模式形成沿边境线的跨国产业带，进一步建立健全区域合作的供应链、产业链和价值链。

3. 沿六大经济走廊建立境外经贸合作区

（1）重点与欧亚国家合作建立境外产业园区。欧亚地区正处于工业化加速发展和产业结构转型升级期，其经济发展战略与我国产能对接性强，加快建立欧亚经贸合作产业园区，对推动"一带一路"建设和欧亚经济联盟建设对接具有重要作用。加快与俄罗斯、吉尔吉斯斯坦等国家合作建立境外装配制造和物流集散基地；对接哈萨克斯坦"光明大道"新经济政策，建立境外工业园区，加强在交通、工业、能源基础设施等领域合作；加强与罗马尼亚、匈牙利等中东欧国家合作，建立境外装配制造园区和国际贸易集聚基地，进一步推动与欧美地区的商贸合作。

（2）把服务贸易作为境外经贸合作区建设的重要任务之一。把以跨境金融服务为重点的服务贸易作为境外经济合作区建设的一项重要任务。推动金融机构"走出去"，既解决我国企业海外投资需求，同时又将金融服务向外延展，不断深化双边经贸关系，有助于构建合作共赢的周边大市场。

（3）创新运用 PPP 模式开展基础设施投资和产能合作。鼓励中资企业积极探索开展"工程承包+融资""工程承包+融资+运营"等方式的合作，有条件的项目更多采用建设—经营—转让（BOT）、政府和社会资本合作（PPP）等方式，解决基础设施项目建设周期长、回报低、融资难的问题，促进产能合作。

4. 推动六大经济走廊间的有效对接

（1）共同研究制定六大经济走廊发展规划。六大经济走廊均在"一带一路"框架下，既相互联系，又各有侧重。经济走廊建设属国际区域经济合作，需要采取共商的方式推进。建议分三步走制定发展规划：第一步，以经济走廊为单元联合开展基础研究；第二步，以经济走廊为单元邀请相关方政府部门制定所在走廊的发展规划；第三步，召集六大经济走廊代表性国家磋商制定总体发展规划，并邀请国际和区域组织参与其中。中蒙俄经济走廊已联合制定发展规划，其经验模式可供其他经济走廊借鉴。

（2）加强经济走廊合作机制建设。一是分别建立各经济走廊沿线国之间的协商机制；二是增强与沿线现有区域或次区域合作机制的协调对接；三是根据经济走廊参与方的特点针对性地增强合作机制建设；四是加强相关部门之间、地方政府之间等各层级合作机制的建设。需要尽快建立的机制包括：设施联通协调机制、投融资合作机制、风险联合防控机制以及利益协调与争端解决机制等。

（3）建立经济走廊标准体系。标准兼容对接是提升走廊经济活动效率的关键。应发挥政府、行业协会、企业等多类主体的作用，双边多边合作渠道并举，加强对欠发达国家的技术援助，提升其标准应用能力，引领经济走廊标准合作。针对不同经济走廊的重点合作领域，分产业推动国家标准互认。以跨境、边境等国际合作区以及跨境企业项目质检合作为突破口，推动标准互认和新标准制定，"以点带面"推进国家间标准合作。

专栏5.2

"一带一路"六大经济走廊建设进展

新亚欧大陆桥、中蒙俄、中国—中亚—西亚、中国—中南半岛、中巴和孟中印缅等六大国际经济合作走廊将亚洲经济圈与欧洲经济圈联系在一起，为建立和加强各国互联互通伙伴关系，构建高效畅通的亚欧大市场发挥了重要作用。

1. 新亚欧大陆桥经济走廊。五年多来，新亚欧大陆桥经济走廊区域合作日益深入，将开放包容、互利共赢的伙伴关系提升到新的水平，有力推动了亚欧两大洲经济贸易交流。《中国—中东欧国家合作布达佩斯纲要》和《中国—中东欧国家合作索菲亚纲要》对外发布，中欧互联互通平台和欧洲投资计划框架下的务实合作有序推进。匈塞铁路塞尔维亚境内贝—旧段开工。中国西部—西欧国际公路（中国西部—哈萨克斯坦—俄罗斯—西欧）基本建成。

2. 中蒙俄经济走廊。中蒙俄三国积极推动形成以铁路、公路和边境口岸为主体的跨境基础设施联通网络。2018 年，三国签署《关于建立中蒙俄经济走廊联合推进机制的谅解备忘录》，进一步完善了三方合作工作机制。中俄同江—下列宁斯阔耶界河铁路桥中方侧工程已于 2018 年 10 月完工。黑河—布拉戈维申斯克界河公路桥建设进展顺利。

中俄企业联合体基本完成莫喀高铁项目初步设计。三国签署并核准的《关于沿亚洲公路网国际道路运输政府间协定》正式生效。中蒙俄（二连浩特）跨境陆缆系统已建成。

3. 中国—中亚—西亚经济走廊。5年多来，该走廊在能源合作、设施互联互通、经贸与产能合作等领域合作不断加深。中国与哈萨克斯坦、乌兹别克斯坦、土耳其等国的双边国际道路运输协定，以及中巴哈吉、中哈俄、中吉乌等多边国际道路运输协议或协定相继签署，中亚、西亚地区基础设施建设不断完善。中国—沙特投资合作论坛围绕共建“一带一路”倡议与沙特“2030愿景”进行产业对接，签署合作协议总价值超过280亿美元。中国与伊朗发挥在各领域的独特优势，加强涵盖道路、基础设施、能源等领域的对接合作。

4. 中国—中南半岛经济走廊。5年多来，该走廊在基础设施互联互通、跨境经济合作区建设等方面取得积极进展。昆（明）曼（谷）公路全线贯通，中老铁路、中泰铁路等项目稳步推进。中老经济走廊合作建设开始启动，泰国“东部经济走廊”与“一带一路”倡议加快对接，中国与柬老缅越泰（CLMVT）经济合作稳步推进。中国—东盟（10+1）合作机制、澜湄合作机制、大湄公河次区域经济合作（GMS）发挥的积极作用越来越明显。

5. 中巴经济走廊。以能源、交通基础设施、产业园区合作、瓜达尔港为重点的合作布局确定实施。中国与巴基斯坦组建了中巴经济走廊联合合作委员会，建立了定期会晤机制。一批项目顺利推进，瓜达尔港疏港公路、白沙瓦至卡拉奇高速公路（苏库尔至木尔坦段）、喀喇昆仑公路升级改造二期（哈维连—塔科特段）、拉合尔轨道交通橙线、卡西姆港1320兆瓦电站等重点项目开工建设，部分项目已发挥效益。中巴经济走廊正在开启第三方合作，更多国家已经或有意愿参与其中。

6. 孟中印缅经济走廊。5年多来，孟中印缅四方在联合工作组框架下共同推进走廊建设，在机制和制度建设、基础设施互联互通、贸易和产业园区合作、国际金融开放合作、人文交流与民生合作等方面研拟并规划了一批重点项目。中缅两国共同成立了中缅经济走廊联合委员会，签署了关于共建中缅经济走廊的谅解备忘录、木姐—曼德勒铁路项目可行性研究文件和皎漂经济特区深水港项目建设框架协议。

资料来源：推进“一带一路”建设工作领导小组办公室．共建“一带一路”倡议：进展、贡献与展望[R].2019-04-22.

第六章

加快形成以服务贸易为重点的开放新格局

服务贸易是全球自由贸易的重点，也是全球经贸规则重构的焦点、难点。加快推进服务业市场开放进程，实现以服务贸易为重点的高水平开放，是我国推动形成全方位开放新格局的重大举措，有利于推进双边多边自由贸易进程与建立“一带一路”自由贸易网络。

当前，服务贸易已经成为推动全球自由贸易进程与拉动世界经济增长的重要引擎。无论从参与国际竞争、应对外部变局的需求看，还是从推动我国经济转型升级进程看，加快形成以服务贸易为重点的开放新格局，已经成为我国走向高水平开放的重大任务。

第一节 服务贸易的发展趋势

当前，服务贸易已成为衡量一个国家经济现代化水平的重要标志之一，也成为国际经济合作竞争的重点和焦点。以服务贸易为重点形成我国对外开放新格局，不仅是经济转型升级的重要驱动力，也是持续释放巨大内需潜力、实现可持续增长的重要推动力，并将为我国提升全球经济治理话语权奠定重要基础。

一、服务贸易成为全球自由贸易的重点、焦点

当前，服务贸易成为推进双边多边自由贸易进程的重点和焦点所在。尤其是在全球经济服务化及新一轮科技革命的背景下，服务贸易在全球贸易格局中的重要性全面凸显。

1. 服务贸易较快发展是一个大趋势

（1）服务贸易增速快于货物贸易增速。与持续低迷的全球货物贸易增速相比，全球服务贸易呈现相对较快增长的趋势。2008—2018 年，全球货物贸

易年均增长 1.9%，低于服务贸易平均增速近 2 个百分点；2012—2016 年，服务贸易增速连续 4 年快于货物贸易增速；2017—2018 年，全球货物贸易增速虽然高于服务贸易，但主要是受石油、矿石等大宗商品价格上涨等因素的影响，货物贸易量并没有明显增长。从趋势来看，随着贸易保护主义、单边主义势头增强，全球货物贸易增速有可能放缓。2019 年 1—5 月，作为全球第一大货物贸易国的中国，按美元计算的货物贸易额同比下降 1.6 个百分点①。

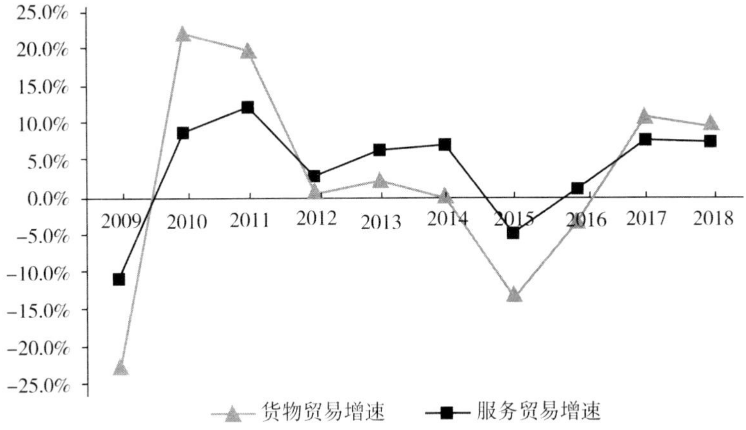

图 6.1：2009—2018 年全球服务贸易和货物贸易增速

数据来源：世贸组织数据库。

（2）服务贸易规模日益增大，占比持续提升。尽管受国际金融危机冲击，全球服务贸易在部分年份有所波动，但整体仍呈增长趋势。2005—2018 年，全球服务出口由 2.66 万亿美元增加至 5.85 万亿美元，增加了 120%；2018 年，全球服务出口占贸易出口总额的 23.1%，比 2005 年提高近 3 个百分点，比 2011 年最低点提高了 3.7 个百分点。

（3）服务贸易仍将保持快速发展态势。一方面，全球经济服务化趋势明显。1970—2017 年，全球服务业增加值占 GDP 的比重由 53.4%提升到 67.5%，提高了 14.1 个百分点；另一方面，新兴市场国家服务业快速发展趋势也十分

① 今年前 5 个月我国外贸进出口增长 4.1%[EB/OL]. 海关总署网站，2019-06-10.

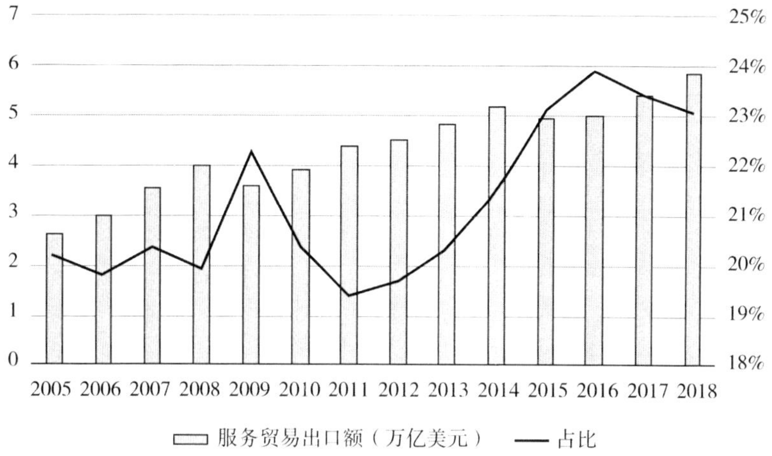

图 6.2：2005—2018 年全球服务贸易出口额及占比

数据来源：世贸组织数据库。

明显，服务业占比由 39.8%提升至 56.3%，提高了 16.5 个百分点。经济服务化趋势为服务贸易快速发展提供了重要机遇。

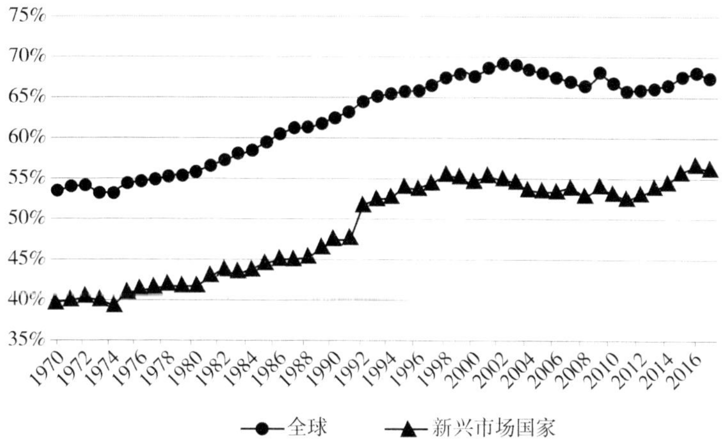

图 6.3：1970—2016 年全球及新兴市场国家服务业占比

数据来源：联合国贸易和发展会议数据库。

2. 服务贸易成为推动全球自由贸易的重要引擎

（1）服务贸易在全球贸易中的价值超过货物贸易。首先，产成品贸易中约1/3的价值形成应归功于服务业；其次，跨国企业向境外子公司输送软件、品牌、设计、运营、知识产权等服务并未计入服务贸易统计；最后，电子邮件、实时导航、视频会议等免费数字服务的跨境流动迅猛增长。如果将上述三方面的因素考虑并统计在内，2017年全球服务贸易总额约为13.4万亿美元，是目前的2.6倍，占全球贸易总额的比重将由23.4%上升至50.8%，超过货物贸易①。

（2）服务贸易拉动货物贸易较快增长。制造业服务化和服务业制造化使得货物贸易和服务贸易的边界日益模糊，而信息技术的快速发展和广泛应用，使得货物贸易和服务贸易进一步融合，呈现出“你中有我、我中有你”的特征。数据显示，占全球贸易总额80%左右的货物贸易中，有30%是由服务贸易带动的。随着产品的服务化趋势日益明显，越来越多的服务被包含在货物中并以货物贸易为载体实现跨境流动。货物贸易规则制定不仅要考虑货物质量本身，还要考虑货物中的服务标准、服务规则与服务质量。也就是说，服务贸易规则也在一定程度上影响着货物贸易发展进程。

（3）服务贸易成为全球货物贸易的黏合剂。随着全球生产链和价值链分工日益细化，服务贸易作为黏合剂，将全球各种中间商品整合在一起。物流、通信服务和商业服务等在货物、数据和技术的传输中促进了全球价值链的高效运转。

3. 服务贸易成为全球贸易规则重构的焦点

（1）国际贸易规则重构聚焦服务贸易。服务贸易快速发展和制造业服务化进程加快，使得国际贸易规则的焦点从货物贸易向“货物贸易—服务贸易—投资”转变。

（2）服务贸易成为双边、区域贸易协定谈判的焦点。从短期看，随着服务贸易在世界各国经济发展中的重要性不断提升，国际服务贸易竞争日益激烈，服务贸易在双边、区域贸易投资谈判中的比重逐渐增大，成为各国谈判和博弈的焦点。

① 麦肯锡全球研究院. 变革中的全球化：贸易与价值链的未来图景[R]. 2019-04-16.

（3）服务贸易壁垒更加隐蔽，消除更加困难。与货物贸易相比，服务贸易具有无形性、生产与消费同步性等特点。与货物贸易通过关税来设置“显性壁垒”不同，服务贸易更多采用国内资格资质要求、参股比例限制、自然人流动限制、经营范围和形式限制，以及设置繁杂的审批条件和程序等“隐性壁垒”。由于其隐蔽性和非数量性，服务贸易自由化远比货物贸易自由化复杂得多，消除服务贸易壁垒的困难也大得多。

二、加快形成以服务贸易为重点的对外开放新格局

把握全球服务贸易快速发展与我国经济转型升级历史性交汇的重大机遇，加快推动服务贸易发展，实现我国由贸易大国向贸易强国迈进。

1. 产业结构变革带动服务贸易快速增长

2018 年，我国服务业占比 52.2%，不仅低于新兴市场国家 4.1 个百分点，也低于全球平均水平 15.3 个百分点，与发达国家 70%左右的差距更大。未来 10 年左右，我国服务业占比有可能提高到 60%以上。在产业结构变革与服务业市场开放的背景下，我国服务贸易仍将呈快速发展态势。

2. 消费结构变革带动服务贸易快速增长

2018 年我国居民人均消费支出中，服务消费占比为 44.2%，比 2017 年提高 1.6 个百分点。其中，人均教育文化娱乐消费支出增速（6.7%）、人均医疗保健消费增速（16.1%）等，明显快于食品烟酒（4.8%）和衣着（4.1%）等的消费增速①。随着我国城乡居民服务型消费的快速增长以及扩大进口政策效应的逐步显现，我国服务贸易仍具有巨大潜力。

3. 制造业服务化带动服务贸易快速增长

世界银行 2017 年《制造导向发展的未来》报告中提到，商品中的服务要素对提升产品竞争力越来越重要，并成为价值增值的主要环节。从发展趋势看，价值增值环节逐渐向生产前的研发、设计阶段与生产后的市场嵌入服务阶

① 国家统计局 . 2018 年经济运行保持在合理区间 发展的主要预期目标较好完成[EB/OL]. 国家统计局网站，2019-01-21.

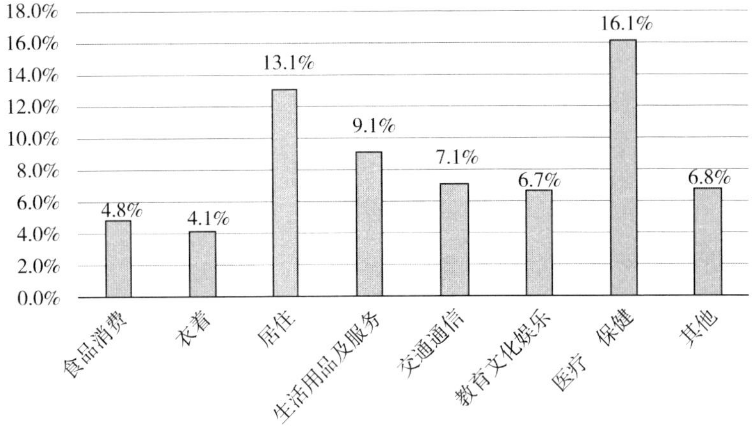

图 6. 4：2018 年我国居民各类消费增速

数据来源：国家统计局．中华人民共和国 2018 年国民经济和社会发展统计公报[M]．北京：中国统计出版社，2019. 3.

段转移。例如，美国出口商品中，55%的增加值来自于服务业，在欧洲，这一比重更高。作为农产品和制成品出口国的荷兰，服务价值占其总出口价值的 70%①。当前，我国制造业服务化水平仍有较大提升空间。我国生产性服务业占服务业的比重为 50%左右，与发达国家相比仍有 20 个百分点的差距。随着我国制造业转型升级进程以及由此带来的生产性服务业快速发展，将直接拉动金融、研发、知识产权等服务贸易的快速增长。例如，2018 年我国知识产权使用费进出口总额为 2723 亿元人民币，增长 20. 9%，其中进口 2355 亿元人民币，增长 22. 0%，连续两年增速超过 20%②。

4. 2025：服务贸易规模有望达到 1. 5 万亿美元

（1）2025：服务贸易规模将达到 1. 5 万亿美元。未来几年，如果考虑到服务业市场开放进程加快等因素，我国服务贸易有望保持年均 9%左右的增长

① （美）杜大伟，（巴西）若泽·吉勒尔梅·莱斯，王直．全球价值链发展报告（2017）——全球价值链对经济发展的影响：测度与分析[M]．北京：社会科学文献出版社，2018. 1.

② 观研天下. 2019 年中国知识产权行业分析报告——市场现状与未来商机分析[R]. 2019-12-15.

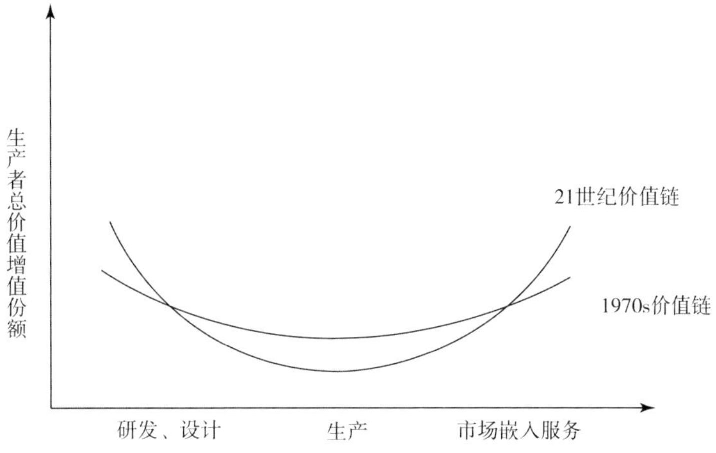

图 6.5：服务在全球价值链的重要性变化

数据来源：国家统计局．中华人民共和国 2018 年国民经济和社会发展统计公报[M]．北京：中国统计出版社，2019.3.

率。到 2020 年，我国服务贸易总额有望达到 1 万亿美元，占外贸总额比重为 18%左右；到 2025 年，我国服务贸易总额有望达到 1.5 万亿美元，占外贸总额的比重为 20%以上。

(2) 服务贸易结构将不断优化。近年来，我国新兴服务出口增速相对较快，以技术、品牌、质量和服务为核心的新兴服务优势不断显现。2018 年，我国知识密集型服务进出口 16952 亿元人民币，增长 20.7%，高于整体增速 9.2 个百分点，占服务贸易规模比重上升至 32.4%，比上年提升 2.5 个百分点。保险、计算机和信息、知识产权等高端生产性服务贸易增速均高于 15%，占服务贸易总额的比重达到 23.8%，比上一年大幅提升 10 个百分点。未来，在提升传统服务贸易竞争优势的基础上，进一步拓展金融、保险、研发、设计、咨询、法律保障、文化等新兴服务贸易领域，加快高附加值服务出口，以服务贸易结构的优化提升我国在全球服务贸易中的竞争力。力争到 2025 年，知识密集、技术密集和高附加值服务出口占服务出口总额的比重达到 60%以上。

(3) 服务贸易国际竞争力明显提升。在我国经济服务化大趋势下，提升服务业国际竞争力成为供给侧结构性改革的重大任务。争取到 2025 年，我国服务贸易逆差占服务贸易的比重由目前的 32.6%下降为 20%左右；在保持制造服务、建筑服务、计算机与信息等优势基础上，大幅提升我国知识产权、金融等生产性服务贸易以及旅行等生活性服务贸易的国际竞争力。

三、以服务贸易促进产业转型升级

服务贸易对服务业发展具有重要促进作用。在积极参与服务贸易国际竞争中提升服务业发展与开放水平，可以吸引人才、资金、技术等要素的流入，并由此推动国内服务业及相关制造业的转型升级。

1. 以服务贸易推动国内服务业高质量发展

（1）以服务贸易加速服务业资本积累。从国际经验看，先进的信息基础设施是提升生产性服务业国际竞争力的一个重要条件。生产性服务业具有高附加值的特点，已成为国际直接投资的重点领域。近年来，我国的生产性服务业越来越成为发达国家的投资重点。2017 年，我国高技术产业实际吸收外资同比增长 61.7%，占比达 28.6%，较 2016 年底提高了 9.5 个百分点；高技术服务业实际使用外资 1846.5 亿元人民币，同比增长 93.2%。其中，信息服务、科技成果转化服务、环境监测及治理服务同比分别增长 162%、41%和 133.3%①。以生产性服务业为重点积极引导外商直接投资转向高端生产性服务业领域；积极发挥外商直接投资对我国生产性服务业的带动作用，推动传统服务业的转型升级。

（2）以服务贸易加速人才、技术积累。当前，人才、技术的短缺成为我国服务业高质量发展的最大障碍。例如，面对老龄化趋势，我国受过专业训练、持证上岗的养老护理人员缺口至少 1000 万人②，其中家政养老看护服务的缺口率在 55%以上，城乡社区日间照料的缺口率在 70%以上③。在人才、技

① 2017 年全国新设立外商投资企业 35652 家 同比增长 27.8%[N]. 经济日报，2018-01-16.

② 实际数量不足 100 万 养老护理专业人员缺口怎么填？[N]. 工人日报，2016-07-05.

③ 暂别“未富先老”，养老挑战依然严峻[N]. 中国经济导报，2018-07-05.

术等要素相对短缺的情况下，要依托国内市场的规模优势积极发展服务贸易。通过国外先进技术和管理经验带来的“外溢效应”，结合我国技术和知识积累，补齐人才、技术短板。

（3）以服务贸易加速服务业企业转型升级。服务贸易开放对我国本土服务业企业将产生巨大的竞争效应，有助于推动我国服务业企业参与全球大市场，深度参与国际竞争，由此倒逼我国服务业企业不断加大科研等相关投入，提高服务业企业的国际竞争力，促进我国服务业企业转型升级。

2. 以服务贸易优化服务业发展的市场环境

服务贸易逆差不仅仅有消费的数额和价差的因素，还有我国服务型消费产品供给质量不高、国内市场信任度不高、消费环境不优、监管滞后等深层次原因。例如，随着我国消费结构不断升级，医疗健康等服务型消费需求全面快速增加。从现实情况看，由于国内医疗健康产业供给难以满足消费者高质量、高标准的需求，一些消费者选择出国就医。2018 年，我国旅行服务贸易（含就医、旅游、教育等）逆差接近 1.6 万亿美元，占服务贸易逆差的 92%。为进一步适应我国居民服务型消费需求快速增长的大趋势，需要通过服务贸易快速发展，在服务业领域加快建立与国际高标准对接的行业规范和行业标准，提振消费者对国内消费市场的信心。

3. 以服务贸易形成未来产业新优势

新一轮科技革命催生新的产业不断涌现，相当一部分新兴产业是高端服务业或是与高端服务业直接相关的制造业。10 年前，我国的电商交易额占比尚不到全球总额的 1%，到 2018 年已超过 40%，超过英、美、日、法、德五国的总和①。为更好地适应新一轮科技革命与全球服务贸易发展的大趋势，充分利用全球科技革命带动新兴服务业重新洗牌的契机，依托我国市场的规模优势，在推进服务贸易快速发展中形成国际竞争新优势。

① 孙任鹏．跨境：新时代电商关键词[N]．人民日报海外版，2018-04-09.

第二节　赢得数字服务贸易发展的主动

全球服务贸易快速发展大趋势与新一轮科技革命形成历史性交汇，突出特点是数字服务贸易等新兴贸易的快速兴起。它不仅深刻改变了贸易内容、贸易载体与贸易方式，也深刻改变了全球服务价值链，并且成为新一轮全球经贸规则制定的制高点。

一、数字革命与服务贸易发展形成历史交汇

当前，第四次工业革命兴起，尤其是5G、人工智能等新技术的广泛应用，深刻改变了全球技术边界、经济形态、贸易方式和生产生活方式。

1. 数字贸易时代的到来

（1）全球数字经济快速发展。以互联网、云计算、大数据等为代表的数字经济快速发展，标志着新一轮科技革命兴起。数字经济不仅对生产、生活方式变革产生巨大影响，而且将通过加强竞争、降低交易成本、提升效率等方式，对服务贸易发展产生深刻影响。当前，数字经济引领全球新一轮产业变革趋势日益明显，数字经济已成为全球经济增长的重要动力。过去15年间，全球数字经济的增速是GDP增速的2.5倍；到2025年，全球数字经济规模将达到23万亿美元，占全球GDP比重将达到24.3%①。

（2）数字贸易基础设施不断完善。数字贸易的发展以互联网为基础，交易主体包括企业用户和个人用户。2005—2018年，全球互联网用户数量由10.2亿人增长至39亿人，年均增长10.8%；占人口的比重由15.8%提高至51.2%，提升35.4个百分点。不同发展程度国家的互联网用户数量都有明显提升。与2005年相比，发展中国家互联网用户数量增长了6倍，渗透率提升

① 顾学明．大力发展服务贸易提升全球价值链地位[N]．经济参考报，2018-09-12.

35.4 个百分点；发达国家互联网用户增长了 67%，渗透率提升 29.6 个百分点[①]。

（3）数字贸易的快速兴起。在数字经济与技术快速发展、互联网用户不断增加的背景下，全球数字贸易快速兴起。以网络零售交易额为例。2013—2018 年，全球网络零售交易额由 1.08 万亿美元增长至 2.84 万亿美元，年均增长 21.4%；占全球总零售额的比重由 5.1%增长到 11.9%。初步预测，未来 3 年全球网络零售交易额仍将保持 20%左右的年均增速，到 2021 年将达到 4.88 万亿美元，是目前的 1.7 倍，占全球总零售额的比重将提高至 17.5%[②]。相关机构预测，今后 10~15 年时间里，全球货物贸易将呈 2%左右的增长、服务贸易呈 15%左右的增长，而数字贸易增速则高达 25%[③]。

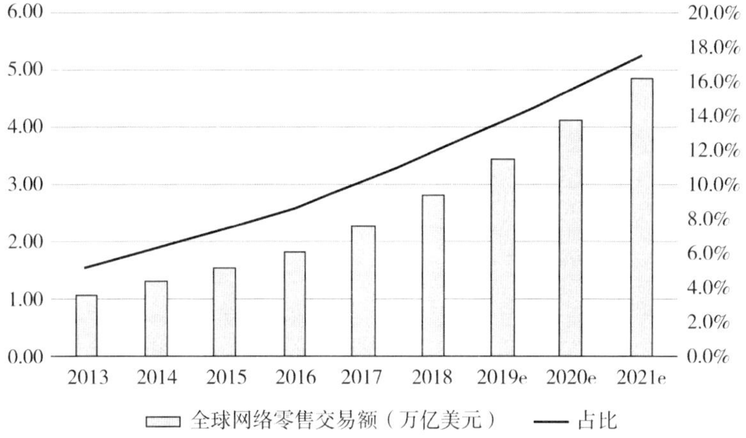

图 6.6：2013—2021 年全球网络零售交易额及占比

数据来源：商务部电子商务和信息化司. 中国电子商务报告 2018 [R]. 2019-05-29.
注：2019—2021 年为预测数。

2. 数字服务贸易深刻改变全球服务贸易格局

（1）服务贸易内容向数字化转变。数字技术及数字贸易的兴起使得数据

① 根据《互联网世界》统计数据得出。

② 商务部电子商务和信息化司. 中国电子商务报告 2018 [R]. 2019-05-29.

③ 黄奇帆. 在长三角地区协同推进建设开放新高地[J]. 中国经济周刊，2019-03-02.

本身成为重要的贸易内容。预计到2020年，全球数据量将保持40%以上的增长速度。世界经济论坛报告显示，过去10年间跨境数据流动使全球GDP增长了10%。2005—2018年，与数字经济相关的服务贸易额（含电信计算机信息服务、知识产权服务、个人文化娱乐服务）年均增长8.0%，高于货物相关服务1.2个百分点，高于运输等服务2.8个百分点，高于服务贸易整体增速1.8个百分点，占服务贸易的比重由14.8%上升至18.2%。与数字经济相关的服务贸易已成为拉动全球服务贸易增长的重要动力。

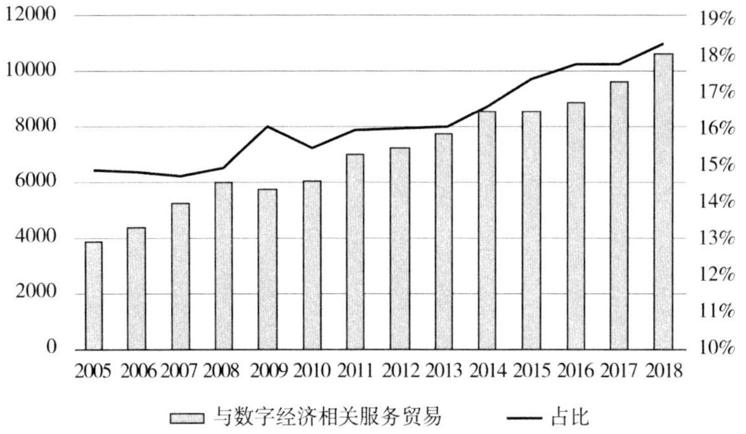

图6.7：2005—2018年与数字经济相关服务贸易额及占比（单位：亿美元）

数据来源：世贸组织数据库。

（2）服务贸易模式向数字化转变。目前，全球服务贸易中有一半以上已经实现数字化，超过12%的跨境实物贸易通过数字化平台实现[①]。从贸易载体来看，随着跨境电商等互联网平台的兴起，数字旅游、数字教育、数字医疗、数字金融等数字服务贸易快速发展，改变了以往以商业存在、自然人流动等为载体的服务贸易。此外，第三方支付、移动支付、云端交付等新兴交付方式逐渐成为主流。预计到2020年，全球信息、通信和技术市场将有40%份额是由第三方平台带来的。

① 传统贸易向数字贸易转型：全球服务贸易一半以上实现数字化[N]. 经济日报，2018-12-03.

（3）数字贸易改变服务贸易交易主体。从供给端来看，数字贸易改变了过去以跨国服务企业为主体的供给格局，为广大中小型服务企业参与服务贸易提供了可能。例如，互联网、大数据平台推动单一发包模式向众包模式转变，不仅提高了全球服务贸易的总体规模，也进一步拓展了中小型服务业企业发展服务贸易的空间。从需求端来看，虽然 B2B 仍是当前贸易的主要方式，但互联网平台的兴起带动了 B2C 模式的快速发展，使得服务供需双方直接对接，大大拓展了服务贸易需求方范围。甚至在个性化定制等方面，消费者也在一定程度充当了服务供给的角色。

3. 数字化转型加速服务贸易发展进程

（1）数字技术拓展服务贸易内涵。信息、互联网、物联网技术在服务业领域的广泛应用，使服务产品生产与消费跨越不可分离的障碍，为服务业全球化和服务贸易发展提供了客观条件。教育、健康、医疗、文化等传统不可贸易的“服务”逐渐变得可贸易，增加了可贸易的服务种类、不断扩大拓展了服务贸易内涵的范围，并逐渐成为服务贸易的主要内容。

（2）数字技术拓展服务贸易发展空间。一方面，科技革命使得数字经济、远程服务等一大批新兴服务部门涌现，成为全球贸易的重要对象；另一方面，科技革命为全球产业分工的进一步细化提供技术支撑，众多服务型企业只将核心服务保留，而将非核心服务或中间服务通过服务外包、自然人流动、服务资本的流动等方式进行全球再布局，由此将众多发展中国家纳入全球服务贸易进程中，进一步拓展了服务贸易发展空间。

（3）数字技术推动货物贸易与服务贸易相融合。从历史来看，由于互联网等技术的发展，使得部分视听等服务贸易不再需要货物载体。从发展趋势来看，随着 5G、3D 打印等技术的成熟并推广，数字技术逐渐将某些货物贸易与服务贸易相融合。

二、形成数字服务贸易国际新优势

近年来，依托巨大的国内市场，我国抓住了全球新一轮科技革命的历史性机遇，实现了数字经济快速发展，在某些领域已经处于全球领先水平。当前，加快实现数字贸易与服务贸易的融合，形成数字服务贸易国际新优势，成为我国推动开放转型的新动力和推进全球自由贸易进程的重要抓手。

1. 我国数字贸易快速发展

近年来，依托巨大的网络用户规模优势及数字经济发展优势，我国跨境电商实现了高速发展。2012—2018 年，我国跨境电商交易额由 2. 1 万亿元人民币增长至 8. 8 万亿元人民币，年均增长 27%，远高于我国货物及服务贸易平均增速。预计未来几年，我国跨境电商交易额仍将保持 20% 以上的增速，到 2020 年将达到 12 万亿元人民币。

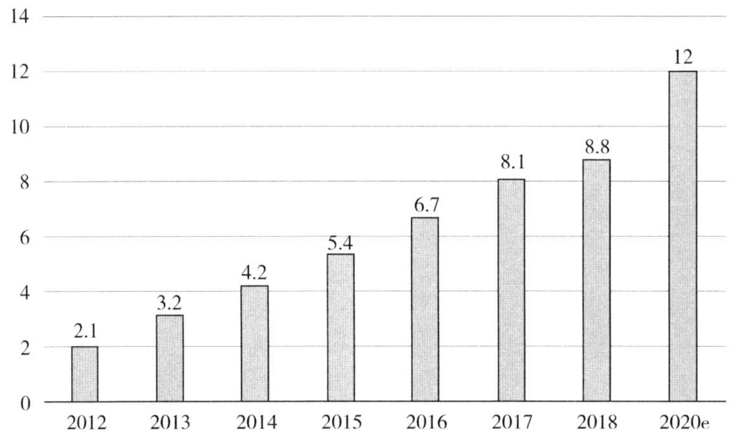

图 6. 8：2012—2020 年我国跨境电商交易规模（单位：万亿元人民币）

数据来源：艾媒咨询。
注：2020 年为预计数。

2. 我国有条件在数字服务贸易国际竞争中赢得主动

（1）我国的数字服务贸易具有比较优势。根据麦肯锡的分析，尽管目前中国的服务贸易仍存在较大逆差，但在数字领域的服务贸易连续 5 年保持 100 亿~150 亿美元的顺差。从全球数字竞争力排名来看，2018 年我国数字竞争力指数 81.42 分，排名全球第二，较上一年提升了 7 个名次①。

（2）我国发展电子商务服务业的基础较好。近年来，我国电子商务服务业快速发展，成为数字贸易的重要支撑。2011—2018 年，我国电子商务服务业规模由 410 亿元人民币增长至 3.5 万亿元人民币，年均增长 88.9%，是我国服务业平均增速的 10 倍左右。

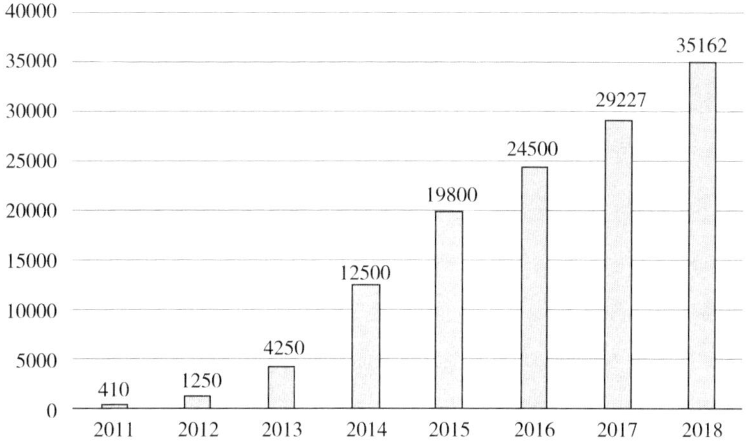

图 6.9：2011—2018 年我国电子商务服务业规模（单位：亿元人民币）

数据来源：商务部电子商务和信息化司．中国电子商务报告 2018［R］. 2019-05-29.

（3）我国拥有巨大的数字服务贸易发展潜力。以互联网用户规模为例。2008—2018 年，我国网民规模由 2.98 亿人增长到 8.29 亿人，互联网渗透率由 22.6%提高至 59.6%，年均提高 3.7 个百分点，成为全球增长速度最快的互联网用户市场②。

3. 2025：形成数字服务贸易国际竞争新优势

（1）形成数字服务出口新优势。2018 年，我国与数字经济相关的服务贸易逆差约为 89 亿美元。其中知识产权贸易逆差为 300.29 亿美元，电信、计算

① 腾讯研究院，中国人民大学统计学院指数研究团队．国家数字竞争力指数研究报告（2019）［R］. 2019-05-13.

② 中国互联网络信息中心．第 43 次《中国互联网络发展状况统计报告》［R］. 2019-02-28.

机、信息等服务贸易顺差为232.88亿美元，个人文化、娱乐服务贸易逆差为21.79亿美元[①]。争取到2025年，在进一步扩大电信、计算机、信息等服务贸易优势基础上，实现知识产权与个人文化娱乐服务顺差。进一步提升数字相关服务贸易出口比重，由目前的23.5%提升为30%左右。

（2）形成数字技术贸易国际竞争新优势。巨大的应用市场是我国数字技术发展的突出优势。预计到2020年，我国云计算市场规模将达1366亿元人民币，占全球份额将提高至15%；大数据核心产业规模有望突破5700亿元人民币，占全球的20%，信息数据总量将占全球21%。此外，在物联网、人工智能、区块链等领域均有着巨大的应用前景。

（3）积极参与数字服务贸易规则制定。数字贸易规则制定，是全球经贸规则制定的重点和焦点。我国积极参与国际和区域标准化组织活动，在部分双边、区域贸易协定中加入了电子商务相关条款，并签署了世贸组织、金砖国家、"一带一路"沿线部分国家等关于电子商务的相关联合声明。总的看，我国在参与数字服务贸易规则制定中的话语权与发达国家仍有一定差距。这就需要在积极参与全球多边数字服务贸易规则制定的同时，更加重视双边、区域自贸协定中数字规则内容，提升我国全球数字服务贸易规则制定的话语权。

三、提升数字服务贸易领域便利化水平

抓住国际数字服务贸易规则标准尚未定型的时间窗口期，强化国内数字服务贸易领域制度性安排，在优化数字服务贸易主体发展环境的同时，积极参与构建全球数字服务贸易规则。

1. 提升数字服务贸易自由化便利化水平

（1）推动数字服务贸易开放。一方面，以新兴经济体为重点，在双边多边自由贸易谈判中技术贸易、知识产权等作为自由贸易谈判的重点，尽快实现市场双向开放。另一方面，以欧盟为重点，加快中欧投资协定谈判，并将数字技术贸易作为谈判的重点之一。

---

① 根据世贸组织数据库统计数据得出。

（2）形成鼓励支持数字服务出口的政策体系。例如，改变以往对特定企业现金补贴或出口贴息等方式，根据数字服务贸易分类，设定全行业、全领域享受的出口退税、企业所得税、财政补贴、出口融资、出口保险等不违反公平竞争的财税金融政策；加快参与数字服务贸易标准制定，在加快服务业国内外标准对接基础上，依托我国巨大的数字服务市场，加强在跨境物流、跨境支付、电子认证、在线交易、信用体系、在线支付、保护标准等领域的国际标准制定，降低我国数字服务出口企业制度性成本与不确定性；积极发展专业性数字服务出口中介机构，为广大数字服务出口企业提供退税、政策咨询、出口融资保险、对外推介等服务。

2. 率先形成“一带一路”数字服务贸易网络

（1）采取多种方式推进数字服务贸易发展。例如，对“一带一路”沿线国家和地区，实施数字旅游、数字医疗、数字健康、数字教育、数字基础设施等项下的自由贸易政策；对相关的数据流动、数据处理以及相关的设备、基础设施等实施更加便利的贸易政策。

（2）推动共建“一带一路”数字服务自贸区。借鉴阿里巴巴与马来西亚共建“数字自贸区”的经验，在区内实行自由贸易政策和相关投资制度安排；对俄罗斯、巴西、印度等数字服务贸易规则与我国较为相近的国家，加快数字服务贸易协定谈判，形成关于跨境数据流动、数据本地化、消费者保护等“一揽子”协定，并采取过渡期等多种方式推动数字服务贸易的开放。

3. 加快构建数字服务贸易监管体系

（1）构建数字服务贸易监管标准体系。数字服务贸易无形性等特点，给市场监管及国家安全监管带来重大挑战。从现实情况看，我国数字服务贸易监管标准体系建设相对滞后，难以适应数字服务贸易快速发展的大趋势。例如，在金融领域，《商业银行法》《证券法》和《保险法》等现有金融法律，大都是基于传统金融行业及业务所制订，其内容条款缺少对互联网金融的明确规定，难以适应数字革命背景下新型金融行业及新业务的发展需要。建议以推动服务业标准化建设为契机，尽快加入数字服务贸易领域的监管标准，尤其是要强化质量监管、税收征管等重点内容。同时，制定数字服务贸易信用黑名单、标准格式合同管理、安全协议限制和跨境数据流动风险评估机制等配套监管手段。

（2）细化《电子商务法》等相关法律。2018 年我国正式出台了《电子商务法》。作为上位法，其内容主要偏向于原则性规定，缺乏具体实操性内容；《网络安全法》对“重要数据”做出相应制度安排，但并未明确衡量“重要数据”的标准及具体清单。需要加快制定和完善相关法律法规，为完善数字服务贸易监管提供法律保障。

（3）加强对数字知识产权监管。从国际经验来看，数字服务贸易的快速发展，对知识产权保护的要求更高，也更为迫切。为此，需要加快研究数字服务领域的新形态、创新成果的知识产权保护办法，提高知识产权审查质量和审查效率。

（4）强化对数字服务贸易监管的国际协调。在各国加强对数字领域监管的趋势下，政府监管成为数字服务贸易壁垒的主要因素。为此，需要通过与其他国家签订数字服务贸易信任协定、免检协定、认可服务经营商、争端解决机制等多种方式，加强同我国主要数字服务贸易伙伴的宏观监管政策协调。

第三节　打造服务贸易创新发展新高地

适应经济全球化新趋势与我国开放转型的需求，以自贸试验区、粤港澳大湾区及自由贸易港为平台，加大在服务贸易开放领域的先行先试和压力测试，为我国参与全球新一轮经贸规则重构并引领规则制定提供重要经验。

一、以服务贸易为重点推进自贸试验区高水平发展

习近平主席在 2018 年首届中国国际进口博览会开幕式上的主旨演讲提出，“中国将支持自由贸易试验区深化改革创新，持续深化差别化探索，加大压力

测试，发挥自由贸易试验区改革开放试验田作用。”① 制度创新是自贸试验区建设的核心，努力在服务贸易开放方面实现重大制度创新，是当前我国自贸试验区高水平发展的重大任务。

1. 自贸试验区高质量发展的重大任务

（1）着眼于服务业市场加速开放大趋势。未来5~10年，服务业市场开放成为我国供给侧结构性改革与经济转型升级的关键。自贸试验区作为新一轮全球化背景下我国改革开放的试验田，要在服务业市场双向开放方面，通过制度创新形成服务业开放的体制机制与风险防范机制，为全国范围内服务业市场开放与服务贸易发展提供可复制可推广的经验。

（2）着眼于我国全方位开放大局。自2013年9月上海自贸试验区挂牌至今，我国批准的自贸试验区已有12个。从布局来看，现有自贸试验区覆盖沿海、中部、西部、东北等区域，成为服务国家战略、提升对外开放水平的重要引擎。从振兴东北老工业基地、西部大开发、中部崛起、长江经济带、京津冀一体化、“一带一路”、“一国两制”等重大国家战略需求出发，要从国家层面加强对自贸试验区的战略谋划，统筹自贸试验区建设与开放大局，实行差异化先行先试，实现自贸试验区创新发展的重要突破。

（3）着眼于参与国际经贸规则制定。自贸试验区应着眼于国际经贸规则制定，积极探索，为我国推动全球自由贸易进程、增强全球经济治理话语权提供实践依据。

2. 赋予自贸试验区更大改革自主权

赋予自贸试验区更大的改革开放自主权，使其根据不同的定位，在不同的领域加快探索，则要允许自贸试验区根据承载的国家战略、自身区域特点实行差异化的开放策略，例如，在投资领域负面清单突破、金融领域资本项目开放、特殊货物领域开放监管等方面实现进一步实质性破题。

---

① 习近平．共建创新包容的开放型世界经济——在首届中国国际进口博览会开幕式上的主旨演讲[M]．北京：人民出版社．2018.11.

3. 实现在服务贸易开放的新突破

（1）完善“准入前国民待遇+负面清单”相适应的制度体系。一是应尽快与国际接轨，对负面清单内的限制性措施标明国内法律依据，完善限制性措施的具体内容和详细要求；二是负面清单体例应更加明了，如将限制性措施和禁止性措施分别规定；三是尽快完善部分无具体限制条件的特别管理措施，最大程度消除市场开放的隐性壁垒，减少寻租空间。

（2）分类推进自贸试验区服务贸易开放。在中央层面明确自贸试验区建设与发展总体思路的前提下，允许各自贸试验区探索尝试各种政策及体制机制创新，既有助于形成高水平、开放型经济的市场环境与体制环境，又有利于风险防控并根据形势变化进行调整。例如，可以在现有负面清单的基础上，允许各个自贸试验区相应调整负面清单内容，实行差异化负面清单。此外，允许在自贸试验区内暂停实施与服务贸易发展相冲突的相关行政法规、国务院文件和经国务院批准的部门规章的部分规定等，为自贸试验区推进服务贸易的更大开放提供制度保障。

（3）在先行先试基础上提出服务贸易新规则。自贸试验区可率先在重点服务贸易领域的开放深度和广度上大胆尝试，并在总结经验的基础上，逐步扩大开放试点内容，参照发达国家和国际上高水平自贸区的服务开放模式和标准，探索推进服务贸易与服务业市场更大程度的开放。同时，借鉴国际高标准服务贸易规则，先行先试，为全面对接重大国际贸易规则积累经验。

（4）强化在服务贸易开放领域的综合性制度创新。例如，设立国际贸易“单一窗口”涉及海关、检验检疫、海事、边检、港务等多个部门，各部门都有独立运作的系统和机制，一方面收费问题需进一步解决，另一方面各部门数据标准和格式不统一，各部门之间的数据交换和信息共享难度较大。建议：一是以服务贸易开放为引领推动综合性自由化便利化措施，实现各部门信息的有效对接；二是强化服务贸易开放的政策协调，形成开放与监管变革并重；三是强化数字服务贸易领域的制度创新，尤其是加强对“互联网+”等跨行业领域的便利化措施安排与监管标准体系建设。

二、推进粤港澳服务贸易一体化进程

中共中央、国务院正式印发《粤港澳大湾区发展规划纲要》（以下简称《纲要》），提出“提升大湾区市场一体化水平，全面对接国际高标准市场规则体系，加快构建开放型经济新体制，形成全方位开放格局”。推进粤港澳服务贸易一体化进程，要在广东与港澳体制机制对接中推动与服务贸易一体化相适应的制度变革，由此走出一条服务贸易创新发展的新路子。

1. 服务贸易一体化成为粤港澳大湾区建设的重大任务

（1）粤港澳服务贸易一体化将释放巨大经济增长潜力。《纲要》提出“2022 年，粤港澳大湾区综合实力显著增强，粤港澳合作更加深入广泛，区域内生发展动力进一步提升”。从现实情况看，粤港澳服务贸易项下的各类要素高效便捷流动仍面临某些障碍，使得粤港澳大湾区发展潜力难以充分释放。未来几年，实现粤港澳服务贸易项下的人员、资金、技术、信息等要素的自由流动将释放巨大的经济增长潜力。初步估计，若粤港澳大湾区人均 GDP 达到东京湾区 2016 年的水平，其 GDP 总量将达到 3.3 万亿美元，是东京湾区与纽约湾区 2016 年 GDP 的总和。

（2）粤港澳服务贸易一体化将有利于推动大湾区转型发展进程。随着广东制造业转型升级以及港澳拓展发展空间的需求日益迫切，粤港澳服务贸易互补性明显增强。一方面，香港在以金融、研发、商务服务等为重点的现代服务业方面具有明显优势。另一方面，广东已经进入工业化后期，但产业结构与工业化后期的现实需求不相适应，突出表现为生产性服务业发展相对滞后。2018 年，广东服务业占比仅为 54.2%，与工业化后期的一般水平至少低 10 个百分点；生产性服务业占 GDP 的比重为 27.8%①，与发达经济体相差 20 个百分点以上。香港要稳固其金融、航运、贸易三大中心地位；澳门要破解博彩业“一业独大”的局面；广东要实现制造业转型升级。最直接、最有效的途径就是依托广东作为港澳重要经济腹地和进入内地的重要桥梁，加快实现粤港澳服

① 2018 年广东宏观经济运行情况[EB/OL]. 广东统计信息网，2019-01-29.

务贸易一体化，在拓宽港澳服务业发展空间的同时，带动广东制造业转型升级，由此实现《纲要》提出的“打造高质量发展的典范”。

（3）粤港澳服务贸易一体化将对加快形成全面开放新格局产生重要影响。《纲要》提出，“打造高水平开放平台，对接高标准贸易投资规则，加快培育国际合作和竞争新优势”的重大要求。香港是全球公认的自由港，在服务贸易发展方面积累了诸多可借鉴的重要经验。加快推进粤港澳大湾区服务贸易一体化，在广东率先对标国际服务贸易新规则与管理新举措，由此闯出一条服务贸易创新发展的新路子，形成开放层次更高、营商环境更优、辐射作用更强的开放新高地，带动我国在以服务贸易为重点的新一轮全球自由贸易中赢得主动。

2. 推进粤港澳服务贸易一体化的时机条件总体成熟

（1）粤港澳服务贸易发展已具备一定基础。近年来，广东不断扩大对港澳服务业市场的开放，尤其是2015年广东自贸试验区获批以来，南沙、前海、横琴作为粤港澳服务贸易一体化重要平台的作用进一步凸显。2017年，粤港服务进出口839亿美元，同比增长32.12%，占全省比重达46.62%，粤澳服务进出口53亿美元，同比增长19.9%；2016年，广东服务业实际吸收港资比重由2007年的33.67%提升至76.36%[①]。在以港珠澳大桥为重点的基础设施互联互通基本完成的条件下，推进粤港澳服务贸易一体化的时机条件总体成熟。

（2）巨大的内需潜力是粤港澳服务贸易一体化的突出优势。内地巨大的服务型消费市场，将成为全球经济的最大亮点，成为国际市场关注的焦点，更将为粤港澳大湾区建设提供巨大市场空间。内地将成为港澳最大的服务消费市场。2017年，内地赴香港、澳门旅游人数分别占港澳入境游客数量的76%、68%[②]。预计到2023年，内地生活性服务市场规模将达到33万亿元人民币，是目前的2倍[③]。在当前港澳境内消费市场基本饱和的情况下，依托广东作为

① 世界级湾区打造高质量发展典范[N]. 南方日报，2018-10-21.
② 根据《香港统计季刊》统计数据得出。
③ 德勤中国. 数字化生活服务市场生态展望报告[R]. 2018-09-24.

港澳重要经济腹地和进入内地的重要桥梁，尽快实现粤港澳服务贸易一体化，不仅可为港澳延长服务业产业链、分享内地消费大市场，也将为我国释放内需潜力带来示范性作用。

3. 加快推进以服务贸易为重点的市场与体制对接

（1）以开放为先，推动粤港澳服务业产业深度合作。近年来，南沙、前海、横琴三大片区在推动服务业对港澳开放方面取得初步进展。从粤港澳大湾区整体发展来看，服务业市场开放是重中之重。为此建议：一是将广东自贸试验区内的开放政策扩大到整个粤港澳大湾区，实现广东对港澳服务业开放的重要突破；二是赋予广东在负面清单制定中更大自主权，实行更加开放的市场准入政策，并率先将港澳资本视为内资，取消或放宽对港澳投资者股比限制、经营范围限制；三是加快实行与港澳在旅游、金融、教育、文化娱乐、医疗健康等产业项下的自由贸易政策。

（2）以制度创新为核心，推动粤港澳服务业市场体系直接融合。与港澳相比，珠三角市场经济体制仍有待完善，粤港澳服务贸易一体化仍面临较高的边境内壁垒。例如，粤港澳三地实行不同的市场管理规则，使得粤港澳服务贸易项下的人员、技术、信息等中高端要素难以自由流动。为此建议：一是借鉴香港的经验，在广东全面实行企业自主登记制度，设计企业简易退出机制；二是逐步建立与港澳对接的、以信用机制为基础的市场管理体系与资格互认体系，允许符合港澳标准的服务业企业、具备相关职业资格的人员，在广东备案审核后直接开展相关业务活动；三是在创新方面，加快推进产权保护制度化、法治化，并逐步加强粤港澳产权保护法律体系的对接，形成产权保护的合力和法治基础。

（3）以体制机制创新为重点，推动粤港澳服务体系全面对接。粤港澳大湾区服务贸易一体化不仅涉及服务标准、管理规则的对接，也涉及服务贸易项下货物通关、融资汇兑、税收征管等服务的对接。为此建议：一是推行粤港澳通关监管服务一体化，实行货物“一次认证、一次检测、三地通行”，尽快将人员“一签多行”政策扩大到广东全省，加快粤港澳通关电子平台建设，推进三地信息互换和执法互助；二是成立粤港澳金融协调监管委员会，协调处理三地之间有关互设金融机构、货币互换和汇兑机制、互相信用支持、金融信息交换、金融风险防范和合作监管机制等金融事务，推进粤港澳金融服务一体化；三是建立仲裁、调解、协商等非诉讼对接平台，组建由不同法系、不同地区的法律专家构成的法律专家团队，支持大湾区内创建两大法系仲裁模式裁决跨境民商事案件。

三、以服务贸易为主导加快探索建设海南自由贸易港进程

加快探索建设海南自由贸易港进程，是新时代党中央赋予海南的重大战略使命，是新阶段彰显我国扩大对外开放、积极推动经济全球化决心的重大战略举措，是更高起点谋划和推进改革开放的重大战略决策。当前，在经济全球化新背景与我国改革开放新阶段，加快探索建设海南自由贸易港进程，要以服务国家重大战略为目标，以服务贸易为主导，以开放为先、制度创新为核心，打造新时期对外开放的新高地，努力成为新时代全面深化改革开放的新标杆，并由此带动形成我国改革开放新格局。

1. 以服务贸易主导为突出特色

国际上知名的自由贸易港，其起步阶段无一例外以转口贸易和加工贸易为主，随着发展水平的提升，大多都向服务贸易转型升级。例如，香港和新加坡服务业占比分别达到92.2%（2016年）和76.8%（2017年）。从实际情况看，海南有条件在服务贸易创新上推出重大举措，形成独特优势。2018年，海南服务业占比为56.6%，高出全国平均水平4.4个百分点；服务业对经济增长的贡献率为66.9%，高出全国平均水平16.9个百分点；服务贸易占比18.1%，高出全国平均水平3.4个百分点。海南发展服务贸易潜力巨大，空间巨大。

2. 率先实现服务业市场全面开放

（1）以旅游业全面开放为重点建设具有世界影响力的国际旅游消费中心。建设具有世界影响力的国际旅游消费中心是一个大战略，其主要问题不在于开多少免税店或者再提高多少免税额度，关键是通过加快旅游及相关文化体育娱

乐等领域的市场全面开放，提升国际化旅游产品及服务供给质量。为此建议：争取中央将免税特许经营权下放给海南；尽快使得符合条件的企业都可以经营免税业务；全面放开日用消费品的品种限制；与香港联手建设免税购物链；在严禁“黄赌毒”的前提下，加快探索文化娱乐领域更大程度的开放。

（2）以医疗健康市场全面开放为重点破题现代服务业发展。在全国对海南健康服务消费的刚性需求不断增强的背景下，医疗健康产业有望成为海南发展的一张“王牌”。打好这张“王牌”，关键是实现医疗健康市场的全面开放。为此，关键在于要处理好局部发展与全岛发展的关系，在加快把博鳌乐城打造成为国际化高端医疗合作中心的同时，尽快把国家赋予博鳌乐城国际医疗旅游先行区的某些政策向全岛推开，在更大范围内探索医疗健康产业项下的资金、人员、技术等的自由流动，并在股比限制、审批程序等领域进一步拓展政策深度。

（3）以扩大电信、互联网等特定服务业市场开放为重点推动新兴服务业发展。在数字经济引领产业变革大趋势下，高新技术产业发展很大程度依赖于电信、互联网等产业开放。例如，没有数据的跨境自由流动，就难以实现数字贸易、远程服务等新兴业态发展，也难以将海南打造成为全球数字技术、数字人才、数字企业集聚中心。此外，尽快在全岛取消燃油车，全面推广使用新能源汽车，以此带动物联网、机器人、人工智能、新材料等一系列科技创新和产业变革。

（4）以金融业市场开放形成以外资、社会资本为主体的金融体系。推动金融业市场开放，形成以外资、社会资本为主体的金融体系，既是海南服务贸易发展的客观需求，也是打破海南企业发展与资本市场脱节、改善企业投融资环境、提高整体金融服务能力的重大举措。适时全面取消外资金融机构与内资不同的资格条件限制与经营范围限制，在现有海南自由贸易账户基础上探索实行人民币资本项目自由可兑换，鼓励与支持内外资金融机构在海南开展离岸金融业务。

3. 制订并实施精简透明的服务贸易负面清单

（1）制订并实施跨境服务贸易负面清单。在金融、电信、互联网、旅游、航运服务、专业服务等领域试点逐步放宽和取消与跨境交付、境外消费、自然人移动等相关的限制性措施。

（2）制订并实施极简外商投资准入负面清单制度。加快提升商业存在模式下服务贸易开放度和透明度，全面营造现代化的服务贸易投资环境。

（3）建立服务贸易负面清单管理模式下事后监管与风险防范制度。到2025年，对标全球最高标准的贸易和投资规则，将负面清单长度降到全球最低，在有效监管的同时实现服务贸易全区域、全领域、全模式开放。

4. 大幅降低服务贸易边境内壁垒

（1）建立与国际接轨的服务业管理标准体系。服务业行业管理标准差异成为市场开放后制约服务贸易发展的最大障碍。建议在全面引进欧美日医疗药品管理标准基础上，对标发达国家在旅游、教育、金融及商务服务业行业管理标准，逐步形成与国际接轨的服务业管理标准体系；在短期内可考虑允许符合当地标准的服务业企业、具备相关职业资格的人员，在海南备案审核后直接开展相关经营与业务活动。

（2）推进服务贸易项下货物进出口自由化便利化水平。在用途和使用范围严格管制的前提下，尽快实现对医疗健康、文化娱乐、旅游、教育、科技研发等服务业发展所需原材料、基础设施配套的用品设备的进口实行零关税，并大幅免除进口环节增值税；对旅游、健康、文化娱乐、研发设计等服务贸易项下的自用商品与相关设备采取豁免查验政策。

（3）全面实行服务贸易项下人员自由流动政策。在现有59国免签政策基础上，在严控风险的前提下，适时逐步放宽免签政策；降低“绿卡”申请门槛，实行工作签证分类管理；建立高效灵活的用人机制，全面打破体制内外人才流动壁垒，以专业性、开放型为重点重构人才管理体制。

第四节 加快推进服务业市场开放进程

在服务业市场开放与服务贸易发展直接融合的背景下，形成以服务贸易为重点的高水平对外开放新格局，关键在于加快推进服务业市场开放。

一、服务业市场开放与服务贸易高度融合

一方面，以服务贸易为重点的开放转型正处于历史关节点；另一方面，服务业市场双向开放的大趋势正在形成。在这个特定背景下，服务业市场双向开放与服务贸易发展高度融合的特点突出。

1. 服务贸易发展直接依赖于服务业市场开放

（1）服务业市场双向开放大趋势正在形成。

——服务业成为吸引外资的“新高地”。随着服务业逐步对外资放开市场准入，外资开始大量投资我国服务业。目前，服务业利用外资占比持续超过工业，成为利用外资的主要领域。据统计，2005—2018年，我国服务业实际使用外资规模由149.1亿美元增长到931.2亿美元，年均增速达到15%，高于我国实际使用外资平均增速10个百分点；从占比来看，2011年，服务业实际使用外资占比达到47.6%，占比首次超过制造业；2012年，占比达到51%，超过第二产业4.2个百分点，占比首次过半；2018年，这一比重达到69%，是制造业的2.25倍。

——服务业成为对外投资合作的主要领域。从对外投资净额来看，服务业已成为我国对外投资合作的第一大领域。2007—2017年，我国服务业对外投资净额由195.6亿美元增至1211亿美元，年均增长20%，高于制造业对外投资金额增速2个百分点；从占比来看，过去10年间服务业对外投资净额占比始终保持在70%~80%的高位。

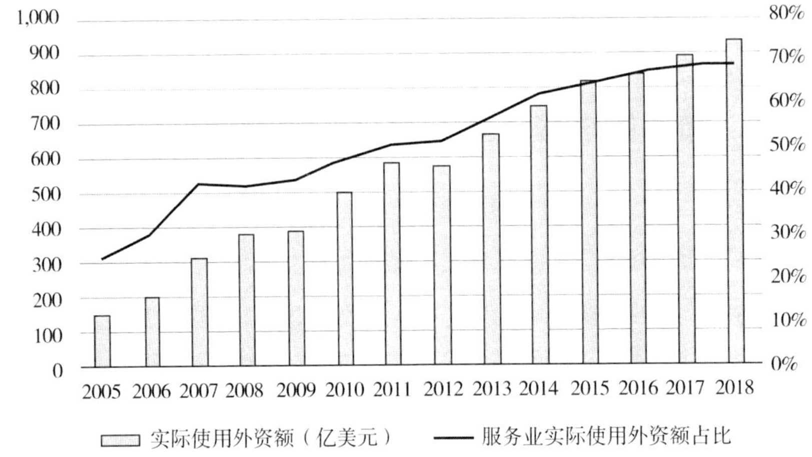

图 6. 10：2005—2018 年实际使用外资额及服务业实际使用外资额占比

数据来源：国家统计局网站。

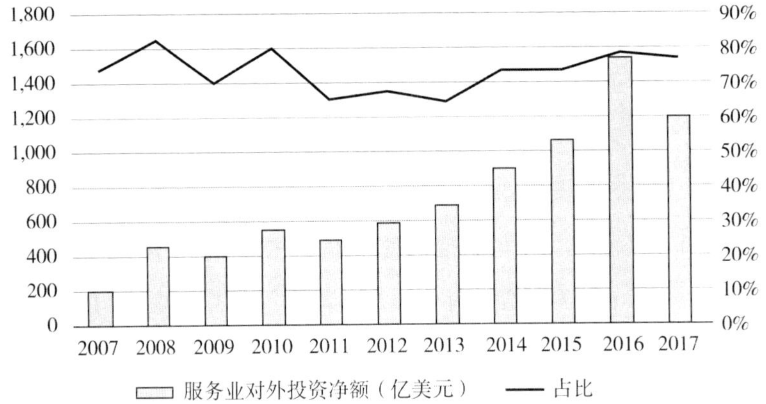

图 6. 11：2007—2017 年服务业对外投资净额及占比

数据来源：国家统计局网站。

（2）服务业市场开放程度决定服务贸易发展的广度与深度。在由货物贸易为主向服务贸易为重点的开放转型中，服务贸易发展越来越依赖服务业市场开放。当前，对服务业市场开放的主要顾虑在于对国内服务业企业的冲击。中国加入世贸组织后制造业发展的历程表明，服务业市场开放短期内可能会有冲击，但长期将有助于国内服务业企业参与全球竞争，提升质量水平和竞争力。

例如，中国—新西兰自由贸易协定谈判中，对服务业领域的开放程度已与《服务贸易协定》（TiSA）谈判要求基本相同；中韩自由贸易协定中，电信与金融领域的开放均有实质性突破。未来，扩大服务业市场开放，不仅要在名义上进一步放宽服务业市场准入条件，更重要的是推进边境后措施的自由化便利化程度，促进国内规则与国际规则的对接。

（3）服务业市场双向开放与服务贸易快速发展相互促进。2008 年国际金融危机爆发后，在整体外贸形势挑战加大的情况下，我国服务贸易的快速发展，很大程度上得益于服务业市场开放，使得我国服务业企业在深度参与全球价值链的同时，最大程度提升了“商业存在”“自然人流动”等服务贸易提供方式的便利化水平。总的来看，进一步扩大服务业市场双向开放将推动我国服务贸易发展再上一个新台阶。

2. 以服务业市场开放推动服务贸易创新发展

（1）服务业市场化水平相对较低制约服务贸易发展水平。尽管我国一再强调社会资本可以进入法律未禁止的服务业领域，但由于行政垄断和市场垄断的存在，社会资本进入教育、医疗、通讯、金融等服务行业仍面临某些障碍，这使得服务业市场难以通过公平竞争来提高供给能力、供给质量和供给效率。2017 年，我国服务业民营固定资产投资占比仅为 39.4%，远低于农业 67.6%、工业 79.2%的水平。其中在教育、卫生、文化、商务服务等现代服务业领域的投资占比不足 5%①。

（2）以服务业市场开放推动形成服务贸易为重点的开放新格局。目前，我国在制造业领域的对外开放水平较高。例如，2018 年我国第二产业外商直接投资（FDI）限制指数为 0.089，虽然仍低于经合组织（OECD）平均水平，但高于澳大利亚等发达国家②。近年来，我国陆续推出一系列服务业对外开放的重大举措，但总的看，服务业市场开放仍是我国推动形成以服务贸易为重点的开放新格局的重大任务之一。

① 国家统计局．中国统计年鉴 2018［M］．北京：中国统计出版社，2018.12.

② 根据经合组织数据库统计数据得出。

3. 加快形成服务业市场全面开放新格局

（1）推动服务业市场向社会资本全面开放。当前，无论是破解服务业市场领域“有需求、缺供给”的突出矛盾，还是进一步拓展社会资本投资空间、扭转社会资本投资增速下滑的局面，都需要尽快实现服务业市场对社会资本的全面开放。这需要按照“非禁即准”的要求，凡是法律、行政法规未明令禁止进入的服务业领域，应全部向社会资本开放，不再对社会资本设置歧视性障碍，大幅减少前置审批和资质认定项目，鼓励引导社会资本参与发展服务业，并在打破服务业市场垄断方面实现实质性破题。

（2）加快推进服务业对外开放进程。在加快服务业市场化改革基础上，大幅缩减外资准入负面清单限制性条目，争取到 2020 年，率先实现教育、医疗、养老、旅游等服务业全面开放，取消对外资股比限制及经营范围限制；同时，按照《外商投资法》的相关规定，基本完善外商投资的服务体系。争取到 2025 年，在运输、保险、法律、研发设计等重点领域全面对接国际高标准开放水平。

（3）清理并大幅削减服务业领域边境内壁垒。建议在有条件的地区率先引入日美欧等在医疗药品、旅游娱乐、体育养老等重点生活性服务业的管理标准，并实现资格互认；全面推广跨境服务贸易负面清单，允许负面清单外的境外企业在我国提供相关服务，逐步在人员流动、资格互认、市场监管等领域实现与国际接轨。

二、加快教育、电信、医疗、金融等服务业开放进程

习近平主席在首届中国国际进口博览会上提出，“中国正在稳步扩大金融业开放，持续推进服务业开放，深化农业、采矿业、制造业开放，加快电信、教育、医疗、文化等领域开放进程”①。加快推动内外投资者关注、国内市场缺口较大的服务业市场开放进程，有效破解国内服务市场“有需求、缺供给”

① 习近平．共建创新包容的开放型世界经济——在首届中国国际进口博览会开幕式上的主旨演讲[M]．北京：人民出版社．2018. 11.

的突出矛盾，提升我国服务业国际竞争力。

1. 加快推动教育市场开放

（1）扩大教育市场开放的全局意义凸显。

——人才是赢得新一轮科技竞争新优势的重点。当前5G技术的竞争成为全球竞争的焦点。预计到2030年，5G技术直接产生的GDP为3万亿元人民币，间接拉动GDP3.6万亿元人民币。从现实情况看，未来5G领域我国人才缺口达2000万①，人才短缺成为5G经济快速发展的突出短板。

——人才是推动经济转型升级的重点。经济转型升级越来越依赖于高技术人才支撑。目前我国技能劳动者超过1.65亿人，占就业人员总量的21.3%，但其中高技能人才只有4791万人，占就业人员总量的6.2%。此外，我国高技术人才还存在人才断档等结构性矛盾。从市场供需来看，近年来，技能劳动者的求人倍率（岗位数与求职人数的比）保持在1.5∶1以上，高级技工的求人倍率甚至达到2∶1以上②，供需矛盾十分突出。

——由人口红利向人力资源红利转变的重大任务。近年来，我国劳动力成本逐步上升的趋势明显，迫切需要加速由人口红利向人力资本红利转变，这在很大程度上依赖于教育的“第二次改革”。

（2）推进教育市场开放进程。

——以教育市场开放形成多元化教育服务供给主体。由于教育市场化改革滞后，民办学校尚未成为教育供给的重要主体。2017年，我国共有各级各类民办学校17.76万所，占全国比重34.57%；在校生达5120.47万人，占全国在校生人数的比重仅为19%。从民办学校分布来看，超过一半分布在学前教育，在中等职业教育领域占比不足40%，在普通本专科领域占比仅为12.3%③。

——以教育市场开放形成与经济转型升级和科技变革趋势相适应的教育结

① 中国信息通信研究院．中国数字经济发展与就业白皮书（2019）[R].2019-04-18.
② 我国高级技术工人占比严重偏低[EB/OL].新华网，2017-06-09.
③ 2017年全国教育事业发展统计公报[EB/OL].教育部网站，2018-07-19.

构。在新一轮科技革命的背景下，我国人才供需结构性矛盾突出，人才供给面临着严重过剩或相对不足的制约因素，与市场需求脱节的问题比较突出。

——以教育市场开放提升我国教育的国际竞争力。2011—2018年，我国出国留学人数由33.97万人增长至66.21万人，年均增长10%，其中自费留学生人数占比均在90%以上。为适应这一大趋势，需要通过教育市场双向开放，整合境内外优质资源，鼓励教育"引进来"和"走出去"，吸引境外教育消费回流，提高我国教育的国际化水平。

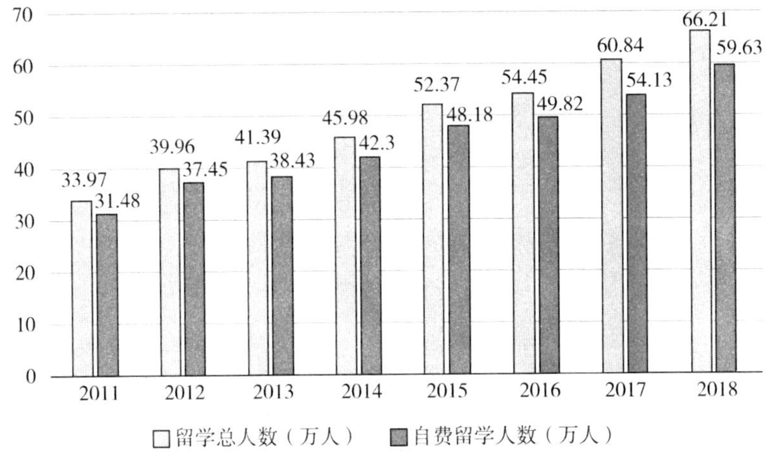

图6.12：2011—2018年我国留学及自费留学人数

数据来源：教育部2011—2018年我国出国留学人员情况统计数据。

（3）推进以职业教育为重点的教育市场开放。

——支持社会资本与外资投资非义务教育领域。取消学前、普通高中、本科及以上院校的股比限制，支持各类投资者以独资、合资、合作等多种形式办学。

——全面放开职业教育。允许境内外具备条件的研发机构、教育组织、高水平企业独立举办健康、旅游、维修、文化创意等职业院校。

——赋予职业教育机构更大的办学自主权。赋予社会资本及外资投资的职业教育机构在招生数量、费用收取、外籍教师聘用等方面的自主权；明确中央和地方政府的职责分工，鼓励地方在教育改革上积极探索、先行先试。

——加快推进教育“去行政化”。逐步取消学校行政级别，建立专业导向的学校治理结构，推进专家治校。

（4）推进教育市场双向开放进程。

——引进境外优质教育资源。开展高校自主确定举办中外合作办学项目试点，支持高校加大引进国外优质教育资源力度；鼓励支持高水平、有特色的民办学校通过品牌连锁经营、中外合作办学等方式，引进优质学科、课程、师资、管理，整体提升教育教学质量；鼓励民办学校引进国外先进资源，聘请具有职业资格的外籍教师；支持高校和外国高校之间开展教师互派、学生互换、学分互认和学位互授联授；对国外进入的优质教育资源，在税收、用地、利润留成等方面实行优惠政策。

——以“一带一路”为重点鼓励我国优质教学资源拓展至海外。在“一带一路”沿线国家和地区开展中外合作办学项目、建立中外合作办学机构。支持高校优势学科，参与和设立国际学术合作组织、国际科学计划，与境外高水平教育、科研机构建立联合研发基地。支持具有相应实力的高校到海外办学，开展国际合作和跨境教育服务。

2. 加快医疗健康服务业市场开放进程

（1）医疗领域有需求缺供给的矛盾突出。

——医疗健康消费全面快速增长。当前，我国城乡居民消费结构升级与老龄化进程相交汇，由此带来巨大的医疗健康服务需求。2018 年，我国城乡居民医疗保健消费增长 16.1%，明显高于其他消费项目。预计到 2020 年，我国健康与老年人消费规模将分别达到 6.2 万亿元人民币与 3.7 万亿元人民币；保守预计，到 2030 年，我国老年人消费规模将达到 18 万亿元人民币；到 2050 年达到 61 万亿元人民币①。从产业发展趋势来看，到 2020 年，医疗健康产业与养老产业规模将分别达到 8 万亿元人民币和 7.8 万亿元人民币；到 2030 年将达到 16 万亿元人民币和 22 万亿元人民币。健康消费已成为拉动我国消费增

① 张车伟、宋福兴．大健康产业蓝皮书：中国大健康产业发展报告（2018）[R]．北京：社会科学文献出版社，2018.12.

长与经济增长的重要引擎。

——医疗健康“有需求、缺供给”的矛盾突出。2018 年，我国健康产业市场规模达到 7 万亿元人民币，占 GDP 的比重为 7.8%，虽然有明显上升，但与发达经济体相比仍有一定差距。例如，美国健康产业占 GDP 的比重超过 15%，加拿大、日本健康产业占 GDP 的比重超过 10%。2017 年，我国每千名老年人养老服务床位数为 30.9 张，远低于发达国家 50~70 张的平均水平①。

——加快医疗健康市场的全面开放，使社会资本成为医疗健康产业发展的主体。当前，社会资本仍未成为医疗健康产业发展的主体。例如，2018 年虽然我国民营医院数量占医院总数的 64%，但其床位数占比仅为 26%，卫生技术人员占比 21%，医疗服务工作量占比 14%②。这需要在全面开放背景下，按照“公开市场、公平竞争、公正监管”的原则，进一步打破医疗健康服务的市场壁垒，使得社会资本成为医疗健康产业发展的主体。

（2）以打破市场壁垒为重点实现医疗健康产业的全面开放。

——进一步放宽医疗健康领域外资准入门槛。逐步取消医疗机构仅限于合资或合作的限制；进一步明确医疗机构市场准入审核标准，允许符合条件的境外资本在国内设立独资、合资医疗机构。

——全面落实各类医疗机构及人员的国民待遇。尽快实现各类医疗机构在医保及获取土地等要素方面与公立医院享有同等待遇。

——打破体制内外人才流动壁垒。改变公立医院医生“单位人”身份，加快推进人事管理、工资福利、社会保险、职称评价等方面的制度改革，积极调动医生积极性，实现医疗技术人员在体制内外的自由流动。

——清理制约医疗健康产业公平竞争的政策法规。按照“非禁即入”原则，对符合条件、规划和准入资质的社会办医疗机构，在设置审批、执业登记等方面，不得以任何理由加以限制；其提供的签约服务，在转诊、收付费、考核激励等方面与政府办医疗机构提供的签约服务享有同等待遇。

① 养老不单是“生意”更当具备“情怀”[EB/OL]. 东方网，2018-09-02.

② 国家卫健委. 2018 年我国卫生健康事业发展统计公报[R]. 2019-05-22.

——以基层为重点试点公办民营模式。从国际经验看，基层养老与医疗机构社会化、民营化是一个大趋势。建议将一部分利用率不高、资源闲置的公办社区（乡镇）养老机构与医疗机构交由社会资本运营；通过公建民营、“一院二制”等方式吸引社会资本参与公办医疗、养老机构运营。

——鼓励“互联网+医疗”等新型医疗服务模式创新。鼓励社会资本建设互联网医院或互联网医疗服务平台，大力发展网上预约、网络支付、检查检验结果查询、远程医疗、远程监护等在线医疗服务。破解医疗卫生公共资源配置向大城市高度集中、中小城镇和农村医疗卫生公共资源不足的矛盾。

（3）在医疗健康领域尽快引入国际先进标准。

——率先在部分地区引进欧美日养老服务与医疗药品管理标准，快速提升养老服务与医疗药品质量水平，对全国形成示范效应。条件成熟时，尽快向全国推广。

——借鉴欧盟等国际通行做法，建议在未来2年把药品进口增值税税率降为6%左右；在对进口抗癌药，对国内生产治疗癌症、罕见病、糖尿病、乙肝、急性白血病等药品重要原料实施零关税的基础上，对癌症诊断和治疗的进口设备实行零关税，以进一步降低癌症治疗的成本。

专栏6.1

欧盟药品进口增值税率

欧盟有16个成员国对药品实行低税率。分别是：德国（7%）、法国（2.1%）、意大利（10%）、捷克（10%）、比利时（6%）、卢森堡（3%）、芬兰（10%）、荷兰（6%）、波兰（5%）、立陶宛（5%）、塞浦路斯（5%）、希腊（6%）、罗马尼亚（9%）、爱沙尼亚（9%）、克罗地亚（13%）、拉脱维亚（12%）。这16个国家的药品增值税率都低于普通商品。有4个成员国对药品实行零税率：爱尔兰、马耳他、西班牙、瑞典。

资料来源：管永昊，刘林林，贺伊琦．欧盟增值税制及借鉴[J]．税务研究，2016（11）.

——开展境内外医疗健康执业资格互认试点。例如，通过建立免审核目录等，允许特定国家的医疗健康技术人员在备案前提下直接开展医疗服务。

3. 扩大金融业市场双向开放

（1）扩大银行业、证券业、保险业双向开放。

——降低金融业市场准入后壁垒。在2020年全面取消证券、期货、寿险外资股比限制基础上，着力打破外资银行的政策壁垒，简化行政审批手续。以外资参与高风险证券公司重组为重点，推进证券业市场对外开放；鼓励外资保险公司将先进经验和技术引入国内市场；寿险、医疗保险和养老保险等领域进一步向外资保险公司放开。

——鼓励具备条件的金融机构到境外开展业务。扩大国内金融机构在境外发行人民币债券的主体类型和地域范围；支持金融机构在风险可控的条件下到海外并购；加快银行卡清算机构“走出去”开展业务，提升银行卡清算机构的国际竞争力；鼓励金融机构“走出去”为实体经济提供服务。

（2）有序推进资本市场双向开放。以“深港通”为基础加快推进与亚洲其他国家和地区资本市场互联互通；加强内地与香港资本市场互联互通，探索新股通、债券通，适时推出商品通。利用“沪伦通”正式开通的契机，着力推进中国与欧洲资本市场的共同发展；鼓励支持优质的金融机构在境内发行人民币债券；扩大期货市场对外开放，支持境外投资者以特定品种的方式参与国内商品期货交易。

三、打破服务业领域市场垄断与行政垄断

在大幅放宽市场准入的前提下，只有实质性打破服务业市场垄断与行政垄断，才能使各类资本有效进入。未来几年，以打破垄断为重点，加快服务业市场向社会资本开放，形成统一开放、公平竞争的市场环境，成为服务业市场开放的重大任务。

1. 推进垄断行业向社会资本开放

在以电力、电信、石油、民航、邮政等为重点的垄断行业，尽快破除各种形式的行政垄断。除基础设施部分外，相当多的生产环节都可以放开市场引入

社会资本与外资；全面实现自然垄断环节和竞争环节分开，在自然垄断部分强调国有资本主导，在竞争性环节对社会资本放开；完善基础领域的准入制度，对垄断行业要逐步放松或解除管制，广泛引入市场竞争机制，鼓励社会资本参与基础领域的公平竞争。推进银行、保险、航空等行业全面向各类资本放开。对可以完全市场化的自然垄断行业和企业，能退出的全部退出，暂时不能退出，或退出条件不具备的企业，可以实施混合所有制；对国有资本继续控股经营的自然垄断行业，根据不同行业特点实行网运分离、放开竞争性业务。在自然垄断环节，通过移交—经营—移交（BOT）、建设—经营—转让（TOT）等多种形式鼓励社会资本参与投资。

2. 推动服务业领域国有资本战略性调整

服务业市场开放对国有资本战略性调整提出新的要求，既需要破除行政垄断，又需要国有资本在公共服务领域作出更大贡献。为此建议：一是在一般竞争性的服务业领域，国有资本原则性退出，为社会资本留下更大的市场空间；二是将更多国有资本配置在公共服务领域；三是在公共服务领域，通过发展混合所有制吸引社会资本参与，形成做大公共服务业的社会合力。

3. 完善垄断服务业行业价格形成机制

区分竞争性和自然垄断环节，建立不同的价格形成机制。垄断行业需要一定的价格管制，但竞争性环节的价格可以放开。为此建议：在自然垄断环节与基本公共服务领域，仍实行政府定价；对竞争性环节的服务业，政府全面放开价格控制，引入竞争机制，实行企业自主定价。

4. 推动实现服务业领域政策平等

（1）实现服务业与工业用地政策平等。统计数据显示，2019 年第一季度，全国主要监测城市商服、工业地价分别为 7665 元人民币/平方米和 841 元人民币/平方米，商服用地价格是工业用地价格的 9.11 倍。服务业用地成本大幅高于工业用地成本，很大程度上制约了现代服务业的发展。建议有效降低服务业用地价格，缩小服务业与工业用地价格差距，争取到 2020 年全国基本实现服务业用地与工业用地“同地同价”。

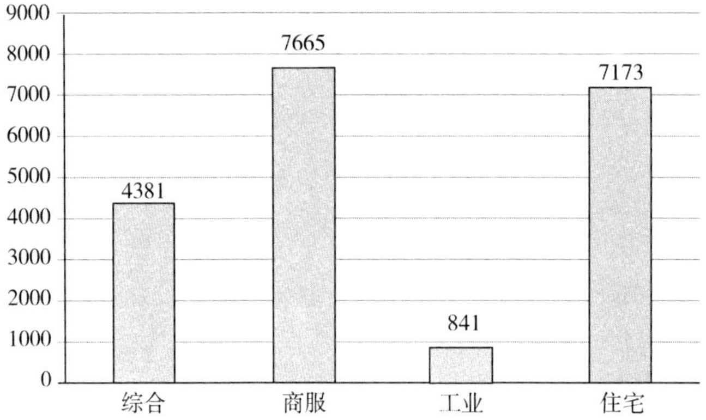

图 6.13：2019 年第一季度全国主要城市分用途地价水平（单位：元/平方米）

数据来源：中国土地勘测规划院城市地价动态监测组.2019 年第一季度全国主要城市地价监测报告[R].2019-04-17.

（2）实现体制内外服务业人才保障政策待遇平等。促进职称制度与用人制度的有效衔接，重点加快体制内外各类人才的社会保障水平等；尽快出台实施细则，逐步提升非公有制机构和公益性社会组织各类人才的社会保障水平，最大限度地缩小体制内外各类人才基本社会保障水平；建立健全民办机构人才人事代理服务制度，保障各类人才在体制内外合理流动，鼓励高校毕业生、各类人才到民办机构就业；实现民办机构人才在户籍迁移、住房、子女就学等方面享受与当地同级同类公办机构同等的人才引进政策。

（3）实现政府采购对体制内外服务业企业与社会组织待遇平等。在政府购买公共服务中实现事业单位、民营企业、公益性社会组织政策平等。尽快取消政府购买对市场主体和社会组织的某些歧视性规定，鼓励市场主体和公益性社会组织参与；凡政府购买公共服务，除明令禁止社会资本参与的项目外都应向公益性社会组织放开；在义务教育、基本医疗卫生、基本住房保障、基本社会保险、就业服务、公共文化等基本公共服务方面，尽可能采取政府购买公共服务的办法，对事业单位、民营企业、公益性社会组织实行同等待遇。

四、服务业市场开放需要行政管理体制改革的突破

相对于制造业领域开放，服务业市场开放难度更大，既取决于市场化程度

和观念变革，也取决于行政管理体制改革。这需要突破传统观念与利益固化的藩篱，加快推进与之相适应的行政管理体制改革，由此实现服务业市场全面开放的实质性破题。

1. 服务业市场开放需要深化行政管理体制改革

改革开放以来，我国服务业市场逐步对社会资本放开，但至今除了批发零售、商贸、餐饮等服务行业的市场化程度比较高之外，教育、医疗、研发等服务行业市场配置资源的作用尚未充分发挥。具体体现为垄断行业不改革，社会资本就难以全面进入服务业市场；事业单位不改革，体制内外的政策差异鸿沟不填平，体制外的企业与事业单位就难以形成平等竞争的新格局；服务业用地价格机制不调整，中小服务企业的成本就难以降下来；政府购买公共服务的机制不改变，就很难形成体制内外服务业公平竞争的市场环境。

2. 加快推进与服务业市场开放相适应的行政管理体制改革

（1）加快推进“照后减证”改革。目前，我国准入审批与许可证发放成为政府行政垄断的主要措施。尽管简政放权改革已取得突破性进展，但审批事项改为备案制后，某些地方仍存在变相审批现象。例如，政府仍有权审批许可证的发放。《2018 年营商环境报告》显示，我国开办企业数额全球排名第 28 位，但办理许可证全球排名为 121 位，远远落后于营商环境 46 位的全球排名①。为此，建议尽快出台许可证审批负面清单，尽快取消影响国家与公众安全的事项外的许可证审批，强化政府事中事后监管。

（2）推进监管体制变革。我国通过组建国家市场监督管理总局实行综合执法，并专门组建国家药品监督管理总局，由此形成了“大市场—专药品”的市场监管新体制，突出药品监管的专业性。同时也应看到，由于经济活动的日益复杂，尤其是在服务业市场全面开放的背景下，这种体制仍难以完全解决专业性较强领域的所有监管问题。例如，2019 年上半年出现的博鳌乐城假疫苗事件表明，医药领域的监管仍需要市场监管局与卫健委、药品监管局、公安厅等部门有效联动。为此建议，在省级政府层面建立统一权威的市场监管协调

① 世界银行 . 2018 年营商环境报告[M]. 北京：中国财政经济出版社，2019. 1.

机构，统筹监管资源，以提升市场监管，尤其是特殊服务业领域监管的有效性；依托互联网、大数据技术，打造全国统一的市场监管与药品监管大数据平台，实现部门间信息共建共享。

（3）深化事业单位改革，推进非基本公共服务供给社会化。在区分基本公共服务与非基本公共服务基础上，将部分事业单位推向市场，实现企业化运作；鼓励养老、健康等领域事业单位发展混合所有制，吸引各类资本参与事业单位改革；加快推进取消学校、科研院所、医院等事业单位的行政级别，加快事业单位去行政化；将国家对事业单位的财政投入转变为产业引导基金，平等支持各类公益性服务主体发展。

（4）推动政府采购体制机制改革。以加入世贸组织《政府采购协定》谈判为契机，全面梳理、完善我国政府采购制度，尤其是推进国有企业采购的市场化、规范化改革；以采管分离为目标，推进政府采购的体制机制改革；进一步明确政府采购边界，加快同世贸组织成员国签订政府采购市场开放协定，实现政府采购的双向开放，并更好推动我国优质服务企业“走出去”，参与国外政府采购。

3. 以思想解放实现服务业市场开放的重大突破

从我国加入世贸组织的实践看，扩大开放、鼓励支持国内企业积极参与全球竞争，有助于我国企业提高竞争力，促进经济更快更好发展。当前，我国社会主要矛盾变化、居民消费结构变化、产业结构变化等对服务业市场开放的需求比以往任何时候都大。服务业市场开放，不仅涉及产业结构调整和经济转型升级，更涉及利益结构和理念的调整，是一场深刻的思想解放。

第七章

扩大开放倒逼深化改革

为适应经济全球化大趋势和我国全方位开放新要求，全面深化改革要推进相关政策转型与深层次体制机制变革，以在国内国际规则对接融合中建立高水平的开放型经济体系，进一步提升我国经济国际竞争力。这就需要按照竞争中性原则，加快形成公开市场、公平竞争的市场环境，以充分发挥市场在资源配置中的决定性作用。

面对国内外风险挑战明显增多的复杂局面，更多运用市场化、法治化手段深化供给侧结构性改革，充分发挥市场在资源配置中的决定性作用，更好发挥政府作用，其重要性、迫切性全面凸显。

第一节　充分发挥市场在资源配置中的决定性作用

在当前内外形势深刻复杂变化的背景下，落实党的十八届三中全会《关于全面深化改革若干重大问题的决定》要求，使市场在资源配置中起决定性作用和更好发挥政府作用的重要性、迫切性全面凸显，成为以扩大开放倒逼深化改革的重大任务。

一、确立竞争中性原则

2019 年 3 月，第十三届全国人大第二次会议表决通过了关于政府工作报告的决议。报告提出，“按照竞争中性原则，在要素获取、准入许可、经营运行、政府采购和招投标等方面，对各类所有制企业平等对待”[①]。加快确立竞争中性原则，形成公开市场、公平竞争的市场环境，是缓解短期经济下行压力、有效激发市场活力的重要举措。

1. 竞争中性原则符合经济全球化的基本要求

当前，有关竞争中性原则的相关内容逐步成为全球新一轮经贸规则的基本

① 李克强．政府工作报告——2019 年 3 月 5 日在第十三届全国人民代表大会第二次会议上[M]．北京：人民出版社，2019. 3.

要求。例如，在美韩、美墨加、欧越等最新签订的自贸协定中，均包含了政府采购、竞争政策、国有企业与指定垄断等涉及竞争中性的条款。

2. 确立竞争中性原则，激发各类市场主体活力

2010—2018 年，我国民间投资增速由 32.5% 下降至 8.7%；民间投资占比由 65.4% 下降至 62%；实际利用外资增速由 17.4% 下降至 3.0%。这既有短期政策的影响，更有限制竞争、妨碍竞争等深层次体制机制原因。以融资为例，2015—2017 年，国有企业平均融资规模从 7.15 亿元人民币上升到 22.54 亿元人民币，民营企业则从 5.99 亿元人民币下降到 4.6 亿元人民币，且融资成本高于国有企业 1.5~2.5 个百分点①。在此背景下，激发企业活力，要按照竞争中性原则，为各类企业创造公开市场、公平竞争的市场环境，使各类企业在市场中自主经营、自由竞争。

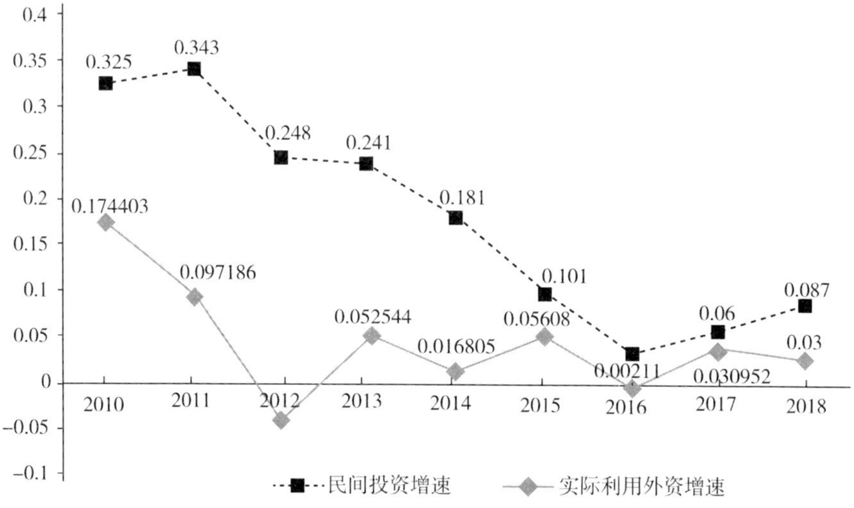

图 7.1：2010—2018 年我国民间投资与实际利用外资增速

数据来源：国家发改委和国家统计局相关数据整理。

3. 确立竞争中性原则，建立高水平开放型经济

由于单边主义、安全审查等日益趋严，我国面临日益复杂的外部环境。其

① 中国人民大学中国宏观经济分析与预测课题组 .2018—2019 年中国宏观经济报告——改革开放新征程中的中国宏观经济[J].2019（01）.

中，美国多次以国家安全为由否决中资企业在美并购。2017年，中国信息传输、软件和信息技术服务业对外直接投资流量仅44.3亿美元，同比大幅下降76.3%①。确立竞争中性原则，赋予外资国民待遇，使国企、民企、外企公平参与市场竞争，共享发展红利，是我国应对全球经贸格局新变化、缓解中美经贸摩擦的重要举措，也是共建开放型经济体系的重大任务。

4. 确立竞争中性原则，赢得规则制定主动

当前，国际经贸规则重构进入关键时期，如何在规则制定中赢得主动，既关系我国参与经济全球化进程，也关系世界经贸格局的重塑。从全球经贸规则重构的趋势来看，其涵盖议题由市场准入向“边境后议题”拓展。例如，欧日自贸协定不仅包含关税等传统议题，还包括国有企业、知识产权、监管合作等高标准内容。这需要按照竞争中性原则，并在加快实现规则对接的基础上，积极参与并推动全球经贸规则制定。

5. 进一步消除隐性市场壁垒

（1）高水平开放要求加快“边境后开放”。转向规则等制度型开放需要从“边境开放”向“边境后开放”的拓展、延伸和深化。从现实情况看，我国以往市场开放的制度性安排大部分集中在“边境开放”领域，而在公平竞争、贸易和投资便利化、标准对接等边境后领域的制度安排方面仍存在不足。例如，在投资方面，2018年我国在开办企业、获得电力、登记财产、执行合同等领域已达到国际领先水平，但办理施工许可证便利度在全球排名121位，纳税排名114位，获得信贷排名73位，跨境贸易排名64位。这些边境后的相关指标不仅低于我国营商环境总体排名46位，也低于开办企业等边境开放水平。推动“边境后开放”，是我国市场开放的深水区，也是加强制度性、结构性安排的重点领域。

---

① 中方回应欧盟将加强对外资收购审查：望能开放包容[EB/OL]. 中国新闻网，2019-02-28.

表 7.1：2018 年中国营商环境排名

项目	2018 年排名	2018 年营商环境便利度分数	2017 年营商环境便利度分数	营商环境便利度分数变化（%）
总体	46	73.64	65	8.64
开办企业	28	93.52	85.47	8.05
办理施工许可证	121	65.16	41.21	23.95
获得电力	14	92.01	65.71	26.30
登记财产	27	80.8	74.99	5.81
获得信贷	73	60	60	-
保护少数投资者	64	60	55	5.00
纳税	114	67.53	62.9	4.63
跨境贸易	65	82.59	69.91	12.68
执行合同	6	78.97	78.97	-
办理破产	61	55.82	55.82	-

数据来源：世界银行．2019 年营商环境报告[R].2018-10-31.

（2）提升“边境后开放”的实际效果需要确立竞争中性原则。例如，如果不能有效降低边境内市场壁垒，社会资本与外资仍然难以进入，单纯放开市场准入的开放举措就会大打折扣；如果不能有效打破市场垄断与行政垄断，各类市场主体很难实现公平竞争，服务业市场对内对外开放也难以真正实现；如果国有企业、民营企业与外资企业难以公平使用土地、人才、资金等生产要素，即便开放政策实现重大突破，仍难以形成开放的吸引力；如果不改变目前国有企业和民营企业在产权保护、行业准入、银行贷款、上市融资、产业政策支持、创新政策支持、政府监管等方面差别化待遇的格局，就很难有效激发市场活力。

（3）提升对外开放水平需要确立竞争中性原则。改革开放以来，我国打开国门、降低流动壁垒，并依靠低成本要素优势及优惠政策形成的“成本洼地”，形成了对外资、技术、企业等要素的吸引效应。一方面，随着我国进入高质量发展阶段，以超国民待遇吸引国际要素难以为继；另一方面，我国要素成本快速上升，对外资的吸引力逐步减弱。2000—2018 年，我国城镇非私营单位就业人员年平均工资由9333元人民币增长至82461元人民币①，期间大部分年份工资实际增速高于GDP增速。在此背景下，需要按照竞争中性原则，对各类企业平等对待，进一步增强我国巨大内需市场的对内、对外吸引力。

二、公开市场、公平竞争

竞争是市场经济的本质要求，公平竞争是市场经济的核心。竞争中性原则，就是要实现对各类企业一视同仁、平等对待，就是要尽快形成公开市场、公平竞争的大环境。

1. 公开市场、公平竞争是市场化改革的基本要求

40年来，我国市场主体数量从改革开放初期的49万户，增长到2018年11月底的1.09亿户，增长了222倍；其中，个体经营者与私营企业分别由改革开放初期的不足14万人、9.05万户增长到2018年11月底的7237.45万户个体工商户、3105.37万户私营企业，分别增长了近516倍和近342倍②。在市场主体多元化格局已经形成的背景下，产业政策的重点不是要制定多少优惠政策、扶持个别企业，而是要以不妨碍公平竞争为基本原则，推动竞争环境的优化和创新动能的培育，使得各类企业主体、创新主体通过强化竞争提高产品与服务质量，通过强化竞争激发企业家精神和创新活力。

2. 以完善市场准入制度为重点实现公开市场

（1）全面实施内外资一致的市场准入负面清单。目前，我国有《外商投资准入负面清单》《自贸试验区外商投资准入负面清单》和《市场准入负面清单》等负面清单，以及《鼓励外商投资产业目录》《中西部地区外商投资优势产业目录》等正面清单。接下来需要加快推动现有负面清单与正面清单的合并对接。例如，在保持现有自贸试验区探索更大开放的同时，率先合并《外商投资准入负面清单》与《市场准入负面清单》，形成全国统一的、

① 国家统计局.2018年城镇非私营单位就业人员年平均工资82461元[EB/OL].国家统计局网站，2049-05-14.

② 改革开放40年我国市场主体数量增长222倍[N].光明日报，2018-12-26.

内外资一致的《市场准入负面清单》，并逐步推动符合正面清单内企业优惠政策的普惠化。

（2）全面清理不合理审批事项。从现实情况看，负面清单之外的市场准入环节或多或少地存在某些审批事项。一方面，准入后审批事项仍然较多。例如，改革前上海办理施工许可证需要19项程序，耗时169.5天，改革后也需要97天①；另一方面，部分领域虽然实行了备案制，但仍存在某些变相审批。这就需要全面清理负面清单之外的审批事项，彻底消除各种“隐性壁垒”，真正实现各类市场主体依法平等进入负面清单之外的行业或领域。

（3）开展负面清单外无审批试点。在自贸试验区、海南自由贸易港等便于管理、企业相对集中的区域实行负面清单外无审批试点，率先在商贸物流、批发零售、交通运输等开放风险较小的领域实行企业“自由生、自主营、自由死”等政策，最大限度提高企业自主权；对必须保留审批的事项，由监管部门向申请企业提供责任承诺书和审批要件清单，企业法人签署对材料真实性负责和对虚假材料承担责任的法人承诺书后，审批部门可当场或当天发放批件和许可证。事后，监管部门定期或不定期组织现场核查，如发现企业造假，则对其进行严厉惩处。

3. 在公开市场的前提下实现各类企业公平竞争

（1）实现国有企业与民营企业公平竞争。取消对社会资本单独设置的附加条件和歧视性条款；全面清理政府对国有企业竞争性领域与环节的补贴、税收支持政策与信贷隐性担保；以公益性为导向优化国有资本配置，实现竞争性领域的全面放开；限制国有企业同时兼营垄断业务和竞争性业务，避免其借助垄断环节阻止其他市场主体进入竞争性业务领域。

（2）实现不同地区市场主体的公平竞争。近年来，地方保护情况有很大改善。但在政府职能转变未破题的情况下，政府采购、新经济发展、重大项目建设、投融资等领域的地方保护现象仍然时有发生。以新能源汽车为例，由于差异化的技术标准及“因地制宜”的地方准入限制，全国70%的地方市场外

---

① 施工许可办理时间169.5天是如何减到97天的？[EB/OL]. 东方网，2019-03-04.

地新能源汽车难以进入①。由此，造成重复建设、产能过剩、资源配置效率低下等突出问题。而根据此前工信部、国家发改委和科技部印发的《汽车产业中长期发展规划》，到2020年，我国新能源汽车生产200万辆，而根据目前各类车企已经公开的新能源汽车产能规划，到2020年产能将超过2000万辆。为此，需要尽快优化考核机制，将公平竞争的市场环境纳入政府考核内容，同时，建立企业地方保护申诉机制，强化市场监管机构对地方保护政策的审查。

（3）实现内外资企业的公平竞争。以全面落实《外商投资法》为重点，清理内外资准入不一致的规定。在现有市场准入负面清单外的领域，取消对外资的股比限制，清理与内资准入资格不一致的歧视性规定，实现内外资企业的同等待遇；系统梳理各行业法规与政策中的外商投资限制，进一步完善外商投资的服务体系与信息披露，为外商投资提供公开、透明的投资环境。

4. 以要素市场化改革为重点实现各类企业平等使用生产要素

（1）尽快推进土地要素市场化改革。打破城乡土地双轨制与城市一级土地市场政府垄断，建立两种所有制土地“同地同价同权利”的制度，形成公开、公正、公平的统一交易平台和交易规则。只要符合相关法律，遵守交易规则，无论政府、农民集体、国有土地用地单位等，都可以在统一的土地交易市场从事土地交易。

（2）深化利率市场化改革。目前，我国利率形成机制中的基准利率虽然没有强制性，但仍然具有较强指导性，市场主体利率在很大程度上受基准利率影响。深化利率市场化改革关键是推进市场利率与基准利率的“两轨并一轨”，尤其是尽快实现银行体系与实体信用环节的贷款利率由市场决定。同时，疏通货币市场和债券市场利率向信贷市场传导的渠道，通过加强公开市场操作打造利率走廊，进一步促进利率市场化。

（3）以提高科技成果转化率为目标深化科研要素市场化改革。华为等案例表明，企业在科技创新中可以发挥重要的主体作用。当前，各国围绕5G、

---

① 2020年规划2000万辆 新能源汽车产能已过剩十倍[N]. 中国汽车报，2018-09-09.

人工智能、区块链等数字技术竞争日趋激烈，我国科技创新有效性与科技成果转化率偏低的矛盾突出。具体体现在，我国科技成果转化率仅为30%左右，与发达国家60%～70%的水平有较大差距。科技成果转化率偏低有协调机制的原因，更有科技服务业市场化改革滞后的原因。建议打破科技领域人才、资金等要素流动的体制障碍，进一步下放创新主体对人才资金使用的自主权。同时，建立以人为中心的科技创新激励机制。

三、以混合所有制为重点深化国有企业改革

在经济全球化新的背景下，深化国企改革成为我国构建开放型经济新体制的焦点之一。按照党的十八届三中全会与党的十九大确立的发展混合所有制经济的目标要求，加快推动国有资本战略性调整。

1. 加快从“管企业”走向“管资本”

（1）实现“管企业”向“管资本”的实质性破题。党的十九大报告提出，“推动国有资本做强做优做大”。近年来，我国通过改组组建国有资本投资、运营公司，初步形成了国有资本授权经营体制。但总的看，政府相关部门尚未把主要精力放在“管资本”上，仍存在过多过细的“管企业、管人”等突出问题。当前，深化国有企业改革的核心是搞活国有资本，这就需要尽快实现从“管企业”向“管资本”转变。

（2）进一步细化国有资本的分类管理。当前，我国将国有企业分为商业类和公益类，实行分类改革、分类发展、分类监管、分类定责、分类考核。但在实践中，对于“管资本”具体管什么、如何管等问题尚无明确指引，仅分为商业类和公益类过于简单，难以适应“管资本”的现实需求。为此建议：以实现各类企业充分竞争为导向划分国有资本类别，并形成明确的指引清单，为国有资本进出提供依据。

（3）形成以“管资本”为主的国有资本管理格局。一是明确国有资产监管机构的职能主要是优化国有资本布局和实现国有资本保值增值；二是加快建立“管资本”主体的权责清单，按照国有资本的分类，尽快形成全国统一的

国有资本投资、运营公司权责清单，重点在国企产权转让、企业领导任免、企业重组方案审核、企业改制方案审核、公司章程修改、企业业绩考核和薪酬标准、企业财务预算管理等方面实现制度性安排；三是进一步理顺财政部、国资委、国有资本投资及运营公司之间的关系。

2. 以发展混合所有制为重点鼓励社会资本参与

（1）在更多领域允许社会资本控股。近年来，虽然社会资本对参与国有企业改革积极性很高，但仍有较多的顾虑。例如，难以参与企业治理和决策、对自身收益缺乏稳定预期等。建议率先在能源、运输、民航、电信等一般竞争性领域，支持鼓励社会资本控股，注重发挥民营企业家作用，实现国有资本保值增值。将国有独资形式的企业严格限定在对涉及国家安全的少数国有企业和国有资本投资公司、国有资本运营公司；将国有绝对控股的企业严格限定在涉及国民经济命脉的重要行业和关键领域；在支柱产业和高新技术产业等行业，主要采取相对控股；在不需要国有资本控制、可以由社会资本控股的国有企业，可采取国有参股形式或者全部退出。

（2）推进混合所有制企业员工持股。实行员工持股有利于调动员工积极性，有利于发展创新型国有企业，有利于员工持之以恒地关心企业命运。为此建议：尽快形成国有企业员工持股的可操作性方案，形成国有企业员工与企业发展的命运共同体，避免员工的短期行为，形成国有企业可持续发展的体制机制。

（3）加快实现国有资本自身多元化。例如，在东北地区国有企业混合所有制改革中，推进国有资本自身的多元化比简单降低国有经济比重更具可操作性和现实性。推动国有资本所有者的多元化，例如，引入社保基金，由不同股东作为出资人代表，避免企业重要决策由大股东独断，提高决策科学性，提升风险防范能力。

3. 加快推进国有资本的战略性调整

（1）尽快将国有资本从竞争类行业退出。建议尽快从国家层面形成“关系国家安全和国民经济命脉的重要行业和关键领域”的目录与标准。在将国企分为竞争类、功能类与公益类的前提下，加快形成与之相配套的投资与退出清单。

（2）将国有资本更多配置在功能类与公益类领域。鼓励新增国有资本重点向教育、医疗、养老、环保民生领域和基础设施领域倾斜，强化国有资本对非国有资本的引导和支持作用；加大对现代服务业、高新技术产业、高端制造业和关系国民经济社会发展的战略领域投资力度，构建“高精尖”经济结构；国有资本增量一般不再以独资的方式进入完全竞争领域和市场竞争较充分的领域。

（3）明确国有资本增量进入领域。与民营经济“非禁止即允许”的原则不同，国有资本投资非公益性领域应该实施“非允许即禁止”的原则。建议界定国有资本可以进入的非公益性领域，制定国有资本产业投资目录，对营利性国有资本进行严格限定。

（4）加快推进国有资本划拨社保进程。2019 年 7 月 10 日，国务院召开常务会议，决定全面推开划转部分国有资本充实社保基金。一方面，我国国有及国有控股企业资产不断上升。2013—2018 年，我国国有及国有控股企业资产由 91.1 万亿元人民币上升至 178.7 万亿元人民币，净资产由 31.8 万亿元人民币增长到 63.1 万亿元人民币，均实现翻番；另一方面，在老龄化趋势下，社会资金平衡问题显得较为突出，成为多方关注的焦点。为此，需要加快推进国有资本划入社保的进程，在国有资本定价、划拨流程、监管等方面实现制度性安排，在此基础上进一步降低企业缴纳税费比重。

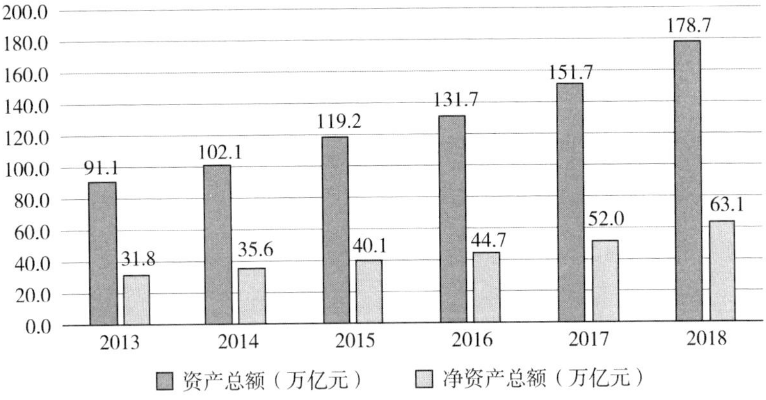

图 7. 2：2013—2018 年我国国有及国有控股企业资产与净资产

数据来源：国资委网站公开数据整理。

第二节　强化竞争政策的基础性地位

2018年底召开的中央经济工作会议提出，强化竞争政策的基础性地位，创造公平竞争的制度环境。随着市场经济体制基本建立，部分产业政策与经济转型升级趋势不相适应的矛盾日益突出，并由此带来某些不公平竞争及抑制创新等负面效果。走向高质量发展，需要强化竞争政策的基础性地位，使得要素在市场价格引导下实现优化配置，推动产业政策转型。

一、差异化的经济政策难以适应高质量发展要求

强化竞争政策的基础性地位，既是形成市场决定资源配置新格局的内在要求，也是扩大开放、实现高质量发展的迫切需求。

1. 差异化、选择性的产业政策难以适应产业变革需求

改革开放40年来，我国制定并实施了一系列产业政策，在推动我国快速工业化进程中发挥了重要作用。当前，我国已进入工业化后期，产业变革呈现经济服务化的历史性趋势。一方面，产业结构正由工业主导向服务业主导转变；另一方面，制造业将由生产型制造向服务型制造转变。尤其是在新一轮科技革命与产业变革历史交汇的背景下，我国产业变革既面临难得的历史机遇，也面临重要挑战。以行政力量为主导的差异化、选择性的产业政策越来越不适应新技术、新兴产业发展的趋势。例如，依赖产业政策扶持的光伏等行业出现了产能过剩，造成了资源浪费。同时，过去几年依托巨大内需市场与包容审慎监管模式，在没有产业扶持政策的情况下，我国一跃成为全球第二大数字经济国，涌现出百度、阿里巴巴、腾讯等互联网企业巨头，移动支付、电子商务、共享经济等达到了国际领先水平。

2. 体制内外政策待遇不平等抑制社会资本活力

当前，无论是在生产要素使用上，还是相关的政策支持上，体制内外依然

存在某些不平等。例如，社会资本投资建学校、建医院需要按照市场价来购买土地，而体制内的事业单位则可以享受划拨地的优惠政策。另外，多年来由于体制内外社会保障政策、评价政策的差异，绝大多数中高级人才更愿意到体制内而不是民营企业工作，尤其是在教育、医疗等行业。这不仅抑制了社会资本活力，还加大我国在生活性服务业、生产性服务业领域“有需求、缺供给”的突出矛盾，客观上制约我国内需潜力释放及经济转型升级进程。在服务业领域，国有或集体控股企业固定资产投资占比普遍高于50%，其中在交通运输业占比81%，水利、环境和公共设施管理业占比81%，金融业占比51%，教育占比79%，卫生和社会工作占比62%。此外，这些领域均存在外商投资占比偏低的问题，这必然与体制内外政策差异有着很大关系。

表7.2：2017年分行业各类所有制企业固定资产投资占比（单位:%）

行业	国有、集体控股企业固定资产投资	外商投资	私人控股投资
全国总计	39	4	57
农、林、牧、渔业	28	0	72
采矿业	48	2	50
煤炭开采和洗选业	47	1	52
石油和天然气开采业	92	3	5
制造业	9	7	84
交通运输、仓储和邮政业	81	2	17
住宿和餐饮业	17	2	81
信息传输、软件和信息技术服务业	40	9	51
金融业	51	3	46
房地产业	31	5	64
租赁和商务服务业	43	4	53
科学研究和技术服务业	31	2	67
水利、环境和公共设施管理业	81	0	19
居民服务、修理和其他服务业	42	1	57
教育	79	0	21
卫生和社会工作	62	1	37
文化、体育和娱乐业	51	1	48

数据来源：国家统计局．中国统计年鉴2018[M]．北京：中国统计出版社，2018. 12.

3. 以行政为主要手段的政策实施方式会带来不公平竞争

以行政为主导的政策实施方式在推动我国经济快速发展的同时，也会导致所有制歧视、不公平竞争，以及产能过剩、资源配置效率不高、环境污染加剧等问题，影响市场主体稳定预期。近年来，某些地方以强制清除、限制开工等行政性手段为主推动的“去产能”政策，“有保有压”的特征明显，客观上在多方面增大了民企的压力，造成了民企与国企间的不平等竞争。例如，对过剩产能强制清除、在特定时间限制开工等措施，在淘汰“僵尸企业”上取得一定成效，但也有一些民营企业在“去产能”中被“误伤”。

二、加快推进产业政策转型

2018 年 11 月，习近平总书记在民营企业座谈会上的讲话中指出，“要推进产业政策由差异化、选择性向普惠化、功能性转变。”① 以竞争政策为基础，并用竞争政策协调相关经济政策，是我国经济政策调整与转型的基本趋势。

1. 从以产业政策为导向转向以竞争政策为基础

（1）全面清理妨碍公平竞争的产业政策。减少行政力量对市场资源的直接配置，大幅减少现有中央各部门、地方的产业补贴与扶持项目；按照“非禁即准”的原则，清理与法律法规相抵触、制约各类市场主体进入各行业的规定和程序，严禁和惩处各类违法实行优惠政策的行为。

（2）全面实施普惠化的产业政策。提高民营企业、外资企业等使用资金、土地等要素以及政策资源的可得性，在各类企业充分竞争中提高经济运行效率。从这个角度来看，推进产业政策转型不是要取消补贴，而是实现补贴政策的普惠化与非专项。

（3）全面实施功能性的产业政策。从实践经验看，在工业化初期和中期，为了快速实现工业化，一些国家普遍实行选择性的产业政策；到了工业化后期，则逐步过渡到以功能性为主的产业政策。目前，我国总体上已经进入工业化后期。全面实施功能性产业政策，关键在于加大基础研发、人力资本、信息

① 习近平．在民营企业座谈会上的讲话[N]．人民日报，2018-11-02.

等投入，加快构建实体经济、技术创新、人力资源协同发展的产业体系，形成创新驱动的基本格局。

（4）制定适用产业扶持政策的负面清单。减少选择性补贴、投资补助等举措，将产业政策严格限定在具有重大外溢效应或关键核心技术的领域。更多采用普惠性减税、政府采购、消费者补贴等手段，维护市场公平竞争。

2. 加快实现体制内外政策的平等

（1）实现体制内外人才评价与保障政策平等。全面放开体制外人才职称评定门槛，打破户籍、地域、身份、档案、人事关系等制约。对教育、医疗、科研、文化等领域民办机构专业技术人员与公立机构专业技术人员在职称评审等方面实行平等政策；促进职称制度与用人制度的有效衔接，重点推动体制内外各类人才平等的社会保障权益。逐步提升非公有制机构和公益性社会组织各类人才的社会保障水平，最大限度地缩小体制内外各类人才基本社会保障水平差异；建立健全民办机构人才人事代理服务制度，保障各类人才在体制内外合理流动，鼓励高校毕业生、各类人才到民办机构从事工作；实现民办机构人才在户籍迁移、住房、子女就学等方面享受与当地同级同类公办机构同等的人才引进政策。

（2）实现体制内外资金获取机会平等。例如，在加快推进事业单位去行政化改革基础上，将国家对事业单位的财政投入转变为引导基金，平等支持各类公益性服务主体。

（3）实现事业单位、民营企业、公益性社会组织政府采购政策平等。尽快取消政府购买对市场主体和社会组织的某些歧视性规定，鼓励市场主体和公益性社会组织参与。凡政府购买公共服务，除明令禁止社会资本参与的项目外都应向公益性社会组织放开；对义务教育、基本医疗卫生、基本住房保障、基本社会保险、就业服务、公共文化等基本公共服务，尽可能采取政府购买公共服务的办法，对事业单位、民营企业、公益性社会组织实行同等待遇。

3. 产业政策实施以行政手段为主转向以市场手段为主

2018 年底召开的中央经济工作会议提出，“更多运用市场化、法治化手段推进供给侧结构性改革。”将供给侧结构性改革与市场化改革有机结合，既可以为激发市场活力提供重要的制度条件，也可以为深化供给侧结构性改革找出一条新路。例如，打破城乡二元户籍制度，不仅将释放近百万亿元的资本需求，也将为房地产去库存找到现实出路；尽快完善科技成果市场化激励机制、打破体制内外科技人才流动障碍，将为我国补齐关键核心技术的短板提供重要条件；按照公平竞争的要求以“管资本”为核心优化国企内部治理结构，有助于形成国企市场化的决策、运营、激励约束等机制。

三、强化对各类经济政策的公平竞争审查

党的十八大以来，我国市场监管体制改革取得实质性进展。但总的来看，市场监管在防止一般企业违法方面有较大进展，而在促进公平竞争上还有待加强。与强化竞争政策基础性地位的要求相适应，要把公平竞争审查作为市场监管机构的重要职能。

1. 提升公平竞争政策审查的专业性、权威性

（1）赋予市场监管机构对经济政策的审查权。以《反垄断法》修订为契机，将公平竞争审查制度纳入《反垄断法》，依法规范市场监管机构与政策制定部门在竞争倡导和竞争政策审查中的职能分工，为公平竞争审查提供法律基础。

（2）建立政策制定机构和市场监管机构双重审查机制。考虑到我国市场监管机构级别较低等现实情况，完全由市场监管机构审查各类政策并不现实。可以建立双重审查机制，由政策制定机构和市场监管机构共同审核。

（3）形成经济政策的审查标准和审查程序。突出权威性和专业性，由市场监管机构制定公平竞争政策的审查标准和审查程序，处理好市场监管机构与政策制定机构之间的关系，调动两个积极性以形成竞争倡导的合力。

（4）强化对公平竞争审查的制度激励。在逐步调整地方政府以 GDP 为导向的政绩考核体系的同时，将公平竞争审查绩效纳入地方政府业绩考核体系和地方官员的政绩考核体系之中。参照澳大利亚等发达国家的经验，对地方政府

设置竞争补偿，让地方政府享受到公平竞争政策审查制度改革的红利。

2. 完善公平竞争政策审查第三方评估机制

（1）鼓励支持政策制定机关在公平竞争审查工作中引入第三方评估。近几年，我国各级政府对政策的制定与执行开展了第三方评估。第三方评估的总体效果比较好，评估的专业性和客观性有所提高。

（2）注重社会性机构与社会化智库参与评估。社会性机构与社会化智库评估的客观性较强，容易得到社会的认可。与此同时，在政策评估中要委托专家学者、法律顾问、专业机构参与，尽可能征询经营者、上下游相关企业、消费者等的意见。

（3）公平竞争审查向社会公开，避免出现因串谋导致公平竞争审查的失灵。建立健全投诉举报机制，及时回应社会关切，强化社会监督约束。

3. 强化重点领域的公平竞争审查

（1）强化内外资企业公平竞争审查。强化竞争政策基础性地位不仅要取消“超国民待遇”，也要取消“次国民待遇”，按照内外资一致的要求实行普惠性政策体制安排。建议加强对内外资企业在准入条件、政策待遇、资源要素获取、产权保护等重点环节的公平竞争审查。

（2）强化国有企业与民营企业公平竞争审查。把消除竞争性国有企业与民营企业的政策待遇不平等作为建立公平竞争审查机制的重要目标，重点强化在产权保护、行业准入、银行贷款、上市融资、产业政策支持等领域的公平竞争审查，倒逼以管资本为主的国有资产管理体制改革。

（3）强化政府采购中的公平竞争审查。相关政策法规明确了政府在采购当事人、采购方式、采购合同、采购程序等方面的规定。但是目前在政府采购过程中，不同所有制区别对待、限定供应商交易对象、实行区域性保护、设置竞争障碍等行为依旧存在。建议加快推进采管分离改革，将政府采购行为纳入市场监管领域，由市场监管机构进行审查。同时，强化对政府采购成本收益的评估与审核，破解目前政府采购“重招标、轻验收”的问题。

四、把反垄断作为强化竞争政策基础性地位的重大举措

反垄断是强化竞争政策基础性地位的重要内容。适应于我国经济转型升级与扩大开放大趋势，需要把反垄断，尤其是反行政垄断作为强化竞争政策基础性地位的重大举措与突破口。

1. 市场垄断与行政垄断制约市场主体公平竞争

总的来看，我国市场垄断，尤其是服务业领域的行政垄断依然比较突出。例如，目前在我国物流前 50 强企业中，年收入达到百亿规模的，80%是国有或国有控股企业①。2017 年，我国物流总费用占 GDP 的比重为 14.6%，美国为 7%，英国为 9%②。此外，在自然垄断领域的竞争性环节仍然没有完全放开。例如，电力供应市场属于"行政垄断+自然垄断"的复合型垄断市场；在教育、医疗、养老等生活性服务业领域，仍面临着较为严重的行政垄断；金融、保险、会计等领域仍面临不合理的经营范围限制。此外，服务领域仍然存在政府定价行为。为此，要把打破垄断尤其是行政垄断作为供给侧结构性改革的重大任务之一，尽快出台改革行动方案。

2. 全面推进垄断行业向社会资本开放

（1）推进垄断行业竞争环节对社会资本全面放开。

——在以电力、电信、石油、民航、邮政等为重点的垄断行业，进一步破除各种形式的行政垄断。在这些行业中，除基础设施部分外，在相当多的生产环节都可以放开市场引入社会资本。

——推进资本市场的国有股减持，在非自然垄断环节退出一部分国有资本，为民间资本进入这些领域腾出空间。

——全面实现自然垄断和竞争环节分开，在自然垄断部分强调国有资本主导，在竞争性环节对社会资本放开。

——完善基础领域的准入制度，对垄断行业要逐步放松或解除管制，广泛

① 物流五十强国企占 8 成 物流企业试行新混改[N]. 21 世纪经济报道，2017-11-22.

② 14.6%的比重仍较高 国务院再提降物流成本[N]. 华夏时报，2018-06-28.

引入市场竞争机制，鼓励社会资本参与基础领域的公平竞争。

（2）健全城市公用事业的特许经营制度，积极引导社会资本参与。

——对城市公用事业，要尽快健全特许经营制度，建立合理价格形成机制。实现城市公用事业政事分开、政企分开、事企分开，建立完善的市场竞争机制、企业经营机制和政府监管机制。

——打破垄断经营，引入市场竞争机制，提高城市建设运营效率；充分利用资本市场，彻底改变城市公用事业政府投资的单一模式，鼓励社会资本参与投资城市公用事业。

——利用已有的经营性公用事业资产，以特许经营方式向社会资本、资本市场进行多元化融资，积极引导社会资本参与，有效缓解公用事业建设资金短缺的状况。

3. 把反行政垄断纳入反垄断范围

（1）反行政垄断成为反垄断的突出短板。2018 年机构改革后，我国将原分散在三个不同部委的反垄断职能整合到国家市场监督管理总局，这是反垄断体制改革的重大进展，但从实际效果看，目前国家市场监督管理总局的反垄断局与价格监督检查和反不正当竞争局难以有效履行反垄断职能。例如，目前两个执法机构，行政级别较低且授权有限；执法机构缺乏准司法权和准立法权，难以应对新经济领域的垄断现象；由于缺乏地方派出机构，难以应对跨地区的垄断与不正当竞争行为。

（2）做实“国务院反垄断委员会”。建议将反垄断局与价格监督检查和反不正当竞争局作为其具体执法机构；对不同所有制企业实行统一的市场监管标准和监管规则，实质性增强反垄断的有效性；与国际接轨，尽快建立既适用于内资又适用于外资的法治化、规范化的反垄断体制。

（3）加快修订《反垄断法》。例如，经营者集中“控制权”不明确；经营者集中缺乏量化判断标准；滥用市场支配地位等细节需明确；“上级责令改正”不能防范行政垄断；反垄断执法机关面临独立性挑战。为此建议：将反行政垄断纳入市场监管范畴，并尽快修订《反垄断法》，增加并细化反行政垄断的内容，并将竞争政策以及相应的公平竞争审查制度纳入到《反垄断法》之中；系统清理、修改、废除各类导致行政垄断的规章制度以及滥用行政权力排除、限制竞争的行为；细化《反垄断法》中关于反行政垄断的实施细则，根据不同行业的特点制定不同的反行政垄断措施。

4. 加快确立新经济领域反垄断标准

《反垄断法》规定，“一个经营者在相关市场的市场份额达到二分之一的；两个经营者在相关市场的市场份额合计达到三分之二的；三个经营者在相关市场的市场份额合计达到四分之三的，可被认定为具有市场支配地位”。2018 年上半年，天猫及京东占据 83.8%的商家对消费者（B2C）网络零售平台市场份额[①]；2017 年度，滴滴平台的活跃用户数占据了所有网约车平台活跃用户数的 63%，而排名二、三的首汽约车和神州专车的份额则分别只有 8.5% 和 7.2%[②]。这对新兴产业的反垄断监管提出了新的要求。总的看来，面对新经济跨界竞争、网络效应、平台模式等新特征，“不会监管、不能监管”的矛盾逐步凸显。为适应服务业市场开放与新经济发展的大趋势，需要加快建立新经济垄断标准，以实现公平竞争和风险防范。同时，也要避免用“旧制度管理新经济”。

第三节　加快形成国际化、法治化、便利化的营商环境

加快完善国际化、法治化、便利化的营商环境，是吸引全球高质量要素的重大举措，也是激发市场活力、稳定各方预期的重大举措。按照竞争中性原则的要求，大幅缩减边境内壁垒与制度性交易成本，对在我国境内注册的各类企

① 艾媒咨询．2018 中国 B2C 电商市场监测报告[R]．2018-11-15.

② 盘和林：反思滴滴事件 缺失竞争者让企业失去内部纠错动力[EB/OL]．每日经济新闻，2018-08-27.

业一视同仁、平等对待。

一、完善"准入前国民待遇+负面清单"管理制度

实行"准入前国民待遇+负面清单"管理制度是我国制度性、结构性开放的重大举措，不仅涉及边境开放、准入开放，更涉及准入后的各类企业平等待遇。在全面实施"准入前国民待遇+负面清单"管理制度新阶段，需要加快建立与之相适应的制度与政策体系，在取消外资准入负面清单之外限制的基础上，实质性降低准入后壁垒。

1. 缩减市场准入负面清单

（1）缩减市场准入负面清单限制措施数量。市场准入负面清单制度的全面实施，意味着清单以外的行业、领域、业务等，各类市场主体皆可依法平等进入。目前，市场准入负面清单包括"禁止准入类"和"许可准入类"两大类、151 个事项、581 条具体管理措施。尽管与前几年试点版负面清单相比，事项减少了 177 项，具体管理措施减少了 288 条，但与国内自贸试验区外商投资负面清单 37 条、外商投资负面清单 40 条特别管理措施相比，差距还比较大。建议争取到 2020 年将市场准入负面清单缩减至 100 项以内。

表 7.3：全国三份负面清单限制措施数量对比（单位：项）

行业	自贸试验区外商投资准入负面清单（2019 年）	全国版外商投资准入负面清单（2019 年）	市场准入负面清单（2018 年）
农、林、牧、渔业	3	4	9
采矿业	1	1	1
制造业	3	5	26
电力、热力、燃气及水生产和供应业	2	2	1
建筑业	0	无此项	4
批发零售业	1	1	11
交通运输、仓储、邮政业	6	6	12
住宿餐饮业	0	0	1

续表

行业	自贸试验区外商投资准入负面清单（2019年）	全国版外商投资准入负面清单（2019年）	市场准入负面清单（2018年）
信息传输、软件和信息技术服务业	2	2	5
金融业	3	3	11
房地产业	0	无此项	1
租赁和商务服务业	3	3	7
科学研究和技术服务业	3	3	8
水利、环境和公共设施管理业	0	0	9
居民服务、修理和其他服务业	0	0	2
教育	2	2	3
卫生和社会工作	1	1	6
文化、体育和娱乐业	7	7	11
所有行业	无此项	无此项	19
其他行业	无此项	无此项	14
总计	37	40	151

资料来源：国家发改委 商务部令2019年第26号，自由贸易试验区外商投资准入特别管理措施（负面清单）（2019年版）[EB/OL]. 商务部网站，2019-06-30；国家发改委 商务部令2019年第25号，外商投资准入特别管理措施（负面清单）（2019年版）[EB/OL]. 国家发改委网站. 2019-06-30；国家发改委. 市场准入负面清单（2018年版）[EB/OL]. 国家发改委网站，2018-12-27.

（2）放宽服务业市场准入。目前，市场准入负面清单151条事项中针对农业和工业领域的限制举措较少，但针对服务业领域的限制举措多达100余项。这既不适应服务业市场开放大趋势，也难以满足人们日益增长的服务型消费需求。为此，需要在教育、医疗、电信等服务业领域进一步放宽市场准入门槛，大幅缩减负面清单条目，使各类市场主体平等进入负面清单之外的行业与领域之中。

（3）对市场准入负面清单进行动态调整。在全球新一轮科技革命与产业变革交汇期，我国产业变革全面加快。为适应我国产业变革的大趋势，需制定负面清单动态调整机制。根据我国产业结构变化情况，建立市场准入负面清单的效果评估机制，鼓励第三方机构参与评估，及时对负面清单进行动态调整，不断完善市场准入制度。

2. 完善外商投资负面清单配套管理措施

（1）进一步提升负面清单透明度。建议参照国际经贸谈判负面清单模板，详细列明负面清单管理措施与相关描述，建立健全外资投诉机制；管理措施描述尽可能细化到具体业务，以提高负面清单的可操作性；更多采取比例限制、岗位限制、差别待遇等方式，降低负面清单的行业限制强度；完善负面清单的附件体系；为关键领域及未来新业态预留空间。

（2）提升外商投资负面清单的法律效力。通过立法明确规定，凡是与负面清单的开放承诺相冲突的部门规章，一律按照负面清单执行，提升负面清单的稳定性与可预期性；建立“棘轮机制”，明确负面清单限制措施“只减不增”。

（3）全面清理各种“隐性壁垒”。从现实情况看，负面清单之外的市场准入环节或多或少还存在着某些审批事项。这就需要全面清理清单之外的审批事项，彻底消除各种“隐性壁垒”。真正实现各类市场主体依法平等进入清单之外的行业或领域。

3. 全面实行准入前国民待遇

（1）大幅减少准入前认证。建议将准入前认证限定在满足最低标准要求的范围以内，除涉及人身生命健康、国家安全、系统性风险和生态环境保护等特定事项保留前置审批外，放宽对市场准入前置条件的限制，并最大程度在市场准入后的管理过程中保持中性，保障任何市场主体都能够不受歧视地获得认证许可。

（2）明确并细化国民待遇标准。进一步细化准入阶段的管理权力、要素供给、融资方式、进出口权、税收政策、法律保护、司法救济等一系列待遇标准，明确内外企业预期。

二、实现企业财产权保护与知识产权保护相一致

产权保护是激励创新创业的最大动力，也是振兴实体经济的最大激励，更是规则对接的重点领域。我国进入经济转型升级的关键时期，形成以创新引领高质量发展的格局，关键在于建立产权保护的长效机制，实现产权保护与知识产权保护相一致。

1. 以出台《民法典》为重点强化产权保护法治化

（1）以出台《民法典》为重点完善产权保护法律制度。党的十八届四中全会通过的《中共中央关于全面推进依法治国若干重大问题的决定》提出，“加强市场法律制度建设，编纂《民法典》”。从现实情况看，《民法典》越早出台越能赢得主动，对稳定预期有可能产生重要影响。在现行《民法总则》的基础上，需要加快各篇主要内容的编纂，争取尽快提请全国人大审议通过。

（2）研究出台《民营经济促进法》。破解民营经济发展的政策与制度“玻璃门”，关键在于形成支持民营经济发展的法律规则。为此，建议抓紧研究制定《民营经济促进法》，为民营经济稳定发展奠定更为坚实的法治保障基础。同时，鼓励、支持有条件的地方制定出台《民营经济保护条例》。

2. 加强知识产权保护的国际合作

（1）加强知识产权保护国际合作的需求日益增强。从2001年起，我国对外支付知识产权费年均增长17%，2017年达到286亿美元。2017年，我国发明专利申请量达到138.2万件，连续7年居世界首位，申请者近10%为外国单位和个人；国外来华发明专利申请量达到13.6万件，较2001年3.3万件的申请量增长了3倍。世界知识产权组织数据显示，2017年，我国通过《专利合作条约》途径提交的专利申请受理量达5.1万件，仅次于美国，居全球第二位①。在此背景下，我国知识产权案件呈逐年增加趋势。据统计，2018年，全国法院新收一审知识产权民事、行政和刑事案件数量达到30.1万件，同比上

---

① 中华人民共和国国务院新闻办公室．中国与世界贸易组织［M］．北京：人民出版社，2018.6.

升 41.13%。

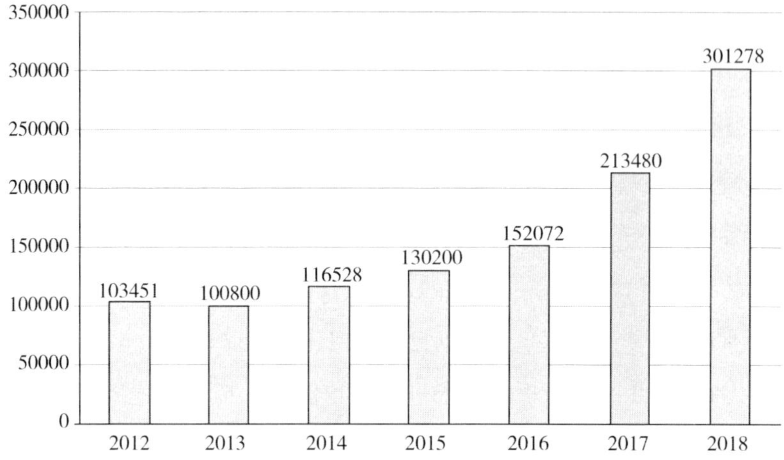

图 7.3：2012—2018 年全国法院新收知识产权一审案件数量（单位：件）

数据来源：最高人民法院 2012—2018 年《中国法院知识产权司法保护状况（白皮书）》。

（2）出台《知识产权法》。将现有的《专利法》《商标法》《著作权法》等纳入到《知识产权法》中；参考《建立世界知识产权组织公约》与《与贸易有关的知识产权协定》，明确我国知识产权保护范围；对侵犯知识产权行为的惩治做出具体规定，做到有法可依。

（3）完善知识产权保护国际合作机制。加强与世界知识产权组织、世界贸易组织、亚太经合组织等国际和地区性组织的交流与合作，提升我国知识产权保护水平；深化与发达国家知识产权、经贸、海关等部门的合作，鼓励国内服务机构加强与国外相关组织的合作交流；推动相关国际组织在我国设立知识产权仲裁和调解分中心；探索建立“一带一路”沿线国家和地区知识产权合作机制。

（4）积极参与国际知识产权规则制定。我国已经加入《保护工业产权巴黎公约》《关于集成电路知识产权的华盛顿公约》《保护文学和艺术作品伯尔尼公约》《视听表演北京条约》等近 20 个国际公约。未来几年，适应服务业市场对外开放的需要，积极推动《TRIPS 协定与公共健康多哈宣言》；主动参与《专利合作条件》《保护广播组织条约》等国际规则修订的国际谈判；加快推进加入《工业品外观设计国际注册海牙协定》和《马拉喀什条约》进程。

3. 依法保护企业家的财产权和创新收益

（1）建立产权平等保护的长效机制。增强各类企业家的安全感，给企业家“定心丸”，需要规范和约束行政权力，严格规范行政机关和执法机关的执法行为。这就需要尽快出台没收或者冻结财产的具体实施细则，使执法机关查封收缴私产时，对合法财产和非法财产区别对待，防止企业家的合法财产受到侵害。

（2）保护企业家创新收益。创新型企业主要是依靠商业模式、文化创意等要素经营，一旦知识产权得不到有效保护，企业创新成果被他人复制，不仅会给企业可持续发展带来严重后果，而且会严重影响全社会创新活动。这就需要政府加快出台商业模式、文化创意等创新成果的知识产权保护办法，为企业创新发展提供法治保障。

（3）加快建立补偿救济机制。从实践看，一些地方政府在财产权保护方面力度不够，有些甚至因为当地政府自身的不当行为造成企业和公民财产权受损。在这个背景下，不仅要建立对政府相关人员的问责与追责机制，而且要完善赔偿与救济机制。对因政府规划调整、政策变化造成企业合法权益受损的，要依法依规进行补偿救济。

（4）严格纠正以公权侵犯私权行为。严惩各类利用公权力侵犯私有产权的违法犯罪行为；严格区分企业家的违法所得和合法财产，区分涉案人员个人财产和家庭成员财产，在处置违法所得时不牵连合法财产；不得查封、扣押、冻结与案件无关的财产；因公权侵犯私权造成损失的，受害人有权申请国家赔偿。

三、以减税降费为重点降低制度性交易成本

为应对经济全球化新挑战，缓解短期经济下行压力、释放经济转型蕴藏着的中长期巨大增长潜力，需要加快以减税降费为重点降低制度性交易成本。

1. 进一步降低企业税费负担

近年来，我国为适应经济发展需要，减税力度不断加大。2016—2018 年，

我国年减税额由 5736 亿元人民币增长至约 1.3 万亿元人民币[1]，实现了倍增。2019 年《政府工作报告》提出实施更大规模的减税，确保所有行业税负只减不增。预计 2019 年我国减税规模将达到 2 万亿元人民币。总的看，我国税费仍有下降空间。一方面，我国政府债务率仍然较低。2018 年，我国政府债务率为 36.7%，远低于欧元区、G20 等 85%以上的平均水平，更低于美国、日本等债务率相对较高的国家；另一方面，我国税费负担仍然相对较高。《2019 年营商环境报告》数据显示，我国总税率和社会缴纳费率（占利润百分比）为 64.9%，全球排名第 114 位。进一步降低税费负担成为我国优化营商环境的重点[2]。

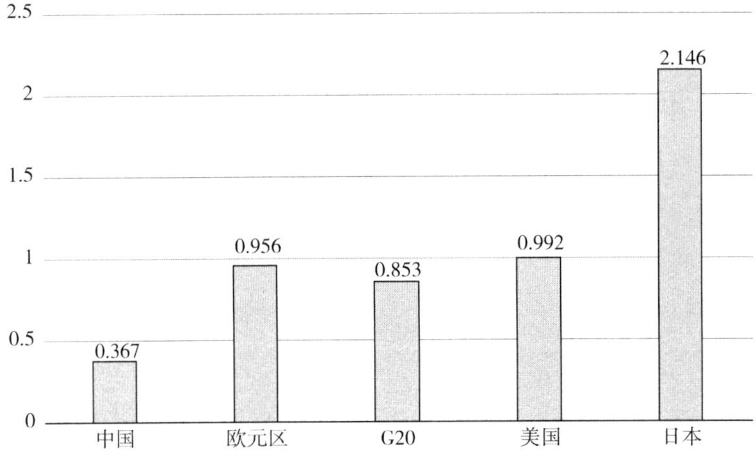

图 7.4：2018 年部分国家和地区政府债务率比较

数据来源：国际货币基金组织数据库。

2. 加快推进由间接税为主向直接税为主转变

（1）以间接税为主使得企业减税感受不明显。当前，我国税收结构仍然以间接税为主。2017 年，我国企业税费中企业所得税占比 27%，而以增值税、

---

① 财政部：2018 年中国减税降费规模约 1.3 万亿元[EB/OL]. 中国新闻网，2019-01-15.

② 世界银行. 2019 年营商环境报告[R]. 2018-10-31.

消费税为主的间接税占比则超过 70%，其中增值税一项占比达到 47%①；而在欧美等多数国家，直接税占比均在 70%～90%之间②。以间接税为主的税收结构是造成企业减税感受不强的重要因素之一。

（2）改革以企业税、流转税、增值税为主的税制。进一步提高直接税比重，改革个人所得税征收方式，扩大财产税征收范围，探索开征遗产税、赠与税等新型税种；以财产税为主体形成地方政府稳定的税源。加快房地产税立法，推进消费税改革，逐步将房地产税和消费税作为地方政府的主体税种，降低对增值税的依赖。

（3）进一步降低企业税费负担。2017 年我国企业所得税是个人所得税的 2.7 倍，而发达国家则主要以个人所得税为主，企业所得税一般仅为个人所得税的 20%～40%③。为此，需要进一步降低以企业所得税为重点的直接税税率。同时，进一步下调或取消广义税负中的各种费用，包括土地出让金和社保费用，切实减轻企业税费负担。

3. 全面实施企业自主登记制度与简易注销制度

（1）全面实施企业自主登记与简易注销制度。进入“互联网+”时代，实现企业自主登记注册的技术条件和时机已经成熟。建议借鉴香港模式，在全国推行“注册易”一站式服务，最大限度地实现企业注册登记便利化，全面实施企业简易注销，最大限度提高企业自主权，实现企业“自由生、自由死”。

（2）取消企业一般投资项目备案制。企业一般投资项目备案制仍属于前置性的行政控制，并不能有效减少企业在经营过程中的违法违规行为。建议在政府严格管理城乡规划、土地利用、环境保护等事项的前提下，除涉及国家安全、某些重大国有投资项目之外，企业的一般项目由企业依法依规自主决策，不再要求备案。

---

① 姜超：中国宏观税负高在哪里 从哪里降？[EB/OL]. 凤凰网国际智库，2018-09-05.

② 贾康. 中国全面配套改革中的直接税改革问题[J]. 税务与经济，2018（05）.

③ 姜超：中国宏观税负高在哪里 从哪里降？[EB/OL]. 凤凰网国际智库，2018-09-05.

(3) 全面推行“最多跑一次”。全面推广浙江“最多跑一次”的经验，着力推进“一窗办、一网办、简化办、马上办”改革，推动审批智能化、服务自助化、办事移动化为重点，实现政务服务事项“一网通办”，大幅提升政府办事效率。

四、推进政府采购公开化、市场化进程

从国际经验来看，政府公开采购是优化营商环境、拓展市场与企业发展空间的重大举措。当前，实现政府采购公开透明不仅是一个大趋势，也是对外开放的焦点领域。为此，以加快加入世贸组织《政府采购协定》为目标，进一步完善我国政府采购制度，在扩大政府采购规模尤其是服务采购规模的基础上，提升政府采购全过程的公开透明度。

1. 政府采购公开化、市场化是一个大趋势

尽管这些年来我国政府采购规模增长较快，但由于受采购范围限制，我国与发达国家政府采购占 GDP 和财政支出的比重相比，还有较大差距。2017 年，我国政府采购占 GDP 比重和财政支出比重分别为 3.9%和 12.2%，明显低于 2015 年经合组织国家 13.3%、30.1%的平均水平①。从结构来看，服务类采购规模一般占政府采购规模的 50%左右，而我国仍不足 30%。适应近 14 亿人公共服务需求变化的大趋势，把形成多元供给主体、多元竞争主体作为完善政府采购商品与服务的基本目标，重点扩大政府向社会组织购买公共服务的规模，尽快取消政府购买对市场组织和社会组织的某些不平等规定。争取到 2025 年，形成法治化、规范化、透明化的政府购买公共服务的体制机制安排，使政府采购规模占财政支出比重的 20%左右，服务类采购占政府采购比重的 40%左右。

2. 将政府购买公共服务纳入《政府采购法》

从实践看，政府购买公共服务越来越普遍，但公共服务至今尚未纳入《政府采购法》。为适应我国政府采购公共服务大趋势与加入世贸组织《政府

① 章辉，张翼飞. OECD 发达国家政府采购管理经验与启示[J]. 地方财政研究，2018(09).

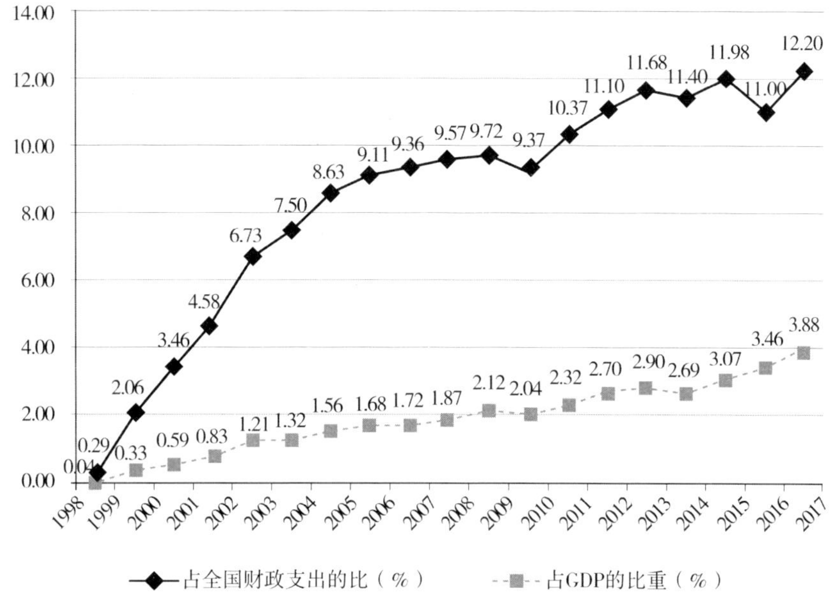

图 7.5：1998—2017 年我国政府采购规模占财政支出、GDP 比重变化

数据来源：国家财政部和国家统计局相关数据整理。

采购协定》的现实需求，应尽快将政府购买公共服务纳入《政府采购法》，使其于法有据。同时，应进一步理顺《政府采购法》和《招标投标法》的关系，修订《政府采购法》时应考虑《招标投标法》的调整范围，使两个并行的法律体系适用范围互补，便于政府采购和招标投标的相关当事人执行。

3. 出台政府采购负面清单

除明令禁止社会资本参与的政府采购项目外，其他领域政府采购项目均向社会资本开放；参与政府采购和招标投标、高新技术企业认定、申报政府计划项目、科技奖励、取得许可证和资质等级证书以及安排使用的各类财政专项扶持资金，对各类所有制企业实行同等待遇。

4. 完善政府采购的政策体系

目前，对中小企业在政府采购中实施优惠政策是国际普遍做法。总的看，我国尚未形成系统的鼓励中小企业参与政府采购的政策体系。为此建议，系统梳理目前有关对支持中小企业发展、绿色采购、科技创新产品、残疾人就业企业等政府采购政策，进一步完善政策措施，为供应商参加政府采购活动提供全国统一的政策支持；出台鼓励中小企业的相关政策，通过预算预留、消除门槛、评审优惠等政府采购相关措施，加大对中小企业发展的政策支持；在政府采购活动中加大向高新技术中小企业倾斜力度，提升创新发展能力。

5. 加快加入世界贸易组织《政府采购协定》进程

习近平主席在博鳌亚洲论坛2018年年会开幕式上的主旨演讲中明确提出，“加快加入世界贸易组织《政府采购协定》进程。”① 从现实情况看，加快加入世贸组织《政府采购协定》，不断扩大政府采购领域的开放程度，不仅有利于提高我国政府采购产品与服务的质量，也有利于我国企业和产品在参加其他国家的政府采购市场中获得国民待遇。为此建议，按照《政府采购协定》中的相关规则，加快修订与完善《政府采购法》《招标投标法》；进一步细化政府采购对招标程序、选择程序、标书的提交、接受、开启和合同授予以及谈判程序等进行管理的条款，实现政府采购全流程与国际对接。加快制定相应政策，鼓励政府采购中介组织与人才培养机构发展。

表7.4：世贸组织《政府采购协定》与我国政府采购制度对比

类别	世贸组织《政府采购协定》	我国政府采购制度
目的	开放政府采购市场、建立公平、公正、公开的市场，以期实现世界贸易更大程度的自由化；建立关于通知、磋商、监督和争端解决的国际程序，以维持权利义务最大可能的平衡	规范政府采购行为，提高政府采购资金的使用效益，维护国家和社会利益
原则	国民待遇原则、非歧视原则、透明度原则和发展中国家差别待遇原则	公开透明原则、公正原则、诚实信用原则、购买国货原则

① 习近平. 开放共创繁荣 创新引领未来——在博鳌亚洲论坛2018年年会开幕式上的主旨演讲[M]. 北京：人民出版社，2018.4.

续表

类别	世贸组织《政府采购协定》	我国政府采购法律制度
采购范围	中央政府、省（州）级政府、其他采购实体	各级国家机关、事业单位、团体组织等
采购方式及程序	公开招标、选择性招标、限制性招标	公开招标、邀请招标、竞争性谈判、单一来源谈判、询价和国务院政府采购监督管理部门认定的其他采购方式
采购对象	货物、服务以及产品与服务的混合	货物、工程和服务
采购限额	中央政府级的货物和不含建筑工程服务的采购合同一般为13万SDR（特别提款权），建筑工程一般为500万SDR；地方政府（省、州级政府）采购货物和不含建筑工程服务的服务一般为20万SDR、建筑工程一般为500万SDR；其他采购实体（如公用事业单位），一般为40万SDR；服务业一般为20万SDR	目前暂无统一的采购限额规定，以2017-2018年为例：从中央上看，《中央预算单位2017-2018年政府集中采购目录及标准》规定，单项或批量金额达到100万元人民币以上的货物和服务的项目、120万元人民币以上的工程项目应按《政府采购法》和《招标投标法》有关规定执行；而从地方上看，上海市《2017-2018年政府采购目录》规定，达到200万元人民币以上的货物、工程和服务项目，应当采用公开招标方式
供应商资格审查	原则上规定：不得基于供应商的全球商业活动和其在采购实体所在地的商业活动而给予差别待遇，不应实行差别待遇	采购人可以要求参加政府采购的供应商提供有关资质证明文件和业绩情况，并根据相关法律规定的供应商条件和采购项目对供应商的特定要求，对供应商的资格进行审查
合同订立	合同价值的确定、实体对估价方法的选择以及不得为此目的而分割任何采购要求，合同估价基础的变更等等，都须遵从严格的程序性的规定	政府采购合同的订立适用我国《合同法》，采购人、供应商之间的权利和义务，应当按照平等、自愿的原则以合同的方式约定
合同估价	禁止通过分割采购合同降低单个采购合同的估价，从而达到排除协议适用的目的	我国并无合同估价制度，部分地方政府规章中有与此相类似的合同先期预算制度

续表

类别	世贸组织《政府采购协定》	我国政府采购法律制度
公开招标中标标准	合同授予的最低价格和最具优势两个标准：完全的商业标准；公共利益需要不能与中标标准相联系	明确规定政府采购应当有助于实现国家的经济和社会发展政策目标
采购竞争制度	充分竞争原则：最大可能的竞争、国际竞争最佳有效	平等竞争原则
选择性招标的条件	要求所有的采购实体原则上确保最有效的国际竞争，对每一个意向采购都应最大限度地邀请国内外供应商参与招标	具有特殊性，只能从有限范围的供应商处采购的、采用公开招标方式的费用占政府采购项目总价值的比例过大的，可以采用邀请招标方式采购
选择性招标的程序	进行选择性招标的，依照是否被纳入“合格供应商永久名单”，其提交被邀请参加投标的申请书的截止期限为25天、40天和10天	采购人应当从符合相应资格条件的供应商中，通过随机方式选择三家以上的供应商，并向其发出投标邀请书，自发出之日起至投标人提交投标文件截止之日止，不得少于20天
监督和争端解决机构	GPA协议授权设立专门受理质疑和投诉的机构：一是法院；二是与采购机构无关的、独立的、公正的审议机构，即争端解决机构DSB	受理质疑的机构主要有采购人、采购代理机构，受理投诉的机构为政府采购监督管理部门。其中，采购监督部门是各级人民政府财政部门，审计机关应当对政府采购进行审计监督。政府采购监督管理部门，政府采购各当事人有关政府采购活动，应当接受审计机关的审计监督

资料来源：李旻.GPA视角下我国政府采购法律制度的完善[J].招标与投标，2019(05).

A New Type of
Large Open Economy

第八章

推动扩大开放与经济转型升级直接融合

从趋势看，我国产业结构、消费结构、城乡结构不断优化，经济转型升级蕴藏着巨大的增长潜力，关键是推动扩大开放与经济转型升级直接融合。要以扩大开放加快经济转型升级，加快实现创新突破，不断释放经济活力和增长潜力。未来5年，我国保持6%左右的经济增长仍有条件、有可能。由此，将对全球经济增长产生重要影响。

党的十九大报告指出，“我国经济已由高速增长阶段转向高质量发展阶段，正处在转变发展方式、优化经济结构、转换增长动力的攻关期，建设现代化经济体系是跨越关口的迫切要求和我国发展的战略目标。”①

未来几年是我国经济增长的关键时期，也是经济转型升级的关键时期。近14亿人的大国，走向高质量发展需要加快推进扩大开放与经济转型升级的直接融合，并在融合中有效释放经济转型升级的巨大内需潜力，由此在未来5年实现6%左右的经济增长。

第一节　经济转型升级蕴藏巨大增长潜力

未来几年是我国经济增长最为关键的时期：一方面，国内外发展环境深刻复杂变化，经济增长面临诸多不确定性。尤其是在中美经贸摩擦背景下，世界各方对我国经济增长前景高度关注；另一方面，我国经济转型升级蕴藏巨大内需潜力，由此形成了经济增长的潜在动力。

一、我国进入经济转型升级的历史关键时期

新中国成立70年来，尤其是改革开放40年来，我国实现了发展阶段的历

① 习近平．决胜全面建成小康社会 夺取新时代中国特色社会主义伟大胜利——在中国共产党第十九次全国代表大会上的报告[M]．北京：人民出版社，2017.10.

史性跨越，现代化经济体系建设取得了显著成效[①]。当前，我国进入经济转型升级的历史关键时期，把握经济转型升级的趋势，是中长期经济改革部署与经济政策制定的出发点。

1. 进入消费新时代，服务型消费成为消费重点

（1）恩格尔系数明显下降。1978 年，我国城乡居民恩格尔系数分别为 57.5%和 67.7%；到 2000 年下降至 39.4%和 49.1%，城镇居民恩格尔系数首次低于 40%；2017 年，居民恩格尔系数为 29.3%，首次低于 30%；2018 年，居民恩格尔系数进一步下降到 28.4%，其中城乡居民恩格尔系数分别下降至 27.7%和 30.1%[②]。根据联合国的标准，我国城乡居民整体上已进入到比较富裕的阶段。

（2）服务型消费比重持续提升。我国进入消费新时代，消费升级的趋势明显，服务型消费逐步成为全社会消费的重点。初步测算表明，2013-2016 年，我国居民人均服务型消费支出年均增长 10.2%，其中城乡居民人均服务型消费支出年均增速分别为 9.3%和 10.8%，均超过了同期 GDP 和消费支出的增长速度。2016 年城镇居民服务型消费支出占比达到 45.19%，全社会信息、教育、养老、健康、文化等服务型消费需求快速增长。

国家统计局从 2018 年开始公布服务消费指标。数据显示，2017 年我国城乡居民服务消费占比为 42.6%，2018 年服务消费占比为 44.2%[③]。2019 年上半年，服务消费占比为 49.4%，比上年同期提高 0.6 个百分点，消费升级的趋势明显[④]。

---

① 迟福林．改革开放 40 年建立与完善社会主义市场经济体制的基本实践[J]．改革，2018（08）.

② 国家统计局．经济结构不断升级 发展协调性显著增强——新中国成立 70 周年经济社会发展成就系列报告之二[EB/OL]．国家统计局网站，2019-07-08.

③ 国家统计局．2018 年经济运行保持在合理区间 发展的主要预期目标较好完成[EB/OL]．国家统计局网站，2019-01-21.

④ 中国经济半年报出炉——这个 6.3%怎么看[N]．人民日报，2019-07-16.

表 8.1：2013—2016 年全国居民人均服务型消费占比（单位:%）

指标	2013 年	2014 年	2015 年	2016 年
全　国	43.71	42.81	44.11	45.19
城镇居民	43.46	42.82	44.53	45.46
农村居民	44.41	42.8	43.64	44.44

数据来源：中改院课题组计算整理。

2. 进入工业化后期，服务业成为主导产业

（1）服务业开始成为第一大产业。服务业占 GDP 比重在一定程度上反映了一国的经济发展模式与所处的发展阶段。近年来，我国服务业占 GDP 比重不断上升，并于 2015 年首次超过了 50%；2018 年服务业增加值占 GDP 的比重达到 52.16%①。

（2）制造业升级趋势明显。从全球范围来看，由生产型制造转向服务型制造是一个大趋势。尤其是在第四次工业革命背景下，制造业服务化、智能化的趋势更加明显。发达国家有“两个 70%”的经济现象：即服务业增加值占 GDP 的 70%，生产性服务业占服务业增加值的 70%。从我国情况来看，近年来生产性服务业快速发展的趋势明显。2018 年 1—11 月，我国战略性新兴服务业、科技服务业和高技术服务业企业营业收入同比分别增长 14.9%、15.0% 和 13.4%，均高于规模以上服务业 11.5%的平均增速②。但从国际对比来看，我国与发达国家“两个 70%”仍有较大差距。2017 年，我国生产性服务业占服务业的比重约为 40%③，制造业转型升级仍有很大空间。

3. 进入城镇化中后期，城乡融合发展成为客观趋势

（1）城镇常住人口超过 8.3 亿人。2018 年我国城镇常住人口超过 8.3 亿人，常住人口城镇化率达到 59.58%，较 2017 年上升 1.06 个百分点，超过世界平均水平（55.27%）4.31 个百分点，超过中等收入国家水平（52.53%）

① 国家统计局.2019 中国统计摘要[M]. 北京：中国统计出版社，2019.5.

② 国家统计局：2018 年全国服务业生产指数比上年增长 7.7%[N]. 证券时报，2019-01-21.

③ 在深化改革中促进服务业高质量发展[N]. 中国经济时报，2018-12-19.

7.05 个百分点①。

（2）户籍人口城镇化率明显提升。受制于城乡二元户籍制度，大量的农民工进城后无法落户，享受不到与户籍人口平等的公共服务，由此导致户籍人口城镇化率与常住人口城镇化率之间存在较大缺口。过去几年，我国户籍人口城镇化率明显提升。数据显示，2012 年，我国常住人口城镇化率为 52.57%，户籍人口城镇化率为 35.3%，两者缺口为 17.27 个百分点。到 2018 年，常住人口城镇化率为 59.58%，户籍人口城镇化率为 43.37%，两者缺口缩小到 16.21 个百分点。

表 8.2：2012—2018 年中国城镇化率（单位：%）

年份	常住人口城镇化率	户籍人口城镇化率
2012	52.57	35.3
2013	53.73	35.9
2014	54.77	36.3
2015	56.10	39.9
2016	57.35	41.2
2017	58.52	42.35
2018	59.58	43.37

数据来源：国家统计局网站。

二、经济转型升级空间巨大

作为一个近 14 亿人的大国，我国有着其他国家所不具备的优势，发展的空间还相当大。这不仅仅表现在地理空间上，更表现在经济结构上。

1. 消费结构还有 15~20 个百分点的升级空间

（1）2020 年服务型消费占比将达到 50%。初步预测，2014—2016 年，我国城镇居民服务型消费支出占比年均提升 1.3 个百分点。预计到 2020 年，城镇居民的服务型消费支出占比将达到 50%。如果城乡一体化速度加快，基本公

① 根据世界银行数据库统计数据得出。

共服务总体得以实现，到2020年农村居民的服务型消费占比有可能接近45%。综合判断，到2020年全面建成小康社会时，服务型消费将占城乡居民消费的一半左右。

（2）服务型消费占比将在65%左右逐步趋于稳态。服务型消费占比在一定发展阶段实现较快增长是一个基本规律，但随着经济体进入富裕阶段，服务型消费占比将趋于稳定。以美国为例，其服务型消费需求在提高到60%以后，比重的增速开始放缓。按当前态势预测，美国服务型消费占总消费的比重可能在70%左右达到稳定状态。再以日本为例，从1994年开始，日本个人服务型消费支出增长平稳，相比于耐用品、非耐用品等商品消费支出，服务型消费支出成为日本消费者的主要支出项。2007年以后，日本的服务型消费占个人消费支出的比重趋于平稳，保持在58%左右①。

中改院课题组曾在几年前对城乡居民服务型消费需求稳态预测进行了研究。综合考虑城镇化率等因素影响，城乡居民服务型消费在65%左右时将趋于稳定。

（3）消费结构升级仍有10~20年的时间。根据国际经验，一国消费结构从不断升级到达到稳定状态的时间来看，一般需要40~50年时间。例如，美国城乡居民服务型消费占比从45%上升为65%左右用了50年时间，即从1958年到2006年。根据经济发展趋势，对比以往的历史经验，我国城乡居民服务型消费占比达到65%以上的水平，大体还需要10~20年的时间。这意味着到2030—2040年，我国消费结构将进入一个相对稳定的阶段，消费升级仍然继续，但增幅会逐步放缓。

2. 产业结构还有10~15个百分点的升级空间

（1）服务业仍处于快速发展阶段。2018年，我国第三产业占比为52.2%，与2017年全球服务业平均水平相差12.9个百分点，还有巨大的发展空间。预计到2025年，这一数字将达到60%，并且在这个水平上保持相对稳定。从2018年的情况看，“十三五”要实现2020年服务业占比56%的目标，需要在

① （日）三浦展著，马奈译．第4消费时代[M]．北京：东方出版社，2014.10.

服务业领域推进更大力度的开放。

表 8.3：服务业增加值占国内生产总值比重（单位:%）

	2000	2017
世界	62.6	65.1 *
高收入国家	65.9	69.6 *
中等收入国家	49.7	54.3
低收入国家	41.7	39.2 *
中国	39.8	51.6

数据来源：国家统计局.2018 国际统计年鉴[M]. 北京：中国统计出版社，2018.12.
注：标 * 为 2016 年数据。

（2）工业转型升级仍将继续。2018 年，我国工业占比为 33.9%。预测到 2025 年工业占比仍保持在 35%左右的水平，将继续保持一个工业大国的格局。并且，制造业内部结构将持续优化，生产性服务业的比重仍有 20～30 个百分点的上升空间。在新一轮科技革命与制造业融合发展的进程中，服务型制造和智能制造将呈现快速发展的势头。

3. 人口城镇化率还有 15～20 个百分点的升级空间

（1）我国城镇化水平与同等发展水平经济体相比仍然偏低。根据世界银行数据显示，2018 年，我国常住人口城镇化率不仅低于高收入国家 81.33%的水平，而且低于巴西、南非、俄罗斯的城镇化水平。若从户籍人口城镇化率的角度来看，我国的差距更大。

表 8.4：1978—2018 年世界城镇化水平（单位:%）

年份	世界	高收入国家	中等收入国家	中国	印度	巴西	南非	俄罗斯
1978	38.53	71.12	30.46	17.90	22.38	63.63	48.29	68.70
1980	39.35	71.68	31.59	19.36	23.10	65.47	48.43	69.75
1990	43.03	74.26	36.74	26.44	25.55	73.92	52.04	73.39
2000	46.69	76.67	41.62	35.88	27.67	81.19	56.89	73.35
2010	51.65	79.92	47.79	49.23	30.93	84.34	62.22	73.69
2011	52.10	80.12	48.39	50.51	31.28	84.63	62.75	73.73

续表

年份	世界	高收入国家	中等收入国家	中国	印度	巴西	南非	俄罗斯
2012	52.55	80.29	48.99	51.77	31.63	84.92	63.27	73.79
2013	53.00	80.46	49.59	53.01	32.00	85.21	63.79	73.86
2014	53.46	80.63	50.18	54.26	32.38	85.49	64.31	73.95
2015	53.91	80.80	50.77	55.50	32.78	85.77	64.83	74.05
2016	54.37	80.98	51.36	56.74	33.18	86.04	65.34	74.16
2017	54.82	81.15	51.95	57.96	33.60	86.31	65.85	74.29
2018	55.27	81.33	52.53	59.15	34.03	86.57	66.36	74.43

数据来源：世界银行数据库。
注：中国城镇化率为常住人口城镇化率。

（2）我国户籍人口城镇化率还有15~20个百分点的提升空间。预计到2020年，我国常住人口城镇化率将由2018年的59.58%提高到61%，户籍人口城镇化率将由2018年的43.37%提高到45%。预计到2030年，常住人口城镇化率将达到70%~75%，户籍人口城镇化率将达到60%。这意味着常住人口城镇化率还有10个百分点的提升空间；户籍人口城镇化率还有15~20个百分点的提升空间。

（3）我国城镇化进程还有15~20年的时间。2008—2018年的10年内，我国常住人口城镇化率提高了12.61个百分点，年均提高1.26个百分点。同期，全球城镇化率仅提高了4.62个百分点。金砖国家的印度、南非、巴西、俄罗斯的城镇化提升幅度都远低于中国。若常住人口城镇化率达到70%~75%，以目前的城镇化速度，我国还有15~20年的时间。

表8.5：2008、2018年我国与部分国家城镇化率情况（单位：%）

国别	2008年	2018年	2008—2018年城镇化提升幅度
中国	46.54	59.15	12.61
世界	50.65	55.27	4.62
南非	61.15	66.36	5.20
印度	30.25	34.03	3.78

续表

国别	2008 年	2018 年	2008—2018 年城镇化提升幅度
巴西	83.75	86.57	2.82
日本	89.10	91.62	2.51
韩国	81.73	81.46	-0.27
英国	80.76	83.40	2.64
法国	77.87	80.44	2.58
德国	76.58	77.31	0.74
俄罗斯	73.60	74.43	0.84
美国	80.44	82.26	1.82

数据来源：世界银行数据库。

三、我国经济转型升级蕴藏巨大内需潜力

作为拥有近 14 亿人口的大国，我国有着相当大的经济转型升级空间并蕴藏着巨大的内需潜力。在当前全球需求不足、全球经济增长乏力的情况下，这一巨大的内需潜力，成为世界经济的突出亮点。

1. 消费结构升级蕴藏巨大内需潜力

近几年，我国居民消费率开始不断提升，但与部分经济体相比，仍有一定的差距。2018 年，我国居民消费率仅为 39.4%，不仅低于印度、南非、俄罗斯等金砖国家 50%以上的水平，更远低于英国、美国等 60%以上的水平。这意味着，我国居民消费率仍有 15~20 个百分点的提升空间。随着居民消费率的进一步提升，我国的消费市场将呈现扩大态势。2018 年我国社会消费品零售总额达到 38.10 万亿元人民币，同比增长 9%。到 2020 年有望达到 50 万亿元人民币。摩根士丹利预计，到 2030 年，中国个人消费将从 2016 年的 4.4 万亿美元增长到 9.7 万亿美元①。

① 大摩：2030 年中国个人消费将达 9.7 万亿美元 如何投资消费型经济的中国？[EB/OL]. 前瞻网，2017-11-19.

表 8.6：中国社会消费品零售总额及增速

年份	规模（亿元人民币）	增速（%）
1978	1558.6	8.8
1980	2140.0	18.9
1985	4305.0	27.5
1990	8300.1	2.5
1995	23613.8	26.8
2000	39105.7	9.7
2005	68352.6	14.9
2010	158008.0	18.8
2011	187205.8	18.5
2012	214432.7	14.5
2013	242842.8	13.2
2014	271896.1	12.0
2015	300930.8	10.7
2016	332316.3	10.4
2017	366261.6	10.2
2018	380986.9	9.0

数据来源：国家统计局.2019 中国统计摘要[M]. 北京：中国统计出版社，2019.5.

表 8.7：2000—2017 年各国居民消费率（单位:%）

国别	2000 年	2005 年	2010 年	2015 年	2016 年	2017 年
中国	46.9	40.2	35.4	38.6	39.5	38.4
印度	63.6	57.4	55.2	58.8	59.0	58.9
日本	54.4	55.6	57.8	56.6	55.7	–
韩国	53.8	52.2	50.3	49.3	48.7	48.1
南非	63.1	62.0	59.0	59.7	59.4	59.4
加拿大	54.4	54.2	56.9	57.5	58.2	57.8
美国	66.0	67.2	68.2	68.1	68.8	–
巴西	64.6	60.5	60.2	64.0	64.0	63.4

续表

国别	2000 年	2005 年	2010 年	2015 年	2016 年	2017 年
德国	57. 1	57. 7	56. 1	53. 6	53. 3	53. 1
俄罗斯	46. 2	49. 9	51. 5	52. 3	52. 6	52. 4
英国	66. 9	65. 9	65. 6	65. 6	65. 8	65. 7

数据来源：国家统计局 . 2018 国际统计年鉴[M]. 北京：中国统计出版社，2018. 12.

2. 产业结构升级蕴藏巨大内需潜力

（1）服务业快速发展蕴藏巨大的内需潜力。2018 年，我国服务业占 GDP 比重为 52. 2%，低于 2016 年的世界平均水平和 2017 年的中等收入国家水平。如果到 2020 年，我国服务业占比达到中等收入国家的平均水平（57. 8%），服务业规模有望达到 50 万亿元人民币，市场增量将达到 10 万亿～12 万亿元人民币。

（2）制造业升级蕴藏巨大的投资发展潜力。2019 年，我国制造业数字转型支出预计将达到 2205 亿元人民币。阿里研究院预测，到 2025 年企业应用云化率和人工智能利用率均将达到 90%①，数据、智能与制造业的深度融合将催生数个十万亿级产业。

3. 人口城镇化和乡村振兴蕴藏巨大内需潜力

（1）农村内需潜力巨大。2019 年第一季度，我国第一产业固定资产投资为 2408 亿元人民币，同比增长 3%。为加大农村人居环境整治力度，2019 年，中央财政安排 70 亿元人民币奖补资金用于农村“厕所革命”整村推进，安排 30 亿元人民币中央预算内投资用于中西部地区农村人居环境整治整县推进。随着农村市场环境持续改善，以及电商等新兴业态向乡村地区加快下沉，农村消费潜力将持续释放。2019 年上半年，乡村消费品零售额同比增长 9. 1%，增速高出城镇 0. 8 个百分点，乡村消费品零售额占社会消费品零售总额的比重为

① 业内预计 2025 年企业人工智能利用率达 90%[N]. 经济参考报，2019-01-07.

14.5%，比上年同期提高 0.1 个百分点①。

（2）新型城镇化的内需潜力巨大。以消费为例，户籍人口城镇化重要的标志之一就是城乡居民消费水平的趋同和消费公平程度的不断提升。2018 年，我国 1 个城镇居民的消费水平相当于 2.55 个农村居民。如果户籍人口城镇化进程加快，进城农民工能享受到城镇人口的公共服务和公共设施水平，当其消费水平接近或达到城镇居民的平均水平，一年至少有 5 万亿元人民币的新增消费需求。

第二节　以扩大开放促进经济转型升级进程

当前，经济转型升级与扩大开放直接融合，经济转型升级的双向影响显著增强。从主要依赖于资源要素投入走向主要依赖于科技创新，需要发展更高层次的开放型经济；促进全球经济复苏与经济增长，需要在转型中不断拓宽新的市场空间；经济全球化、区域一体化离不开我国的参与和推动，需要以经济转型升级为重要目标，加快相关制度变革和开放进程②。

一、以扩大开放破解“有需求、缺供给”突出矛盾

释放我国巨大的内需潜力，面临的突出挑战在于“有需求、缺供给”。尤其是在服务业领域，供给短缺不仅仅表现在服务总量短缺上，而且表现在服务质量、服务标准等与人民日益增长的美好生活需求不相适应的层面。

1. 释放内需潜力面临“有需求、缺供给”的矛盾

随着我国城乡居民服务型消费需求的快速增长，服务型消费供给短缺的问

① 蔺涛：国内零售市场总体平稳，消费增长新动能不断壮大 | 国家统计司司长解读“半年报”［EB/OL］. 中国经济网，2019-07-17.

② 迟福林. 在扩大开放中推动经济转型升级［N］. 中国经济导报，2017-11-25.

题不断凸显。例如，进入人口老龄化社会，老年健康管理服务业、老年康复护理业、老年家政服务业等需求全面快速增长。目前，我国老年用品市场需求达1.6万亿元人民币，但市场供给规模仅为4000亿元人民币①，存在1.2万亿元人民币的供需缺口。

由于服务型消费供给不足，导致大量消费外流。以教育为例，送子女出国读书越来越成为中高等收入家庭的普遍现象。我国自费出国留学人数由2011年的31.48万人增长到2018年的59.63万人，年均增长9.6%，而且留学人员逐步呈现低龄化趋势②。如果按人均留学支出10万美元估算，需要支出近600亿美元。

表8.8：我国与发达国家服务型消费比重对比

指标	中国	发达国家
最终消费支出占GDP比重	54.3%（2018）	80%左右（美国83%、英国85%）
服务型消费支出占比	45.5%（城镇居民）	67.9%（美国）
健康产业占GDP的比重	4%~5%	10%以上（美国为17.8%）

数据来源：最终消费支出占GDP的比重根据世界银行数据库得出；服务型消费支出占比根据中改院课题组研究数据得出；健康产业占GDP的比重根据《人民政协报》统计数据得出。

2. 以主动扩大进口缓解“有需求、缺供给”的矛盾

从历史经验来看，消费升级与扩大进口关系紧密。消费升级包括规模的扩大与结构的变化，与国民生活质量息息相关。习近平主席在首届中国国际进口博览会开幕式上的主旨演讲中提出，“预计未来15年，中国进口商品和服务将分别超过30万亿美元和10万亿美元。”③ 当前，在消费结构快速升级趋势下，需要扩大服务进口，在缓解“有需求、缺供给”突出矛盾的同时，倒逼国内服务业企业转型升级。

---

① 智研咨询集团．2016—2022年中国老年用品行业市场调研及投资前景预测报告[R]．2015-12.

② 根据教育部历年公开数据整理得出。

③ 习近平．共建创新包容的开放型世界经济——在首届中国国际进口博览会开幕式上的主旨演讲[M]．北京：人民出版社 2018.11.

表 8.9：我国历次消费升级及进口情况

年份	消费升级具体表现	进口、开放情况
1978	食品比重下降，轻工业品比重上升	十一届三中全会实行对外开放政策
1992-1998	耐用品、高端产品比重上升	进口增长率大幅提升
2006-2011	房屋与汽车消费增长	进口车增幅显著
2012 至今	服务类服务比重上升	服务贸易逆差扩大

资料来源：瀚德金融科技研究院研究数据。

3. 以扩大开放加快形成强大国内市场

从促进商品和要素流动的视角来看，高水平开放有助于进一步释放国内国际两个市场、两种资源的增长动力，通过扩大生产要素配置规模和效益来拉动经济增长。2018 年底召开的中央经济工作会议强调，要促进形成强大国内市场①。我国进入消费快速升级阶段，已经有条件形成强大的国内市场。以旅游为例，2018 年全国国内旅游人次达到 55.39 亿人次，旅游总花费达到 5.13 万亿元人民币，人均花费 925.8 元人民币②。如果“十四五”期间全国城乡居民人均旅游消费支出提高为 1100 元人民币左右，城乡居民旅游人次达到 60 亿，居民的国内旅游消费规模将达到 6.6 万亿元人民币，会带来 1.5 万亿元人民币的市场增量。这一市场潜力的释放，取决于国内供给结构的调整与供给质量的优化。这就需要通过进一步扩大高水平开放，建设国际一流营商环境，实行全国统一的市场准入负面清单制度，促进资源要素自由流动和高效配置，加大国内国际市场生产、流通、分配、消费各环节的改革力度，加快破除体制机制障碍。

二、以扩大开放提升资源配置效率

释放内需潜力，关键是要以供给侧提升资源配置效率，在不明显加大要素

---

① 促进形成强大国内市场——落实中央经济工作会议精神系列述评之三[N]. 经济日报，2019-01-02.

② 国家统计局 . 2019 中国统计摘要[M]. 北京：中国统计出版社，2019. 5.

投入的情况下产出更多、更高质量的产品和服务。通过扩大开放，在更大范围内参与竞争，是提升资源配置效率的重要途径。

1. 经济增长面临全要素生产率增速下降的挑战

全要素生产率本质上反映了资源配置效率，产业结构优化、企业竞争、创新竞争带来的资源重新配置都能提高全要素生产率。研究表明，从2008年之后，我国全要素生产率增速呈现下降趋势。2007年我国全要素生产率增长率约为7.24%，而2008年开始全要素生产率增长率却不足3%。2011年我国全要素生产率增长率降低到1.68%，对经济增长的贡献为17.73%，此后全要素生产率增长率继续呈现快速下降趋势，对经济增长率的贡献也随之降低。2012年以来，我国的全要素生产率增长率在部分年份甚至低于0.5%，对经济增长的贡献也仅为5%左右①。

2. 以扩大开放有效提升全要素生产率

一般来说，市场范围越大，资源配置的选择空间越大，资源配置效率就越高。要提升全要素生产率，一方面需要加快科技创新，发挥科技的作用；另一方面也需要进一步放开市场。

有研究表明，运输服务、金融服务、专利权使用费和特许费服务、其他商业服务这四类服务业的开放度对整体制造业企业全要素生产率有正向影响。这四类服务进口额占GDP比重分别增加1%时，企业全要素生产率分别增加约71.59%、255.3%、591.8%和37.59%。其中专利权使用费和特许服务的开放对提升全要素生产率的作用最大。加快开放这些服务部门，对提高制造业生产效率可以起到事半功倍的效果②。

从工业化或者经济发展的实践来看，我国现在还处在追赶期，还需要继续吸引外资，这是因为需要引入资金背后的技术、管理、供应链、品牌、营销渠道等。以华为公司为例，尽管面临巨大外部压力，但华为坚持开放的态度和方

---

① 陆旸．全要素生产率的变化趋势及对经济增长的贡献[J]．中国金融，2016（20）．

② 李杨，闫蕾，章添香．中国生产性服务业开放与制造业全要素生产率提升——基于行业异质性的视角[J]．浙江大学学报（人文社会科学版），2018（04）．

向始终不变，就是希望抓住科技创新的前沿趋势。

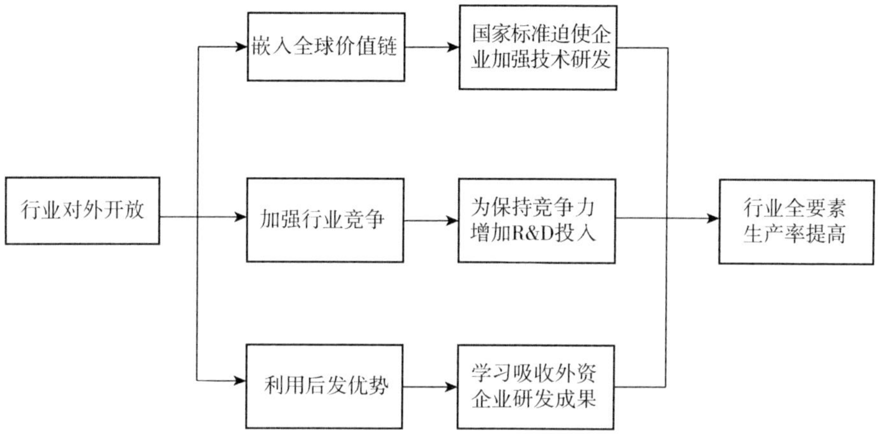

图 8.1：行业对外开放影响全要素生产率的作用渠道

三、以扩大开放促进服务业主导的产业结构升级

服务业主导，即加快形成与消费结构升级和制造业升级相适应的生活性、生产性服务的有效供给。从改革开放 40 年的基本经验看，哪个产业开放得早、开放力度大，哪个产业的发展升级就快。

1. 加快形成服务业主导的产业结构

目前，我国工业领域尤其是制造业领域 95%已经实现开放，而服务业领域仍面临着市场垄断与行政垄断，由此导致服务供给总量不足、质量不高、效率不优的矛盾比较突出，社会反映强烈，其中突出反映在服务型消费外流方面。目前，我国海外医疗中介服务市场规模从 2012 年的 2.1 亿元人民币增长到 2016 年的 23.5 亿元人民币①。

2. 服务业市场开放成为市场化改革重点

当前，服务业已经成为经济增长的重要驱动力。在开放中促进服务业高质量发展，以更多优质产品和服务释放国内市场潜力，拉动产业升级，有利于打

① 养老、教育、医疗健康领域有望成拉动内需“三驾马车”[N]. 经济参考报，2018-07-16.

造经济增长的新引擎。但从现实看，生活性服务业有需求缺供给，尤其缺乏高质量供给，并且研发设计等生产性服务业发展滞后的问题突出。要想解决这一问题需要通过深化以服务业市场开放为重点的市场化改革，着力解决制约经济转型升级的体制瓶颈，打破制约内需潜力释放的体制掣肘，既为短期稳定经济创造有利的市场条件，又为中长期发展创造良好的制度预期，更为应对外部环境明显变化赢得战略主动。从我国经济生活的现实需求来看，要将服务业市场开放作为完善社会主义市场经济体制和深化供给侧结构性改革的重大任务，尽快出台新的服务业市场开放行动计划，实质性打破服务业市场开放的政策体制壁垒。

3. 以扩大开放推动形成服务业主导的产业结构

（1）以扩大服务业市场开放提升服务业占比。如果“十四五”能在服务业市场开放上取得重大突破，就能为走向服务业大国创造良好的制度环境，就有条件争取 2025 年实现服务业占比提高到 60%的目标。

（2）以扩大服务业市场开放实现服务业规模再倍增。2008—2013 年，我国服务业增加值规模从 13.9 万亿元人民币增长到 27.8 万亿元人民币，实现了规模的倍增。如果未来几年内服务业市场开放有重大突破，就能扩大服务业的市场空间，其规模有望在 2013 年的基础上扩大为 2020 年的 50 万亿~55 万亿元人民币，实现新的倍增。

（3）以扩大服务业市场开放优化服务业结构，促进生产性服务业发展。加快生产性服务业领域的开放，包括研发、金融、商务等领域，推动生产性服务业的快速发展。争取到 2020 年生产性服务业占 GDP 的比重达到 30%~40%，由此推进我国制造业及其他工业转型升级。

第三节　以开放创新加快经济转型升级进程

科技是第一生产力，创新是经济转型升级最重要的驱动力。改革开放以来，我国在科技创新上取得了明显成效，推动了经济社会发展。尤其是在新科技革命的趋势下，面对第一轮科技竞争，在科技创新上取得突破，需要以开放创新加快推进经济转型升级进程。

一、开放创新是经济转型升级的重要推动力

在全球经贸联系和科技合作愈发紧密的今天，关起门来搞创新、搞研发的时代已经过去了。对于科技企业来说，仅仅依靠内部资源进行高成本创新活动，已经难以适应快速发展的市场需求以及日益激烈的企业竞争。这就需要把开放创新作为新型开放大国的重要选择，使开放成为创新的重要源泉。

1. 新一轮科技革命引领产业变革大趋势

近几年来，全球研发投入保持稳定增长。世界银行数据显示，1996 年全球研发支出占 GDP 比重为 1.97%，到 2016 年上升到 2.23%。其中高收入国家从 2.16%上升到 2.49%。以创新著称的以色列，这一指标从 2.59%上升到 4.25%。

表 8.12：全球研发支出占 GDP 的比重（单位：%）

年份	世界	高收入国家	中等收入国家	美国	英国	德国	以色列	日本	韩国	中国
1996	1.97	2.16	–	2.44	1.59	2.14	2.59	2.69	2.26	0.56
1997	1.97	2.19	–	2.47	1.55	2.18	2.81	2.77	2.30	0.64
1998	1.98	2.19	–	2.50	1.56	2.21	2.92	2.87	2.16	0.65
1999	2.06	2.26	–	2.54	1.64	2.33	3.33	2.89	2.07	0.75
2000	2.06	2.32	0.64	2.62	1.63	2.39	3.93	2.91	2.18	0.89
2001	2.08	2.35	0.67	2.64	1.62	2.39	4.19	2.97	2.34	0.94
2002	2.04	2.29	0.73	2.55	1.63	2.42	4.13	3.01	2.27	1.06
2003	2.03	2.26	0.78	2.55	1.59	2.46	3.90	3.04	2.35	1.12
2004	1.98	2.21	0.81	2.49	1.55	2.42	3.87	3.03	2.53	1.21
2005	1.96	2.23	0.84	2.51	1.56	2.42	4.05	3.18	2.63	1.31
2006	1.97	2.26	0.87	2.55	1.59	2.46	4.14	3.28	2.83	1.37
2007	1.94	2.26	0.89	2.63	1.63	2.45	4.43	3.34	3.00	1.37

续表

年份	世界	高收入国家	中等收入国家	美国	英国	德国	以色列	日本	韩国	中国
2008	2.00	2.34	0.96	2.77	1.63	2.60	4.35	3.34	3.12	1.44
2009	2.04	2.41	1.03	2.82	1.69	2.73	4.13	3.23	3.29	1.66
2010	2.02	2.39	1.11	2.74	1.67	2.71	3.94	3.14	3.47	1.71
2011	2.01	2.40	1.12	2.77	1.67	2.80	4.01	3.24	3.74	1.78
2012	2.08	2.43	1.25	2.69	1.60	2.87	4.16	3.21	4.03	1.91
2013	2.03	2.42	1.23	2.72	1.65	2.82	4.15	3.31	4.15	1.99
2014	2.12	2.47	1.38	2.73	1.67	2.87	4.20	3.40	4.29	2.02
2015	2.11	2.47	1.39	2.74	1.67	2.92	4.27	3.28	4.22	2.06
2016	2.23	2.49	1.59	2.74	1.69	2.94	4.25	3.14	4.23	2.11

数据来源：世界银行数据库。

根据美国权威杂志 *RDmag* 预测，2018 年全球研发投入将达 21900 亿美元，同比增长 4.14%。从地区分布看，亚洲研发投入已达到全球份额的近 44%，相比 10 年前增长 10 个百分点；美国、欧洲和俄罗斯/独联体地区的研发投入比上年略有下降①。

表 8.11：全球研发投入份额（单位:%）

地区	2016 年	2017 年	2018 年
北美洲（12 个国家）	27.52	27.60	27.36
南美洲（10 个国家）	2.44	2.40	2.28
欧洲（34 个国家）	21.16	21.00	20.52
亚洲（24 个国家）	42.72	42.67	43.62
非洲（18 个国家）	0.88	0.90	0.92
中东（13 个国家）	2.43	2.50	2.51
俄罗斯/独联体（5 个国家）	2.86	2.90	2.80

数据来源：*RDmag* 统计数据。

① 2018 年世界前沿科技发展态势及 2019 年趋势展望—综述篇[EB/OL]. 军民融合科技创新资讯平台，2019-02-12.

随着研发投入持续增长，科技创新步伐明显加快。随着大数据、人工智能、数字经济、机器人等新技术层出不穷，第四次工业革命加速到来。毕马威（KPMG）在《2018全球科技创新报告》中指出，“我们如今正处在一个科技创新爆发的时代，人工智能、机器人和物联网必将会影响全球的商业，那些不主动去抓住未来趋势的企业，必将会被淘汰。”①

2. 我国科技创新能力虽明显增强但也面临严峻挑战

（1）科技创新能力不断增强。我国越来越重视科技创新在推动经济增长中的重要作用，2018年，全社会研究与试验发展经费支出19657亿元人民币，比1995年增长55.4倍；是国内生产总值的2.18%，比1995年提高1.61个百分点，超过欧盟15国平均水平。2018年末，全国有效专利达838万件，其中境内有效发明专利160万件，每万人口发明专利拥有量11.5件。我国自2013年起成为世界第二大研发经费投入国，研发人员总量、发明专利申请量分别连续6年和8年居世界首位。党的十八大以来，我国在载人航天、探月工程、量子科学、深海探测、超级计算、卫星导航等诸多领域取得重大成果，创新驱动发展战略的成效不断显现。

表8.12：1999—2018年中国科技资源配置情况

	研究与试验发展人员全时当量（万人）				研究与试验发展经费支出（亿元）			
年份	总量	基础研究	应用研究	试验发展	总额	基础研究	应用研究	试验发展
1999	82.17	7.6	24.15	50.42	678.91	33.9	151.55	493.46
2000	92.2	7.95	21.97	62.3	896	46.73	151.9	697.03
2001	95.65	7.88	22.6	65.17	1042.49	55.6	184.85	802.03
2002	103.51	8.4	24.73	70.39	1287.64	73.77	246.68	967.2
2003	109.48	8.97	26.03	74.49	1539.63	87.65	311.45	1140.52
2004	115.26	11.07	27.86	76.33	1966.33	117.18	400.49	1448.67
2005	136.48	11.54	29.71	95.23	2449.97	131.21	433.53	1885.24

① *KPMG. The changing landscape of disruptive technologies, Tech hubs forging new paths to outpace the competition* [*R*]. 2018-06.

续表

	研究与试验发展人员全时当量（万人）				研究与试验发展经费支出（亿元）			
年份	总量	基础研究	应用研究	试验发展	总额	基础研究	应用研究	试验发展
2006	150.25	13.13	29.97	107.14	3003.1	155.76	488.97	2358.37
2007	173.62	13.81	28.6	131.21	3710.24	174.52	492.94	3042.78
2008	196.54	15.4	28.94	152.2	4616.02	220.82	575.16	3820.04
2009	229.13	16.46	31.53	181.14	5802.11	270.29	730.79	4801.03
2010	255.4	17.37	33.56	204.46	7063	324.49	893.79	5844.3
2011	288.3	19.32	35.28	233.73	8687	411.81	1028.4	7246.8
2012	324.7	21.22	38.38	265.09	10298.41	498.81	1161.97	8637.63
2013	353.3	22.32	39.56	291.4	11846.6	554.95	1269.12	10022.5
2014	371.06	23.54	40.7	306.82	13015.63	613.54	1398.53	11003.56
2015	375.88	25.32	43.04	307.53	14169.88	716.12	1528.64	11925.13
2016	387.81	27.47	43.89	316.44	15676.75	822.89	1610.49	13243.36
2017	403.36	29.01	48.96	325.39	17606.13	975.49	1849.21	14781.43
2018	419	–	–	–	19657	–	–	–

数据来源：国家统计局数据库。

（2）我国距离创新强国还有一定差距。以全球创新指数20强国家和经济体为例，我国2018年尽管首次突破前20名，排名全球17，仍相对靠后。重要原因之一在于我国科技资源配置还存在结构性矛盾。近年来，我国科技经费投入持续快速增长，科技经费投入总量已位居世界前列，但科技投入强度仍然较低，基础研究投入比重长期偏低，结构不合理。2017年，我国研究与试验发展人员全时当量为403.36万人年，其中基础研究仅为29.01万人年，占7.2%，而且长年徘徊在6%~8%的水平；在研发经费上，2017年我国研发费用为1.76万亿元人民币，其中基础研发费用仅为0.098万亿元人民币，占比仅为5.5%。从国际经验看，没有基础研究的突破，在创新上很难取得大的进展，很难实现创新强国的目标。

表 8.13：2018 年全球创新指数 20 强国家或经济体

国家/经济体	2018（2017）年排名	国家/经济体	2018（2017）年排名
瑞士	1（1）	以色列	11（17）
荷兰	2（3）	韩国	12（11）
瑞典	3（2）	日本	13（14）
英国	4（5）	中国香港	14（16）
新加坡	5（7）	卢森堡	15（12）
美国	6（4）	法国	16（15）
芬兰	7（8）	中国	17（22）
丹麦	8（6）	加拿大	18（18）
德国	9（9）	挪威	19（19）
爱尔兰	10（10）	澳大利亚	20（23）

数据来源：2018 年全球创新指数中国突破前 20 名[N]. 光明日报，2018-08-01.

（3）部分制造业仍处于产业中低端。由于技术创新能力薄弱，我国部分制造业企业仍处于全球产业链的中低端，很多产品出口的科技含量不高，企业在整个产业链上获得的利润份额较低。相关数据表明，2016 年，美国名列世界 500 强中的制造企业平均利润率高达 12.2%，法国达到了 7.1%。我国是世界制造业第一大国，占据全球制造增加值的 25%，同时也是全球最大的消费市场，然而国内 500 强企业中的 245 家制造企业，平均利润率仅为 3.3%①。与此同时，国际机器人联合会数据显示，2017 年我国人均工业机器人装机量为每万名雇员 97 台，虽高于全球 75 台/万人的平均水平，但与德国 322 台/万人、日本 308 台/万人、美国 200 台/万人的水平仍有较大差距②。

二、实现开放创新的重大突破

随着科技革命快速发展，科技创新已经成为第一生产力，全球科技创新融

① 新时代新引擎 高端制造成中国经济靓丽风景线[N]. 证券日报，2017-12-26.

② 根据世界机器人联合会网站统计数据得出。

合是一个大趋势。选择开放式创新而不是封闭式创新，就是希望在扩大开放中推动自身与全球经济创新发展。

1. 开放创新是一个大趋势

第四次工业革命正在开启创新 2.0 时代，主要特征是开放式创新①，这种创新已经不再是一个国家内部的“闭门造车”，而是跨越国界，进而成为一个全球现象。所谓开放式创新，就是一个国家和企业不仅利用内部组织资源，而且充分利用外部组织资源实现创新突破。与之对应的则是封闭式创新，一个国家和一个企业仅仅利用内部的组织资源来推动创新。

表 8.14：封闭式创新和开放式创新的比较

要素	封闭式创新	开放式创新
人才	自己公司拥有最优秀的人才	自己公司不一定拥有最优秀的人才，可以不局限于公司内外与优秀人才进行合作
研究开发	为从研发获得收益，自己公司包揽从研发到销售的一切	能从外部研发创造附加值；内部研发也可以享受一部分成果
市场化	能将创新快速投入市场的企业处于优势地位	相比市场化，构筑商业模式更为优先
知识产权	严格保护自己公司的知识产权	与其他公司之间积极进行知识产权的授权/引进交易

资料来源：（美）亨利·切萨布鲁夫著，金马译．开放式创新——进行技术创新并从中赢利的新规则[M]．北京：清华大学出版社，2005.4.

① “开放式创新（open innovation）”为了促进组织内部的创新，有意图且积极地活用内部和外部的技术及创意等资源的流动，其结果是增加将组织内创新扩展至组织外的市场机会。这一概念源自美国加州大学伯克利分校哈斯商学院加伍德公司创新中心主任亨利·切萨布鲁夫（Henry Chesbrough）教授。

专栏8.1

华为的开放式创新

任正非：我们在全世界有26个研发能力中心，拥有在职的数学家700多人，物理学家800多人，化学家120多人。我们还有一个战略研究院，拿着大量的钱，向全世界著名大学的著名教授"撒胡椒面"，对这些钱我们没有投资回报的概念，而是使用美国"拜杜法案"原则，也就是说，受益的是大学。这样，从我们"喇叭口"延伸出去的科学家就更多了。

大家今天讲5G标准对人类社会有多么厉害，怎么会想到，5G标准是源于十多年前土耳其阿里坎（Arikan）教授的一篇数学论文？阿里坎教授发表这篇论文两个月后，被我们发现了，我们就开始以这个论文为中心研究各种专利，一步步研究解体，共投入了数千人。十年时间，我们就把土耳其教授数学论文变成技术和标准。我们的5G基本专利数量占世界27%左右，排第一位。土耳其教授不是华为在编员工，但是我们拿钱支持他的实验室，他可以去招更多的博士生，我们给博士生提供帮助。我们在日本支持一位大学教授，他的四位博士生全到我们公司来上班，上班地点就在他的办公室，而且他又可以再招四位博士生，等于有八位博士帮做他研究，所有论文等一切都归属他，不归属我们。如果我们要用他的东西，需要商业交易，这就是美国的"拜杜法案"原则，我们就是通过这样的"喇叭口"，延伸出更多的科学家。

资料来源：任正非接受央视等联合采访[EB/OL]．央视网，2019-05-21.

2. 以开放创新利用全球创新资源

科技开放是发达国家利用全球创新资源的重要途径。从实践看，我国在个别科技计划中较早地对外国专家开放，例如，863计划、973计划和国家科技支撑计划。但现有科技计划限制仍然较多，其作用尚未得到充分发挥。这就需要加大科技开放力度，最大限度地吸引拥有全球先进技术的外资研发机构、研发人员参与我国科技项目的实施，缩短我国相关技术领域的研发周期。同时，借鉴国际经验，实行分类开放。例如，对于涉及国家安全、敏感领域的科技项目，如航空航天、军事工业等保持审慎稳妥；对于基础研究领域的科技项目，逐步扩大开放范围；对于能源、环保等领域的科技项目，应该加大开放力度，逐步取消相关限制。在此基础上，进一步制定并完善国家科技开放的管理制度。为此建议，尽快制定国家科技开放的指导意见和实施细则，优化外资机构和人员参与我国科技项目的准入条件、经费使用、科研成果转化、知识产权等管理制度。

3. 主动开展高水平的国际科技合作

国际科技合作是创新发展的加速器。当前，与欧美发达国家的科技合作仍是我国国际科技合作的重点之一。为此，一是在信息技术、人工智能、高端装备制造、海洋资源开发等领域，与具有创新优势的国家合作建设一批联合研究中心和国际技术转移中心；二是支持国内高校、科研机构、企业与国外相关机构开展科技合作，通过委托研发、合作研究、联合开发等形式，实现重大关键技术的突破；三是重点加强中欧创新合作对话、中法创新对话、中国与德国“工业 4.0”深度对接、中国高新区与意大利产业集群对接合作等；四是加强与“一带一路”沿线国家和地区的科技合作，鼓励国内科研机构与沿线国家和地区相关机构合作，围绕重点领域共建联合实验室；五是鼓励科技型企业在“一带一路”沿线国家和地区创新创业，推进新技术、新商业模式的合作。

三、在开放创新中推动制造业转型升级

创新是引领发展的第一动力，是建设现代化经济体系的战略支撑。从制造大国走向制造强国，关键是提升制造业的创新能力与技术水平。这就需要通过学习借鉴国际社会先进的管理和标准，并在开放合作中提升自主创新能力。

1. 以开放实现技术创新的重大突破

面对科技竞争，需要抓住第四次工业革命的机遇，加快对生产和组装环节的智能化、服务化、精细化进行改造，提升其附加值。未来 5~10 年，为适应我国经济转型升级的大趋势，抓住全球新一轮科技革命和产业变革的新机遇，加快产业关键核心共性技术研发和转化，重点在现代农业技术、新一代信息技术、智能制造技术、新材料技术、能源技术、现代交通技术与装备、生物技

术、现代食品制造技术、现代服务技术以及引领产业变革的颠覆性技术等方面取得实质性进展，不断突破产业转型升级的技术瓶颈，推进我国产业迈向全球价值链中高端。

在技术创新中，除了应用型创新外，更需要强调基础研究与基础创新。党的十九大报告指出，“要瞄准世界科技前沿，强化基础研究，实现前瞻性基础研究、引领性原创成果重大突破”。从实践看，基础研究的突破，也离不开国际化的交流，离不开高水平开放的突破。

专栏8.2

华为高度重视基础研究

任正非：我们有几个人愿意读数学的？我不是学数学的，我曾经说，我退休以后想找一个好大学，学数学。校长问我，学数学干什么？我说，想研究热力学第二定律。他问，研究用来做什么？我说，想研究宇宙起源。他说，我很欢迎你！但是我到现在还不能退休，还去不了。

我们那时是工科学生，学的是高等数学，最浅的数学。中国要踏踏实实在数学、物理、化学、神经学、脑科学……各方面努力去改变，我们就有可能在这个世界上站起来。

中国过去的哲学体系是玄学，即使有佛教，也是梵文，唐僧应该翻译成汉语，但是没有翻。西方推行的是形而上学和机械唯物论，产生了物理、化学、数学、几何学……各种学科，所以工业发达，建立了工业社会，占领了全世界。现在玄学不是说没用，搞虚拟世界，中国的游戏业发展很快，人类社会的很多生产方式也可能会虚拟化。人类在人工智能的科学家中，有50%左右是华人，如果他们受到排挤，拥抱他们进入中国，他们就会在底层平台上创新，给我们提供了一个基础。

资料来源：任正非接受央视等联合采访[EB/OL]. 央视网，2019-05-21.

2. 以开放创新推动传统产业转型升级

长期以来，我国科技研发与应用市场存在着脱节和“两张皮”的问题。数据显示，我国科技成果转化率不足30%，高校科技成果转化率约为15%～

20%，远低于发达国家60%～70%的水平[①]。我国科技创新活动与市场需求脱节，导致许多科技成果并没有转化为产业升级的现实动力，其中一个重要方面在于科技创新的开放程度还不够。这就需要我国在开放创新上有所突破，争取到2020年，科技成果转化率提高到40%；到2035年，提高到60%以上，形成科技创新引领产业迈向中高端的新动能。

近几年来，工业机器人、3D打印机、无人机和其他人工智能等新装备、新技术加快应用，大数据、云计算、物联网等应用范围不断扩大，推动传统制造业转型升级。这些新的业态，以消费者为中心，不断顺应市场需求变化，综合了技术创新、管理方式创新、组织结构创新等各个方面，为定制化、高端化需求提供了新型供给的可能性和经济性。例如，新型材料技术的突破，带动了包括化工、机械、电子、建筑、航空、医疗、能源等大批产业的发展；大数据应用技术的突破，带来了包括制造、零售、金融、教育等几乎所有产业的历史性变革等。

3. 推动传统制造业转型升级的开放举措

（1）在开放创新中提升传统制造业竞争力。围绕工业转型升级的目标，坚持引资、引技、引智相结合，支持跨国公司在华设立研发中心、增加研发投入，积极引进高科技人才在华创办企业或从事科研工作，发挥“外脑”在促进“中国制造”向“中国创造”转变中的作用。大力推动传统产业转型升级，促进加工贸易从组装加工向研发、设计、核心零部件制造等环节延伸，着力提高我国制造业的附加值。

（2）在优势领域和战略性新兴领域积极参与国际竞争和合作，加快进入全球产业价值链高端环节。在推动东部沿海地区在更高层次上参与国际竞争的同时，重视建立国内地区间产业转移统筹协调机制，引导和鼓励东部沿海地区产业向中西部有序转移。合理引导外资投向，提高中西部地区利用外资的水平和能力，使开放发展成果更多惠及中西部地区。

（3）支持有条件的企业“走出去”。鼓励企业在海外靠近市场、靠近资源

① 有关数据显示我国科技成果转化率不足30%[EB/OL]. 中国经济网，2016-01-25.

的地区投资建厂，引导轻工、纺织、家电等技术成熟行业，钢铁、有色、石化等行业向外有序转移。支持实力强、资本雄厚的大企业通过跨国并购或绿地投资，在境外设立研发机构、生产制造基地和市场营销网络，开展资源和价值链整合，带动上下游相关企业“走出去”。

四、在扩大开放中有效释放创新活力

习近平总书记在中国科学院第十九次院士大会、中国工程院第十四次院士大会上的讲话中指出，“我国科技管理体制还不能完全适应建设世界科技强国的需要，科技体制改革许多重大决策落实还没有形成合力，科技创新政策与经济、产业政策的统筹衔接还不够，全社会鼓励创新、包容创新的机制和环境有待优化。”[①] 我国有着巨大的创新潜力和应用市场，关键是要在扩大开放中加快相关制度改革，有效释放科技创新的潜力和活力。

1. 以市场开放加快提升科技成果转化效率

（1）下放科技成果使用、处置和收益权。除国防、国家安全、国家利益及重大社会公共利益的科技成果外，一般科技成果的使用权、处置权和收益权，全部下放给符合条件的项目承接单位，科技成果转移转化所得收入全部留归单位，纳入单位预算，实行统一管理。

（2）提高科研人员成果转化收益分享比例。加快推进科技成果产权制度改革，提高科研人员成果转化收益分享比例，对科研单位科技成果转化、转让的收益，用于奖励科研负责人、骨干技术人员等重要贡献人员和团队的比例。

（3）加大对科研人员的股权激励。例如，华为公司把98.58%的股权开放给员工，在推动技术创新中的成效显著。借鉴这些经验，尽快赋予领军人才更大的人财物支配权、技术路线决策权，鼓励支持各类企业、高校、科研院所通过股权、期权、分红等激励方式，全面激发科研人员创新创业的积极性。

---

① 习近平．在中国科学院第十九次院士大会、中国工程院第十四次院士大会上的讲话［M］．北京：人民出版社，2018.6.

2. 完善鼓励技术创新的市场机制

（1）进一步发挥企业在创新政策制定中的重要作用。吸收更多企业参与研究制定国家技术创新规划、政策和标准，提高专家咨询组中企业家的比重，竞争类产业技术创新由企业依据市场需求自主决策。

（2）完善以企业为主体的技术创新机制。鼓励企业根据市场需求和长远发展建立研发机构，支持企业加快科技成果产业化；大力培育科技型中小企业，支持科技型企业开展技术融资；鼓励构建以企业为主导、产学研相互合作的产业技术创新战略联盟。

（3）提高普惠性的政策支持力度。将国家对企业技术创新的投入方式逐步转变为以普惠性财税政策为主，加大对创新产品和服务的政府采购力度。

3. 完善开放创新的人才政策，形成“聚天下英才而用之”的体制安排

（1）探索开展技术移民制度试点。从美国的经验看，硅谷之所以能成为全球科技创新的发动机，一个重要原因就在于美国对高科技人才实行移民优惠政策，吸引全球高科技人才到美国工作。2018 年，我国组建国家移民管理局，为下一步开展移民工作奠定了重要基础。为此建议，在国内自由贸易试验区率先探索技术移民试点，为吸引海外高技术人才探路。

（2）以“一带一路”为载体推动人才利用国际化。以“一带一路”为载体搭建产学研结合的国际服务平台，推动人才利用国际化。第一，把与东道国一道培养既通晓国际规则，又懂得本国国情的国际化、本土化复合型人才作为“一带一路”建设的重大任务之一；第二，建立跨国的校企联盟，鼓励国内高校设立专项奖学金，打造订单式人才培养模式，建设海内外“一带一路”国际人才培养基地；第三，建立“一带一路”国际人才数据库，拓宽出海中资企业的本地人才招聘渠道，提升学校的来华留学品牌；第四，推动有条件的高校“走出去”，在“一带一路”沿线国家和地区培养和造就一批具有国际视野、专业化、本土化的人才队伍。

4. 发挥企业在应用创新中的作用

从国际经验看，企业是创新的主体。2018 年欧洲专利申请的 71%来自大

公司，20%来自中小企业和个体发明人，9%来自大学和公共研究机构①。推动开放创新的突破，需要在开放中进一步强化企业在应用创新中的主导作用，形成激励中小企业创新发展的体制机制。

第四节　在转型升级中推动高质量经济增长

无论是从中长期看还是从短期经济下行压力看，要把释放内需潜力、推进经济转型升级作为扩大开放的重要目标。通过扩大开放，加快释放经济转型升级蕴藏的内需潜力，实现“十四五”经济中高速增长。

一、内需潜力可以支撑“十四五”年均6%左右的经济增长

未来几年是我国经济增长的关键时期，也是跨越中等收入陷阱的关键时期。要有效释放经济转型升级蕴藏的巨大内需潜力，把潜在的经济动力变成现实增长动力。

1. 内需潜力释放可以支撑未来 5 年 6%左右的经济增长

（1）内需潜力释放将形成巨大的增长动力。预计到 2020 年，我国消费规模将达到 50 万亿元人民币。从产业角度看，过去 10 年服务业每增长 1 个百分点，可以带动经济增长 0. 43 个百分点。如果服务业保持在 7%～8%的增长区间，每年将带动 3 个百分点左右的 GDP 增长。

（2）“十四五”时期有望实现年均 6%左右的经济增长。根据世界银行数据显示，2018 年我国经济总量达到 13. 6 万亿美元，人均 GDP 达到 9770 美元。若未来几年经济增长保持在 6%左右，到 2022 年前后，我国人均 GDP 将达到 12500 美元（考虑汇率波动因素），进入高收入国家行列。

---

① 吴小燕. 欧洲专利局（EPO）2018：中国专利申请数量显著增长 华为专利数量仅次于西门子[EB/OL]. 前瞻网，2019-05-04.

2. 内需潜力释放奠定高质量发展的重要基础

（1）吸纳更多的新增就业，形成就业不断增长的新格局。进入工业化后期，服务业成为最大的“就业容纳器”。2008 年，我国 GDP 每增长 1 个百分点，吸纳的新增就业达 70 万～80 万人。到 2018 年，GDP 增长 6.6%，新增就业达到 1361 万人①，这意味着 GDP 的就业弹性系数达到 206 万人，是 10 年前的 3 倍。如果服务业就业吸纳能力保持在这一水平上，预计到 2020 年服务业就业人员有望达到 4 亿人，占总就业人员比重达到 50%。这将有效吸纳农业转移人口、制造业转型升级中释放出来的劳动力以及每年的新增劳动力。

（2）促进收入分配格局的调整。服务业是人力资本密集型产业，其劳动者报酬占比一般高于工业。到 2020 年如果服务业占比提高为 55%左右，国民收入分配中的劳动者报酬占比就有可能从 2016 年的 47.46%提高到 50%以上，中等收入群体比重有望提高为 35%左右②。

（3）降低对资源环境消耗的依赖，形成绿色发展新格局。初步测算表明，如果第三产业占比从 46.1%提高到 55%，以 2012 年 GDP 总量估算，到 2020 年能耗总量将减少消耗 14.16%，SO_2排放总量将减少 18.23%③。

二、经济转型升级趋势下宏观经济的新特点与新态势

当前，尽管我国经济发展面临着内外环境重大变化带来的新矛盾、新挑战，但仍处于重要战略机遇期，拥有足够的韧性、巨大的潜力和不断迸发的创新活力。把握经济发展大趋势，抓住我国经济发展中的根本性、全局性问题，要处理好短期与中长期、内需与外需、开放和改革的关系，以扩大开放和深化改革释放发展潜力和市场活力，由此赢得主动、赢得未来④。

---

① 2018 全年城镇新增就业 1361 万人 连续 6 年超 1300 万人[EB/OL]. 中国网，2019-01-21.

② 中改院课题组. 释放内需的巨大增长潜力——加快完善社会主义市场经济体制的重大任务[R]. 2018-08.

③ 中改院课题组. 释放内需的巨大增长潜力——加快完善社会主义市场经济体制的重大任务[R]. 2018-08.

④ 迟福林. 正确看待当前经济发展新特点新态势[N]. 经济日报，2019-05-23.

1. 既要看短期经济下行压力，又要看中长期经济增长趋势

（1）经济运行稳中有变、变中有忧。从短期来看，我国经济增长面临较大的下行压力和两难多难问题增多的复杂局面；但从中长期来看，经济转型升级蕴藏着巨大的增长潜力，并为解决两难多难问题提供重要空间。

（2）短期经济下行压力加大。改革开放 40 年来，我国 GDP 年均增长 9.5%，随着我国经济体量不断增大，GDP 增速呈现放缓态势，这符合客观规律。近几年来，国内经济下行压力加大，消费增速放缓，有效投资增速下降。这既有周期性因素，但更多是结构性、体制性因素。

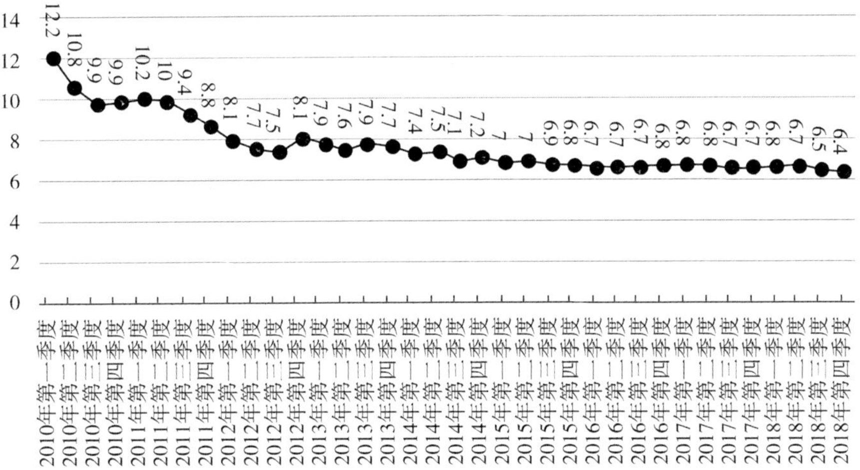

图 8.2：2010 年第一季度至 2018 年第四季度中国的季度经济增长率（单位：%）

数据来源：国家统计数据库。

（3）经济转型蕴藏着巨大增长潜力。经过 40 年的改革开放，我国总体上进入工业化后期，经济转型升级呈现出新趋势、新特点。未来 5~10 年，我国内需潜力的释放将带来巨大的叠加效应，为创新创业提供新的市场空间，为新经济、新业态发展提供重要发展空间。因此，当前和今后一个时期，无论是化解短期矛盾，还是实现中长期经济转型升级，关键在于以全面深化改革激发市场活力。

2. 既要看消费增速放缓现状，又要看消费结构升级蕴藏的增长潜力

经过 40 多年的改革开放，消费已成为我国经济增长的重要引擎。尽管当

前消费增速有所放缓，但消费结构升级趋势明显，其中蕴藏着巨大的增长潜力。

（1）消费增速逐渐放缓。近年来，我国社会消费品零售总额增速放缓，而且人均消费增速亦有所下降。其中既有物质型消费增速放缓的因素，更有服务型消费“有需求、缺供给”矛盾的制约。

（2）人民日益增长的美好生活需要带来的消费升级趋势仍然明显。我国社会主要矛盾已经转化为人民日益增长的美好生活需要和不平衡不充分的发展之间的矛盾。加快服务业市场开放，扩大服务型产品的有效供给，是释放巨大服务型消费潜力、推动消费结构不断优化升级的重点所在，也是深化供给侧结构性改革要啃下的“硬骨头”。这就需要尽快在服务业领域全面放开社会资本市场准入，取消某些不合理的经营范围限制，使社会资本逐步成为服务业市场的主体力量，不断满足个性化、多样化的消费需求。

3. 既要看货物贸易增速下降，又要看服务贸易快速增长态势

改革开放 40 年，是我国不断融入经济全球化的 40 年。判断我国宏观经济形势，既要考虑短期货物贸易增速下降的特点，更要考虑到新形势下我国服务贸易快速增长的新态势。2012—2018 年，我国服务贸易占对外贸易总额的比重不断提升，服务贸易已成为对外贸易新的增长点。当前和今后一个时期，要加快形成以服务贸易为重点的高水平开放新格局。这既可以在短期内实现“稳外贸”需求提供条件，也可以有效促进经济转型升级进程。

三、以经济转型升级增强应对外部挑战的韧性

当前，“中国市场”成为全球市场的突出亮点。我国城乡居民消费结构升级和消费潜力释放，消费市场的不断扩大，不仅成为世界经济增长的重大利好，而且对于应对外部挑战提供了重要的基础。

1. 以扩大内需增强抵御外部挑战的能力

改革开放以来，我国与美国、日本、欧盟之间消费规模的差距明显缩小。1978 年，我国居民消费支出为 715 亿美元（现价美元），仅相当于美国的 5%，

而且在较长时期内一直保持这一水平，到 1995 年才达到 6.81%。但此后呈现出加速提高的态势，2005 年突破 10%、2013 年突破 30%、2017 年达到 35.26%。中国—日本以及中国—欧盟也同样出现类似的态势。

表 8.15：1978-2017 年主要经济体居民消费规模及其比较

年份	中国（亿美元）	美国（亿美元）	日本（亿美元）	欧盟（亿美元）	中国/美国	中国/日本	中国/欧盟
1978	715.08	14261.73	5201.65	16054.19	5.01%	13.75%	4.45%
1979	875.64	15894.96	5510.48	19718.27	5.51%	15.89%	4.44%
1985	1573.96	27226.74	7347.00	18654.45	5.78%	21.42%	8.44%
1990	1804.02	38256.30	16029.65	43968.50	4.72%	11.25%	4.10%
1995	3361.74	49841.78	29148.01	55087.16	6.74%	11.53%	6.10%
2000	5675.95	67923.96	26593.73	51772.00	8.36%	21.34%	10.96%
2005	9181.07	87941.12	26451.46	83153.41	10.44%	34.71%	11.04%
2010	21573.28	101858.40	32918.30	97261.33	21.18%	65.54%	22.18%
2011	27320.59	106411.10	35868.39	104654.44	25.67%	76.17%	26.11%
2012	31452.37	110068.10	36375.49	99135.44	28.58%	86.47%	31.73%
2013	35469.59	113172.10	30398.14	102817.85	31.34%	116.68%	34.50%
2014	39479.72	118240.30	28324.49	105552.20	33.39%	139.38%	37.40%
2015	42710.57	122945.30	24884.38	92206.63	34.74%	171.64%	46.32%
2016	44163.30	127668.90	27562.34	92322.19	34.59%	160.23%	47.84%
2017	46977.23	133214.10	27044.04	96329.58	35.26%	173.71%	48.77%

数据来源：世界银行数据库。

随着我国市场的不断扩大，世界对我国经济的综合依存度指数不断上升。麦肯锡全球研究院的报告显示，2000—2017 年，世界对中国经济的综合依存度指数从 0.4 增长到 1.2。中国贡献了全球制造业总产出的 35%、全球家庭消费增长额的 31%。在被考察的 20 个行业中，中国有 17 个行业的消费份额在全球总消费中占比超过 20%。全球大多数行业都在一定程度上依赖中国市场，这使得中国和世界其他经济体有大量机会推进彼此融合。预计到2040年，这一融合创造的经济价值将达到22万亿~37万亿美元，相当于全球GDP的15%~26%[①]。

在经济转型升级中充分释放内需潜力，将明显增强我国抵御外部挑战的能力。比如，2017年美国对我国服务贸易顺差是2008年的近8倍。2016年我国游客在美人均花费约1.3万美元，每天为美国创造约9700万美元的收入，当年旅游支出高达352.2亿美元[②]。我国服务型消费的快速增长及其带来的消费市场的扩大，已成为美、欧市场关注的重点，也是我国立足自身、把握趋势、释放内需、赢得主动的关键。无论外部环境如何变化，只要内需市场继续保持快速增长不断升级的态势，就能够形成强大的经济吸引力，从而为化解各类国际经贸纠纷提供重要条件。

2. 关键是有效释放经济转型升级蕴藏的巨大内需潜力

（1）在经济转型中扩大中等收入群体。适应我国消费结构升级以及服务业市场开放的需求，需要把提升城乡居民收入水平、继续扩大中等收入群体作为经济社会发展的重要目标。比如，通过保护和激发企业家精神、员工持股、产权保护等措施，有效调整我国的利益关系和利益结构。

（2）推动新型城镇化和乡村振兴的双轮驱动。释放农村蕴藏的巨大消费潜力，最大掣肘在于农民土地财产权未得到完全落实，农民财产性收入占比较低。统计数据表明，2018年，全国城镇居民财产净收入是农民的11.77倍。这就需要加快城乡一体化进程，着力提升农民收入水平，尤其是财产性收入水平，由此使得部分农民进入中等收入群体，释放出农村巨大的消费潜力。在严格农村土地用途管制和规划限制的前提下，尽快在法律上明确农民土地使用权的物权属性；改变农村土地流转限于集体成员内流转的相关规定；尽快统一城乡用地市场，打破城乡建设用地的市场分割。与此同时，加快城乡二元的户籍制度改革，使户籍制度尽快退出历史，为城乡基本公共服务制度对接创造条件。

---

① 麦肯锡全球研究院报告：世界对中国经济依存度上升[N]. 人民日报，2019-07-07.

② 2016年中国游客为美国创造日均9700万美元收入[EB/OL]. 人民网，2018-04-12.

表 8.16：2013—2018 年我国城乡居民可支配收入及财产性收入差距（单位：元）

年份	农村居民			城镇居民			城乡居民收入差	
	可支配收入	财产净收入	财产净收入增长率	可支配收入	财产净收入	财产净收入增长率	可支配收入差额	财产净收入差额
2013	9429.6	194.7	13.60%	26467	2551.5	11.30%	17037.4	2356.8
2014	10488.9	222.1	14.10%	28843.9	2812.1	10.20%	18355	2590
2015	11421.7	251.5	13.20%	31194.8	3041.9	8.20%	19773.1	2790.4
2016	12363.4	272.1	8.20%	33616.2	3271.3	7.50%	21252.8	2999.2
2017	13432.4	303	11.40%	36396.2	3606.9	10.30%	22963.8	3303.9
2018	14617.0	342.1	12.90%	39250.8	4027.7	11.67%	24633.8	3685.6

数据来源：国家统计局.2019 中国统计摘要[M].北京：中国统计出版社，2019.5.

（3）加快税收结构变革，降低居民税负，增强居民消费能力。合理的税收结构能够降低中低收入者税负，并且增强中等收入群体的自我认同感。当前，我国税制仍以间接税为主，90%的税从企业征收，既加大了企业税收负担，也导致了税收的逆向调节。适应经济转型升级大趋势，培育中等收入群体，需要改变间接税为主的税制结构，降低中等收入群体个人所得税负担。

（4）优化消费环境，构建适应服务型消费特点的市场监管体制。改善服务型消费环境，为居民放心、满意、舒适消费提供保障是扩大服务型消费的重要途径之一。一是市场监管的主要对象要由商品为主向服务为主过渡；二是尽快提升监管的国际化水平。例如，适应全社会日益增加的医疗健康需求，需要尽快形成国家服务业监管标准体系，并率先在引入欧美医药安全管理标准，以在倒逼企业转型的同时，提升监管的国际化水平；三是以建立统一的市场监管协调机构为重点理顺综合监管与专业监管的关系；四是要强化监管队伍的能力建设。